WALTER B. EMERY

ÄGYPTEN

Geschichte und Kultur der Frühzeit 3200 - 2800 v. Chr.

Mit 32 Seiten Abbildungen
und 150 Textzeichnungen
des Verfassers

Fourier Verlag • Wiesbaden

Titel der Originalausgabe: Archaic Egypt
Penguin Books Ltd, Harmondsworth, Middlesex, England
Aus dem Englischen übertragen von Paul Baudisch

Lizenzausgabe für Fourier Verlag GmbH, Wiesbaden
ISBN 3-921695-39-2

Gesamtherstellung: Peli Printing

INHALT

VERZEICHNIS DER TAFELN

VERZEICHNIS DER TEXTZEICHNUNGEN

VORWORT DES HERAUSGEBERS

Bald nach dem Jahr 3000 v. Chr. beginnen die schattenhaften Umrisse des prädynastischen Ägypten schärfer hervorzutreten. Da stoßen wir zum erstenmal auf schriftliche Urkunden aus der Zeit der ersten und der zweiten Dynastie und finden die Hieroglyphen der Namen Narmer und Menes, die als die Gründer des geeinten Reiches unsterblichen Ruhm gewonnen haben. Die Reihenfolge dieser Könige ist uns in dynastischen Listen überliefert, die zum Teil uralter Herkunft sind, zum Teil aus der hellenistischen Ära stammen und eine Periode von etwa fünfhundert Jahren umspannen.

Diese Zeit darzustellen ist der Verfasser des vorliegenden Buches, Professor W. B. Emery, besonders befugt. Er hat selbst im Verlaufe von zwei Jahrzehnten bei Sakkâra nicht weniger als zehn Grabstätten ausgegraben, welche die irdischen Überreste einiger Könige und einer Königin der beiden ersten Dynastien enthielten. Die komplizierten Grundrisse dieser reichen und prunkvollen Gräber, die der Autor mit ungewöhnlicher Fertigkeit gezeichnet hat, liefern uns auch den Ausgangspunkt, von dem aus wir die Palastbauten und die Wohnhäuser des archaischen Ägypten rekonstruieren können, und es ist äußerst aufschlußreich, festzustellen, wie genau die schriftlichen Angaben eines archaischen Dokuments wie des Palermo-Steins nicht nur durch die verläßliche Überlieferung des Geschichtsschreibers Manetho, sondern auch durch die immer schlüssigeren und beweiskräftigeren Ergebnisse der archäologischen Forschung bestätigt werden. Freilich harren zahlreiche Probleme nach wie vor ihrer Lösung: Wir wissen noch nicht einmal genau, welcher der Könige eigentlich der echte Menes war. Der Verfasser hat die Probleme beim Namen genannt und auf die Schwierigkeiten hingewiesen.

Wir werden in einen neuen Abschnitt archäologischen Forschens eintreten, wenn sich unsere Hoffnung erfüllt, daß die Radiokarbon-Datierung uns einen Vergleichsmaßstab liefert, mit dessen Hilfe wir die in manchem ähnliche Entwicklung der alten Reiche im Tigris-Euphrat-Tal und am Nil genau festlegen können. Professor Emery hat nachgewiesen, daß sich an bestimmten Einzelheiten bei diesen so verschiedenen und weit voneinander entfernten Reichen gemeinsame technische Kenntnisse erkennen lassen. Verbindungen haben sicherlich bestanden. So wissen wir, daß unter der ersten und der zweiten Dynastie die Ägypter mit der Levante Handel trieben, im Sinai Kupfer schürften, nach Byblos zogen, um aus dem Libanon und Amanos Bauholz zu holen, und nach Kreta segelten, wohl um sich Wein und Öl zu beschaffen.

Besonders faszinierend sind wohl die letzten Kapitel, die uns zeigen, welche technischen Leistungen die Ägypter schon um 2700 v. Chr. vollbracht hatten und wie weit sie schon die Umrisse jener Kultur herausgearbeitet hatten, die in ihrer Einzigartigkeit den übrigen Kulturen des Altertums durchaus ebenbürtig ist. Manchen mag unsere Überzeugung in Erstaunen setzten, daß in der Erde Ägyptens noch ebensoviele Schätze, wie man bisher ans Licht gebracht hat, auf den Spaten der Archäologen warten. In Sakkâra selbst sind, wie wir mit guten Gründen annehmen dürfen, viele bedeutsame Entdeckungen zu machen. Wir wollen hoffen, daß es Professor Emery vergönnt sei, eines Tages dorthin zurückzukehren und die Arbeit fortzusetzen, die seine ägyptischen Kollegen so bereitwillig gefördert haben.

M. E. L. Mallowan

Professor für westasiatische Archäologie
an der Universität London

VORWORT

Es mag ein wenig verfrüht sein, schon heute die altägyptische Kultur in einem Gesamtüberblick darzubieten. Noch nicht abgeschlossene Ausgrabungen werden neues Material ans Licht bringen. Vieles, was heute als unbestreitbar gilt, wird vielleicht abgewandelt oder gar völlig neu durchdacht werden müssen. Eine ausführliche Darstellung der Kultur im Niltal während der beiden ersten Dynastien würde einen Band erfordern, der um sehr viel umfangreicher wäre als dieses Buch, und ich bitte meine Leser um Verständnis dafür, daß diese Arbeit kaum mehr sein kann als eine Hinführung zu einem ungeheuer weiten Thema.

Dies ist also ein Versuch, in allgemeinen Umrissen darzustellen, was wir über die geschichtlichen Anfänge Ägyptens als ein zivilisiertes Staatswesen wissen, dem unsere heutige Welt unmittelbar und mittelbar so viel verdankt.

Ich möchte Herrn Professor M. E. L. Mallowan für zahlreiche wertvolle Anregungen danken, die mich veranlaßt haben, manche Textstellen besser zu formulieren und einige wichtige Einzelheiten mit einzubeziehen, die mir entgangen waren.

W. B. Emery
University College London

EINLEITUNG

Die Erforschung der archaischen Zeit

Vor 1895 reichte unsere Kenntnis der Geschichte Ägyptens nur bis zur Regierungszeit des Pharao Senefru, des ersten Herrschers der vierten Dynastie (2680 v. Chr.), und für die damaligen Historiker war selbst er eine etwas schattenhafte Gestalt. Freilich besaß man Aufzeichnungen klassischer Schriftsteller, die lange Königslisten enthalten und außerdem die als wichtig geltenden Ereignisse während ihrer Herrschaft schildern. Man verfügte auch über ägyptische Königslisten, die bis auf den legendären Menes, den ersten Monarchen der ersten Dynastie und den Gründer des vereinten Ägypten, zurückgehen. Aber sowohl die klassischen wie die ägyptischen Quellen waren viel zu fragmentarisch, um dem Gelehrten als sichere Grundlage für seine historischen Forschungen dienen zu können. Viele Gelehrte hielten sogar diese Könige zum großen Teil für Sagengestalten. Zweifellos hatte damals niemand einen rechten Begriff von dem hochzivilisierten Staatswesen, das Jahrhunderte vor dem Pyramidenzeitalter im Niltal existierte.

Diese Situation änderte sich binnen weniger Jahre grundlegend durch die Funde der Archäologen. Die Entdeckungen Petries in Abydos, de Morgans in Nagadeh und Quibells in Hierakonpolis förderten Denkmäler und Gegenstände aus der Zeit dieser ersten Könige ans Licht und schoben die Grenzen der Weltgeschichte um mehr als fünfhundert Jahre zurück.

Aber prüfen wir, welches historische Material den Ägyptologen vor diesen Entdeckungen zur Verfügung stand. Die altägyptischen Aufzeichnungen enthalten fünf Königslisten:

1: Die »Abydos-Tafel«, eine Inschrift an den Wänden eines Ganges im Seti-Tempel zu Abydos, registriert 76 Könige mit ihren *nesu*-Namen[1] – von Menes bis zu Seti (Sethos) I.

2: Die »Karnak-Tafel«, die sich heute in Paris befindet, enthielt ursprünglich die *nesu*-Namen von 62 Königen von Menes bis Thutmosis III., läßt sich aber dem Werte nach nicht mit der Abydos-Liste vergle-

[1] Das Wort *nesu*, den vierten Königstitel, deutet man heute als »König von Unter- und Oberägypten«. Der König legte sich diesen Titel bei der Thronbesteigung zu. (Siehe Seite 118.)

chen, da sie eher auf mündlicher Überlieferung als auf genauen Chroniken beruht.

3: Die »Sakkâra-Tafel«, die im Grab des königlichen Schriftgelehrten Thunery gefunden wurde und jetzt im Museum von Kairo aufbewahrt wird, zählt 47 Könige mit ihren *nesu*-Namen auf. Die Liste beginnt mit Merbapen (Enezib) und endet mit Ramses II. Merbapen war der sechste König der ersten Dynastie. Daß seine fünf Vorgänger nicht erwähnt wurden, lag wahrscheinlich daran, daß diese Liste nach den Angaben Unterägyptens aufgestellt wurde, das ihre Souveränität nicht anerkannte. Die Abydos- und Karnak-Listen, die Oberägypten repräsentieren, nannten natürlich auch die früheren Herrscher.

4: Der Turiner Papyrus, in hieratischer Schrift abgefaßt, bietet eine Königsliste mit den Regierungszeiten nach Jahren, Monaten und Tagen. Zum Unterschied von den Abydos-, Karnak- und Sakkâra-Listen endet er nicht bei der Einigung und der ersten Dynastie, sondern geht über die sterblichen Herrscher hinaus bis zu den Götterdynastien zurück. Ein weiterer Unterschied gegenüber den Denkmalslisten besteht darin, daß der Papyrus die Herrschergruppen in Perioden gliedert. Allem Anschein nach wurde er unter der 19. Dynastie zusammengestellt, zweifellos als eine Tempelurkunde. Auf Grund solcher Quellen verfaßten die Schriftsteller der Antike ihre geschichtlichen Werke.

Der Turiner Papyrus, so wertvoll er auch ist, hat leider durch nachlässige Behandlung sehr stark gelitten. Ursprünglich im Besitz des Königs von Sardinien, wurde er unverpackt in einer Kiste nach Turin geschickt und erreichte sein Ziel als ein Haufen zahlloser Fragmente. Jahrelang haben die Wissenschaftler daran gearbeitet, die Reste zusammenzufügen, aber auch nach der Restaurierung sind viele wesentliche Lücken geblieben, und die Reihenfolge einiger Herrscher ist infolgedessen umstritten. Unter den siebzehn Königen der archaischen Periode sind nur zehn eindeutig zu identifizieren.

5: Schließlich besitzen wir den sogenannten Palermo-Stein, der ebenso wie der Turiner Papyrus ein Unglück für die archäologische Forschung bedeutet. Nur fünf kleine Bruchstücke einer großen, ursprünglich über drei Meter langen und sechzig Zentimeter breiten Steinplatte sind uns erhalten, und es gibt keine Hinweise auf den Fundort dieser Bruchstücke. Obwohl man die Platte offenbar in kleine Stücke zerschlagen hat, ist es möglich – ja, sogar wahrscheinlich –, daß zahlreiche weitere Reste dieses unschätzbaren Monuments erhalten geblieben sind, wenn wir nur wüßten, wo wir zu suchen hätten. So aber stehen wir vor der quälenden Erkenntnis, daß eine Urkunde mit den Namen sämtlicher Könige aus der archaischen Zeit, mit ihren Regierungsjahren und den Hauptereignissen in diesem Zeitabschnitt, tatsächlich einmal existiert hat. Diese Angaben wurden unter der fünften Dynastie, nur etwa 700 Jahre nach der Einigung, zusammengetragen, so daß sie wahrscheinlich nur verhältnismäßig wenige Irrtümer enthielten. Die flach in die schwarze Basaltplatte eingravierte Inschrift enthielt die Chronik der ersten fünf Dynastien und außerdem die Namen der Könige, die vor der Vereinigung von Ober- und Unterägypten in beiden Reichen regierten. Das größte Bruchstück hat viele Jahre lang der Sammlung im Museum von Palermo angehört, daher der Name. Ein zweites liegt im Museum von Kairo, und ein ganz kleines Fragment wird in der Sammlung Petrie am University College London aufbewahrt. Viel Forscherfleiß ist diesem wichtigen Monument gewidmet worden, aber die einzelnen Gelehrten sind zu einander widersprechenden Schlußfolgerungen gelangt, und man hat bisher noch nicht einmal seinen Grundplan zufriedenstellend rekonstruieren können. Eines aber scheint recht sicher zu sein: Das zweite und das dritte Register enthalten eine Aufzählung der acht Könige der ersten Dynastie – das vierte und das fünfte Register die neun Könige der zweiten Dynastie. Wenn man Manethos Chronologie (siehe weiter unten) auf die Zeitangaben der in Palermo und in Kairo aufbewahrten Bruchstücke anwendet, zeigt sich, daß die vier Register zu gleicher Zeit enden. Manethos Chronologie der beiden ersten Dynastien scheint also im wesentlichen korrekt zu sein. Offenbar war er durchaus berechtigt, die Herrschergruppe in Dynastien einzuteilen. Wir können nur hoffen, daß eines Tages die Archäologen weitere Teile dieser für den Historiker unersetzlichen Urkunde ans Licht fördern werden.

Unter den klassischen Quellen verdient Herodot nur begrenztes Vertrauen, weil er sich allzu sehr auf die Geschichten verließ, die ihm die Dragomane auf seinen Reisen in Ägypten erzählten. Allem Anschein nach hat er gar nicht erst versucht, den historischen Wahrheitsgehalt dieser Berichte festzustellen. Die fragmentarischen Auszüge aber, die Josephus und die christlichen Chronisten Africanus (300 n. Chr.) und Eusebios (340 n. Chr.) aus den Schriften Manethos anfertigten, waren von außerordentlicher Bedeutung und bildeten das Fundament, auf dem die Geschichte Ägyptens beruht.

Manetho, gebürtig aus Sebennytos in Unterägypten, lebte im dritten

Jahrhundert v. Chr. während der Regierungszeit Ptolemaios' II., für den er eine Geschichte seines Heimatlandes schrieb. Dafür hatte er alle Voraussetzungen, denn er war anscheinend Priester in Heliopolis, dem Zentrum ägyptischer Gelehrsamkeit, muß also zu den in den Tempeln aufbewahrten alten Urkunden bequemen Zugang gehabt haben. Leider ist Manethos Werk verloren gegangen. Wir besitzen nur die von späteren Autoren 600 Jahre nach seinem Tod zitierten Auszüge, die durch viele Schreiberhände gegangen sind und entsprechend viele Fehler enthalten. Manetho teilte seine Königsliste in Dynastien ein und nannte die Ortschaften, aus denen die einzelnen Familien stammten. In bezug auf die beiden ersten Dynastien scheinen seine Angaben zu stimmen. Er stützte sich zweifellos auf zuverlässige Quellen. Der ägyptische Geschichtsschreiber, der sich der griechischen Sprache bediente, hat natürlich den Königsnamen griechische Formen verliehen, und obwohl die archäologische Forschung nachgewiesen hat, daß die von ihm aufgezählten Monarchen wirklich existierten, bleibt die Identifizierung der einzelnen Herrscher in Dunkel gehüllt.

Das waren also die einzigen Quellen, die dem Ägyptologen am Ende des vorigen Jahrhunderts zur Verfügung standen, wenn er sich mit den Anfängen der Pharaonengeschichte beschäftigen wollte: sie waren recht dürftig. Es ist nicht verwunderlich, daß in der 1894 veröffentlichten ersten Auflage von Petries Geschichtswerk die Periode der beiden ersten Dynastien auf elf Seiten behandelt werden konnte.

Plötzlich aber wurden die Nebel historischen Dunkels durch eine Reihe bemerkenswerter Funde zerstreut, die durch die Ausgrabungen in Abydos, Hierakonpolis und Nagadeh ans Tageslicht kamen.

1894 fand Quibell, der bei Edfu auf der Stätte des ehemaligen Hierakonpolis arbeitete, Hinweise auf die ersten bekannten Könige Ägyptens, die unmittelbaren Vorgänger der ersten Dynastie, nämlich Selk, den »Skorpion«, und Narmer. Die bedeutendsten Relikte waren der mit Inschriften versehene zeremonielle Keulenknauf Selks und die berühmte Schieferpalette Narmers, zwei historische Dokumente von hohem Wert. Quibell entdeckte außerdem Relikte der Könige Cha-sechem und Chasechemui, die der zweiten Dynastie angehörten.

1896 entdeckte de Morgan, der damals das Institut für Altertumskunde leitete, bei Nagadeh ein gigantisches Grab, das durch die Gegenstände, die es enthielt, als Begräbnisplatz des ersten Königs der ersten Dynastie, Hor-aha, identifiziert wurde. Spätere Nachforschungen aber machten es wahrscheinlicher, daß es sich um die Gruft der Mutter Hor-ahas, Nithotep, handle. Abgesehen von dem Wert der architektonischen Hinweise, die dieses gewaltige Bauwerk geliefert hat, fand man eine Fülle von interessanten Gegenständen. Der wichtigste Fund war ein kleines Elfenbeintäfelchen, auf dem der Name Hor-aha neben dem Namen Men eingraviert ist. Dieser König mag also mit Manethos Menes identisch sein.

Im darauffolgenden Jahr fand Amélineau in einem Gebiet bei Abydos, das den Namen Um-el-Qu'ab, »Mutter der Töpfe«, trägt, eine Gruppe großer Höhlengräber, die damals als die Grabstätten zahlreicher Könige aus der archaischen Periode identifiziert wurden. Leider hatte Amélineau nur eine geringe oder gar keine archäologische Ausbildung genossen. Seine Methode, diese Fundstätte, eine der bedeutendsten, die je in Ägypten aufgedeckt wurde, bloßzulegen, wurde wieder zu einem Unglück für die Ägyptologie. Da Amélineaus Geldgeber Kunstsammler waren, richtete sich seine ganze Aufmerksamkeit auf *objets d'art*, und er versäumte es, den Fortgang der Ausgrabungen auch nur notdürftig zu registrieren. Es wurde sogar berichtet, man habe gleiche Zweitstücke einzelner Steingefäße vernichtet, um den Wert der erhaltenen zu steigern. Wahrscheinlich waren diese Berichte übertrieben, aber sicherlich gingen sehr oft unersetzliche Fundstücke durch Unwissenheit und Nachlässigkeit verloren. Nachdem Amélineau sein Zerstörungswerk vier Jahre lang fortgesetzt hatte, verzichtete er schließlich auf seine Konzession. Petrie setzte sogleich die Ausgrabungen fort und rettete in zwei Abschnitten hervorragender Forschungstätigkeit jedes Krümelchen Material, das sein Vorgänger nicht restlos vernichtet hatte. Dank seiner Sorgfalt glückte es ihm, die architektonische Entwicklung der Bauten zu verfolgen und die königlichen Eigentümer zu identifizieren. Aus der Fülle ungeordneter Daten bestimmte er die Thronfolger innerhalb der ersten Dynastie so exakt, daß seine Rekonstruktion der Regierungszeit jedes einzelnen Monarchen mit geringen Änderungen noch heute Gültigkeit besitzt; sie wurde durch Entdeckungen bestätigt, die man vierzig Jahre später in Sakkâra gemacht hat.

Durch jene Funde wurden die Anfänge der Geschichte der ägyptischen Kultur um nahezu 600 Jahre zurückverlegt; aber nach der ersten Aufregung verebbte das Interesse der gelehrten Welt, und die Erforschung jener Zeit geriet ins Stocken. Weitere Entdeckungen machte Petrie 1913 in Tarchan. 1912 fand Quibell große archaische Grabmäler bei Nord-Sakkâra. Seltsamerweise aber blieben diese Funde vereinzelt. Anscheinend ließen sich die Forscher durch die Kargheit der Inschriften und auch dadurch abschrecken, daß es ihnen nicht recht gelang, die zahlreichen Rätsel archaischer Schrift zu lösen. Durch neue und erregende Entdekkungen wurden die Friedhöfe und Siedlungen prädynastischer Bewohner des Niltals freigelegt. Ihre Erforschung beanspruchte die Aufmerksamkeit der mit den Ursprüngen ägyptischer Kultur beschäftigten Ägyptologen so ausschließlich, daß sie unser Wissen um die Geburt der pharaonischen Kultur nicht mehr erweiterten.

Die Flaute hielt bis zum Jahre 1932 an — bis Reisner im Hinblick auf die Vorarbeiten zu seinem großen Werk über die Entwicklung des Gräberbaues Cecil Firth, den damaligen Chefinspektor des Instituts für Altertumskunde, ersuchte, sich um den seit langem vernachlässigten archaischen Friedhof bei Nord-Sakkâra zu kümmern, den Quibell 1912 freigelegt hatte. Firth ließ zwei der betreffenden Areale freilegen, starb jedoch, bevor er die Ergebnisse seiner Tätigkeit ausführlich zu Papier bringen konnte, und der Verfasser erhielt vom Generaldirektor des Instituts für Altertumskunde den Auftrag, auf den freigelegten Arealen neue Ausgrabungen vorzunehmen, damit die Ergebnisse der Öffentlichkeit zugänglich gemacht werden könnten. Firths Ausgrabungen waren nicht sehr gründlich gewesen. Als man ein durch ihn freigelegtes großes Grabmal aus der Zeit der ersten Dynastie teilweise genauer untersuchte, stieß man auf einige erstaunliche Funde, und es wurden Anstalten getroffen, das ganze Gebiet systematisch freizulegen. Von 1936 bis zum Kriegsausbruch ging diese detaillierte Arbeit weiter. Eine Reihe großer Grabstätten — fast sicher die nördlichen Gegenstücke zu den Denkmälern der ersten Dynastie bei Abydos — wurden zutage gefördert.

Nach dem Krieg wurden neue Ausgrabungen vorgenommen. Bis 1956 standen sie unter der Leitung des Verfassers, der für das ägyptische Institut für Altertumskunde im Namen der Egypt Exploration Society tätig war. Darüber hinaus war Zaki Saad, der vor dem Krieg an der Arbeit in Sakkâra teilgenommen hatte, seit 1942 damit beschäftigt gewesen, einen ungeheuren Friedhof für den Kleinadel und die Mittelschicht aus der Zeit der ersten Dynastie freizulegen, den er bei Helwan am Ostufer des Nils gegenüber von Sakkâra entdeckt hatte. Die Ausgrabungen dieser beiden großen Friedhöfe, die die Toten des alten Memphis aus dem dritten Jahrtausend vor Chr. beherbergten, brachten eine Unmenge neuen Materials ans Licht, und die Ägyptologie hat an den Ursprüngen der pharaonischen Zivilisation neues Interesse gewonnen.

Obwohl man sehr viele neue Inschriften entdeckt hat, wissen wir die archaischen Texte noch immer nicht sicher zu deuten, aber Fortschritte sind zu verzeichnen, und da immer mehr Texte zum Vorschein kommen, werden zweifellos die Philologen schließlich den Schlüssel finden, der uns die Tür zu der Schatzkammer öffnet, in der die Geheimnisse des Beginns ägyptischer Geschichte verborgen sind. Schon heute ermöglichen uns unsere Kenntnisse auf den Gebieten der Baukunst, der bildenden Künste, der Inschriftenkunde, der Töpferei, der Steingutherstellung, diese Überreste aus der frühen, mittleren und letzten Periode der ersten und der zweiten Dynastie zu datieren. Ägyptens erste Pharaonen sind nicht mehr schattenhafte Gestalten des Mythos und der Legende, sondern werden mit dem Fortschritt der Forschung sehr schnell zu wirklichen Personen. Oft stehen uns ihre Leistungen klarer und deutlicher vor Augen als die Taten der Herrscher späterer Zeiten.

Mögen wir aber auch einen besseren Einblick in jene ferne Periode ägyptischer Geschichte gewonnen haben, so sind doch nach wie vor allerlei Einzelheiten übrig geblieben, über die sich die Ägyptologen nicht einigen können. In den verschiedenen Arbeiten, die sich mit diesem Thema befassen, wird der Leser immer wieder zu seiner Verwirrung auf die gegensätzlichen Auffassungen der Forscher stoßen, die es nur allzu oft versäumen, Beweise für und gegen ihre Folgerungen vorzulegen. Das ist beklagenswert, aber verständlich. Sehr viele Aspekte der Geschichte und Kultur jener Periode sind so wenig erhellt, daß es ganz unmöglich wäre, alle die widerstreitenden Deutungsversuche der Kollegen ausführlich darzulegen. Das gilt besonders für die vorliegende Schrift. Raummangel verbietet mir, alle die Daten anzuführen, die für oder gegen gewisse historische Folgerungen sprechen, oder irgendeine Rechtfertigung der Anschauungen zu versuchen, die nicht den Beifall anderer Forscher finden mögen. Ich halte es aber für angebracht, hier einige der wichtigeren Meinungsverschiedenheiten kurz zusammenzufassen.

An erster Stelle steht die leidige Frage der Chronologie. Wie sehr die Ägyptologen geteilter Meinung sind, wird man merken, wenn man die Datierung der Regierungszeiten in den beiden ersten Dynastien in der folgenden Liste miteinander vergleicht, die aus verhältnismäßig neuen Werken zusammengestellt wurde:

Breasted, *A History of Egypt, 1921*

3400—2980 v. Chr. = 420 Jahre

Hall, *Cambridge Ancient History, Bd. I, 1924*

3500—3190 v. Chr. = 310 Jahre

WEIGALL, *A History of the Pharaohs, 1925*
3407–2888 v. Chr. = 520 Jahre

DRIOTON und VANDIER, *Les Peuples de l'Orient Méditerranéen: l'Égypte, 1938*
3197–2778 v. Chr. = 419 Jahre

SEWELL, *The Legacy of Egypt, 1942*
3188–2815 v. Chr. = 373 Jahre

FRANKFORT, *Kingship and the Gods, 1948*
3100–2700 v. Chr. = 400 Jahre

HAYES, *The Scepter of Egypt, 1953*
3200–2780 v. Chr. = 420 Jahre

Die Datierung früherer Ägyptologen, die die Gründung des geeinten Ägyptens in die Zeit um 4400 v. Chr. verlegten, hat man seit langem fallen lassen. Die begrenzten Versuche mit dem neuen Hilfsmittel der archäologischen Forschung – der Radiokarbondatierung – haben gezeigt, daß eine auf der Annahme eines dritten vollständigen Sothiszyklus beruhende Chronologie sicherlich unrichtig ist.[1]

Trotzdem gehen, wie man oben gesehen hat, die Auffassungen zeitgenössischer Historiker noch sehr auseinander. Mit Ausnahme Weigalls erkennt keiner Manethos Datierung an: etwa 550 Jahre von der Thronbesteigung des Menes bis zum Ende der zweiten Dynastie. Aber die archäologischen Zeugnisse lassen eine solche Periode durchaus nicht als zu lang erscheinen. In Sakkâra waren die großen Gräber aus der Anfangszeit der ersten Dynastie gegen Ende der zweiten Dynastie sicher schon völlig verfallen. Bauten, die einmal mindestens sechs Meter hoch gewesen waren, ragten nur noch knapp einen Meter über das ursprüngliche Grundniveau empor, und auf ihren Ruinen wurden Grabstätten der dritten Dynastie angelegt. Ein solcher Verfall außerordentlich umfangreicher und fester Bauwerke, deren Grundmauern zwei bis fünf Meter breit waren, ist nur in einer sehr langen Zeit möglich. Meiner Meinung nach muß man etwa 550 Jahre dafür ansetzen. Freilich gibt es Gründe, Manethos Zahlenangaben für ungenau zu halten; alle Anzei-

[1] Mit der Radiokarbonmethode wurde 1950 für einen Dachbalkenrest aus dem Sakkâra-Grab 3035 die folgende Datierung ermittelt:

Gesamtzahl der Jahre 4803 ± 260 = zwischen 3112 und 2592 v. Chr.
4961 ± 240 = zwischen 3250 und 2770 v. Chr.

chen sprechen dafür, daß sie durch die Nachlässigkeit der Abschreiber entstellt worden sind.

Nehmen wir die erste Dynastie als Beispiel:

	Africanus	*Eusebios (armenische Version)*	*Eusebios (aus Synkellos)*
Menes	62	30	60
Athothis	57	27	27
Kenkenes	31	39	39
Uenephes	23	42	42
Usaphaidos	20	20	20
Miebidos	26	26	26
Semempses	18	18	18
Bieneches	26	26	26
Insgesamt	253 (eigentlich 263)	252 (eigentlich 228)	252 (eigentlich 258)

Außerdem wird ein unverkennbarer Fehler durch das Kairoer Fragment des Palermo-Steins entlarvt: Dort ist die Regierungszeit des Semempses (Semerchet) mit neun Jahren angegeben, während Manetho in sämtlichen Versionen achtzehn Jahre nennt. Aber, wie schon gesagt, Manethos Ziffern stimmen sehr gut mit den Jahreszahlen auf dem Palermo-Stein überein, und auch wenn man die von den Abschreibern gegebenen Varianten einzelner Regierungszeiten berücksichtigt, verändert sich die Gesamtzahl für beide Dynastien nur unwesentlich. Im allgemeinen bin ich geneigt, seine Schätzung für ziemlich korrekt zu halten; denn sie wird durch die archäologischen Funde bestätigt.

Die Übereinstimmung der frühen Chronologie Mesopotamiens und Ägyptens sind zur Ermittlung des ungefähren Beginns der ersten Dynastie wertvoll. In Ägypten hat man vier Zylindersiegel unzweifelhaft mesopotamischer Herkunft gefunden, die aus der Uruk-Jemdat-Nasr-Periode stammen (etwa 3500—2900 v. Chr.). An Hand gleichzeitig entdeckter Gegenstände läßt sich bestimmen, daß sie aus der späteren prädynastischen Periode stammen, die der ersten Dynastie unmittelbar voranging (etwa 50—63 Jahre). Diese Entsprechung ist aber nur von potentiellem Wert, und wir brauchen mehr Beweise dieser Art, bevor wir eine bestimmte Chronologie anerkennen können. Beim jetzigen Stand unserer Kenntnis ist es gewagt, über die vorläufige Schätzung hinauszugehen, nach der die Einigung Ägyptens in der Zeit zwischen

3400 und 3200 v. Chr. stattgefunden hat. Dabei müssen wir es bewenden lassen.

Eine weitere Frage, in der die Ansichten der Gelehrten sehr voneinander abweichen, ist die Existenz der sogenannten »dynastischen Rasse«. Im Gegensatz zu der in der vorliegenden Schrift vertretenen Theorie, der rasche Aufstieg der Zivilisation im Niltal unmittelbar vor der Einigung sei dem Auftauchen einer »dynastischen Rasse« zu verdanken gewesen, sind manche Forscher der Meinung, die äußeren Einflüsse seien begrenzt gewesen und die eigentliche Ursache sei in einer natürlichen Entfaltung der einheimischen Kultur in der prädynastischen Periode zu suchen. Andere Forscher räumen zwar ein, daß äußere Einflüsse den Aufstieg der neuen Ordnung veranlaßt haben, glauben aber nicht an eine Masseninvasion. Sie bevorzugen die Hypothese einer begrenzten Einsickerung inerhalb eines beträchtlichen Zeitraums. Auch herrschen sogar unter den Gelehrten, die die Theorie für bewiesen halten, nach der eine dynastische Rasse die pharaonische Zivilisation ins Niltal gebracht hat, verschiedene Auffassungen darüber, was für Völkerschaften das gewesen und wo sie hergekommen seien. Die kulturelle Verbindung zwischen Nil und Euphrat schon in dieser Frühzeit ist unbestritten und allgemein anerkannt. Ob diese Verbindung aber direkt oder nur indirekt war und bis zu welchem Grade Ägypten seinen Aufschwung Mesopotamien zu verdanken hatte, sind ungelöste Probleme. Daß es sich nicht um sklavische Nachahmung handelte, liegt auf der Hand; ja, in mancher Hinsicht, besonders in der Architektur, ist die ägyptische Abwandlung der (sicherlich) gemeinsamen Idee die überlegene. Das deutet nicht auf die Rolle des Schülers oder Schuldners. Dennoch sehen wir uns der Tatsache gegenüber, daß Mesopotamiens Entwicklung aus ihren Anfängen abzuleiten ist und daß dies bei Ägypten nicht möglich ist. Deshalb darf Mesopotamien den Anspruch erheben, architektonische Merkmale wie etwa die getäfelte Fassade erfunden zu haben. Wenn man aber Bauten dieses Stils, die am Euphrat und am Nil etwa in der gleichen Zeit errichtet wurden, miteinander vergleicht, ist die Überlegenheit Ägyptens unbestreitbar.

Die heutige Forschung läßt oft die Möglichkeit außer acht, daß beide Gebiete von einem bisher noch nicht bestimmten Gebiet aus erobert und besiedelt wurden. Aber riesige Landstriche im Nahen Osten, am Roten Meer und an den ostafrikanischen Küsten sind archäologisch noch nicht erforscht; deshalb muß man eine solche Möglichkeit im Auge behalten. Die Existenz eines dritten Volksstamms, dessen kulturelle Errungenschaften selbständig nach Ägypten und nach Mesopotamien gelangten, würde am ehesten die gemeinsamen Züge und die grundlegenden Unterschiede in den beiden Zivilisationen erklären.

Das wichtigste Problem im Zusammenhang mit der Geschichte der archaischen Periode ist wohl die Thronfolge innerhalb der ersten Dynastie, und auch hier sind die Gelehrten geteilter Meinung. Die Schwierigkeit liegt nicht in der Reihenfolge der Könige nach ihren Horus-Namen, die – mit Ausnahme der Königin Merjet-nit – durch archäologische Daten festgelegt ist. Es kann keinen Zweifel geben, daß auf Hor-aha der Reihe nach Zer, Uadschi, Udimu, Enezib, Semerchet und Ka'a folgten. Die Schwierigkeiten und die Zwistigkeiten beginnen, wenn man daran geht, die Horus-Namen den von Manetho aufgezählten und den in den Denkmalslisten verzeichneten Namen einander gegenüberzustellen. Vor allem: Wer war Menes? Eine Vorstellung von den verschiedenen Auffassungen bekommt man, wenn man die folgenden Königslisten miteinander vergleicht, die von neueren Forschern im Lauf der letzten dreißig Jahre veröffentlicht worden sind:

	Reisner:	*Smith:*		*Hall:*	
1.	Hor-aha (Menes)	Narmer		›Skorpion‹	
			(Menes)	Narmer	(Menes)
2.	Narmer	Hor-aha		Hor-aha	
3.	Zer	Zer		Zer	
4.	Uadschi	Uadschi		Uadschi	
5.	Udimu	Udimu		Udimu	
6.	Enezib	Enezib		Enezib	
7.	Semerchet	Semerchet		Semerchet	
8.	Ka'a	Ka'a		Ka'a	

	Weigall:	*Petrie:*		*Hayes:*
1.	Hor-aha (Menes)	Narmer	(Menes)	Narmer (Menes)
2.	Zer	Hor-aha		Hor-aha
3.	Uadschi	Zer		Zer
4.	Merjet-nit	Uadschi		Uadschi
5.	Udimu	Udimu		Udimu
6.	Enezib	Enezib		Enezib
7.	Semerchet	Semerchet		Semerchet
8.	Ka'a	Ka'a		Ka'a

Wie man sieht, liegt der Kern des ganzen Problems in der Frage, ob Menes mit Narmer oder mit Hor-aha gleichzusetzen und welcher der beiden Könige auf Grund dieser Gleichsetzung als der erste Monarch der ersten Dynastie zu betrachten sei. Untersuchen wir zuerst die Hinweise, die dafür sprechen, daß Narmer mit Menes identisch ist.

1. *Die Narmer-Palette aus Hierakonpolis*

Szenen aus einer Siegesfeier zeigen den König mit der weißen Krone Ober-Ägyptens und der roten Krone Unter-Ägyptens. Er ist also als Herrscher beider Staaten abgebildet.

Gegenargument: Es besteht kein Zweifel daran, daß Narmer Unter-Ägypten militärische Niederlagen zugefügt hat. Als Sieger würde er sich die Herrschaftsembleme des besiegten Gegners angeeignet haben. Dadurch wäre er aber nicht unbedingt zum Herrscher über das Delta geworden.

2. *Der »Keulenknauf« Narmers aus Hierakonpolis*

Eine feierliche Szene zeigt Narmer, auf seinem Thron sitzend und die rote Krone Unter-Ägyptens tragend. Man hat angenommen, daß es sich um eine Hochzeitszeremonie handle: Der Eroberer Narmer verehelicht sich mit der Erbprinzessin des Nördlichen Reichs. Diese Prinzessin könnte Nithotep sein. (Newberry, Artikel über Menes in »Great Ones of Ancient Egypt«, S. 37.)

Gegenargument: Diese Hypothese ist sehr einleuchtend, aber auch sie macht es nicht sicher, daß Narmer der anerkannte Herrscher des geeinten Ägyptens war.

3. *Krugsiegel aus Abydos, auf denen der Horus-Name Narmers abwechselnd mit der Gruppe Men vorkommt*

Dies hat vielen Gelehrten als absoluter Beweis für seine Identität mit Menes gegolten. Viele Krugsiegel aus der Zeit der ersten Dynastie zeigen den Horus-Namen des Königs abwechselnd mit einer Gruppe von Zeichen, die, wie man annimmt, den nebti-Namen des betreffenden Monarchen darstellen.

Gegenargument: Daß das falsch ist, beweisen die Siegel Hor-ahas, auf denen sein Name mit drei völlig verschiedenen und gesonderten Gruppen von Zeichen abwechselt. Wahrscheinlich handelt es sich bei diesen

Zeichen um Titel. (Emery, »Hor-aha«, S. 8.). Ferner würde man, wenn diese Gruppen tatsächlich die nebti-Namen wären, erwarten, daß ihnen die übliche Formel mit den Zeichen für die »Zwei Damen«, Nechbet und Wadschet, vorangeht.

4. *Das Kairoer Bruchstück des Palermo-Steins*

Die meisten Gelehrten sind jetzt wegen rein archäologischer Beweise darüber einig, daß Narmer der unmittelbare Vorgänger Hor-ahas gewesen sei. Auf dem Kairoer Bruchstück ist der Horus-Name Zers von einem Zierrahmen mit dem Namen Iteti umgeben. Diesen Namen trägt auf der Königsliste von Abydos der dritte Monarch der ersten Dynastie. Infolgedessen würde Hor-aha der zweite, Narmer jedoch der erste König und damit Menes sein.

Gegenargument: Iteti ist zweifellos mit dem Athothis gleichzusetzen, den Manetho an die zweite Stelle setzt. Erkennt man diese Reihenfolge an, dann wird Zer der zweite und Hor-aha, sein unmittelbarer Vorgänger, der erste Monarch der Dynastie. Neuerdings aber hat man »Jterty« als den nebti-Namen des Uadschi identifiziert. Damit sind beide Hypothesen arg durcheinandergebracht. Uadschi würde an die zweite Stelle rücken, und das ist nach den archäologischen Entdeckungen unmöglich. Das alles setzt voraus, daß der zweite, der dritte und der vierte Name auf der Abydos-Liste verschiedene und keineswegs entstellte Versionen *eines* Ur-Namens seien. Zweifellos sind sie einander auffallend ähnlich. Deshalb betrachten manche Forscher sie als identisch und weisen dem zweiten, dritten und vierten König auf der Abydos-Liste den gleichen Namen zu. (Hayes, *The Scepter of Ancient Egypt*, S. 34.) Stimmt man dem zu, dann verliert das Kairoer Bruchstück des Palermo-Steins jede Beweiskraft.

5. *Das Hor-aha-Täfelchen aus Nagadeh*

Der Verfasser der Inschrift wollte folgendes Ereignis feiern: Nach dem Tode des König Narmer, der bezeichnenderweise mit seinem *nebti*-Namen genannt wird (das ist nur dann von Bedeutung, wenn es sich um einen Verstorbenen handelt), errichtet sein Sohn Hor-aha das Begräbniszelt und vollzieht Zeremonien der Erhebung seines Vaters zum Gott, des Königs, dessen nebti-Name Men lautet. Die Grundlage dieser Hypothese ist folgende:

a) Die dreifache Einzäunung der *nebti-Men*-Gruppe ist ein primitiver Versuch, die dreifache Ausführung eines aus Schilf geflochtenen, gewölbten Pavillons wiederzugeben, eines üblichen Bauwerkes, das bei den Gotterhebungs-Zeremonien anläßlich der Beisetzung eines toten Königs benutzt wurde.

b) Es ist eine Grundregel archaischer Epigraphie, daß der Schreiber, wenn er den *nebti*-Namen mit dem Horus-Namen eines lebenden Königs verknüpft, die beiden Zeichengruppen einander gegenüberstellt. Das trifft aber nicht auf das Nagadeh-Täfelchen zu: Beide Namen, der Horus-Name und der nebti-Name, weisen in die gleiche Richtung. Daraus geht hervor, daß es sich nicht um die Namen derselben Person handelt.

c) Der Horus-Name wird ausschließlich dem lebenden König zuteil. Er überlebt ihn nur in den Namen öffentlicher Gebäude und Örtlichkeiten. Seit der Regierungszeit des siebenten Königs der ersten Dynastie, Semerchet, wird der tote König durch die Zusammenstellung seines nesu-bit-Namens mit seinem nebti-Namen gekennzeichnet. Dann wurde das *nebti* weggelassen, und das *nesu-bit* bildete einen eigenen Titel. Die Königslisten von Abydos, Sakkâra und Turin nennen die Könige bei ihren *nesu-bit*-Namen, weil diese Listen nur tote Könige verzeichnen. Also dürfe man annehmen, der *nebti*-Name auf dem Nagadeh-Täfelchen sei der eines toten Königs und der Horus-Name der eines lebenden Königs.

Gegenargument: Die Behauptung, immer dann, wenn der nebti-Name und der Horus-Name eines lebenden Königs miteinander verknüpft würden, sei die nebti-Gruppe der Horus-Gruppe gegenübergestellt, ist unbegründet. Freilich stehen auf den Täfelchen des Königs Ka'a die beiden Namen einander gegenüber, aber das hat seinen Sinn: Es ist in dieser Periode durchaus nicht ungewöhnlich, daß die Richtung der Hieroglyphen-Gruppen wechselt; auf Holz- und Elfenbeintäfelchen findet man das recht häufig. Außerdem haben auf manchen Siegeln die nebti- und die Horus-Namen die gleiche Richtung wie auf dem Nagadeh-Täfelchen. (Petrie, *Royal Tombs*, I., Tafel XXVIII, Nr. 72, Semerchet.)

Die Annahme, in der archaischen Periode sei der Horus-Name nur auf den lebenden König und der nebti-Name nur auf den verstorbenen Herrscher angewendet worden, ist mit Sicherheit falsch. Was den Horus-Namen betrifft: Jene Auffassung läßt sich schwer mit der Tatsache in Einklang bringen, daß auf den in den Abydos-Gräbern gefundenen Beerdigungsstelen der Könige ausschließlich der Horus-Name verwendet wird. Außerdem sind auf der Granitstatue im Museum von Kairo die

Horus-Namen der ersten drei Könige der zweiten Dynastie – Hotepsechemui, Ra-neb und Neteren – in der Reihenfolge ihrer Thronbesteigung eingraviert. Mindestens zwei dieser Könige müssen damals bereits tot gewesen sein, hätten also mit ihren *nebti*-Namen bezeichnet werden müssen. Auch auf dem Täfelchen des Königs Ka'a finden wir seinen Horus-Namen neben dem *nebti*-Namen.

Für die Gleichsetzung Hor-ahas mit Menes spricht folgendes:

1. *Das Hor-aha-Täfelchen von Nagadeh*

Der *nebti*-Name Men neben dem Horus-Namen Hor-aha deutet darauf hin, daß es sich um die Namen derselben Person handelt, genauso wie auf anderen Täfelchen – zum Beispiel dem des Königs Ka'a. Es wurde auch behauptet, das Zeichen unterhalb der nebti-Gruppe sei nicht das Schriftzeichen »Men«, sondern stelle die Sessel und Pavillons des Sed-Festes dar (Wikentjew, *The Nagadeh Tablet, Annales du Service*, Bd. XXXIII.) Die meisten Forscher aber sind sich darüber einig, daß es sich mit Sicherheit um das Schriftzeichen »Men« handelt. Das zeigt ein Vergleich mit den beiden Formen der in der archaischen Zeit allgemein üblichen Brettspielfiguren. Ein Vergleich mit dem schwarzroten Men-Zeichen auf der Rückseite des Hor-aha-Täfelchens aus Abydos, das an sich abermals ein Hinweis auf die Gleichsetzung dieses Königs mit Menes sein könnte, beseitigt alle Zweifel. (Petrie, *Royal Tombs*, II., Tafel XI, 2.)

Gegenargument: Aus den oben erwähnten epigraphischen Anhaltspunkten können wir lediglich folgern, daß der nebti-Name sich auf Hor-ahas Vorgänger bezieht.

2. *Die großen Bestattungsanlagen Hor-ahas bei Sakkâra, der Nekropolis von Memphis, der Stadt, die Menes gegründet hat*

Grab Nr. 3357 ist das älteste dynastische Monument in Sakkâra, und man hat dort keinerlei Überreste Narmers entdeckt. Das ist wichtig, weil man in Tarchan, weiter südlich, Monumente aus Narmers Regierungszeit vorgefunden hat. Das läßt vermuten, daß das nördliche Gebiet zwar schon erobert, aber bei seinem Tode noch keineswegs befriedet war und daß die Gründung der neuen, strategisch wichtigen Hauptstadt Memphis noch bevorstand.

Gegenargument: Auch der Gründer der Stadt Memphis wurde nicht unbedingt in deren Totenstadt beerdigt, und solange die Siedlungsstätte nicht vollständig ausgegraben worden ist, wäre es voreilig, anzunehmen, daß dort keine Monumente Narmers vorhanden seien. Außerdem ist zwar das Gebiet der großen Grabmäler aus der Zeit der ersten Dynastie ganz freigelegt worden, aber in der Umgebung warten andere Gebiete auf den Spaten der Archäologen.

Ich glaube, die Hauptargumente für und gegen die einzelnen Hypothesen unparteiisch dargeboten zu haben. Es bleibt eine weitere Möglichkeit: Menes war eine legendäre Gestalt, welche die Taten und Leistungen sowohl Narmers als auch Hor-ahas verkörperte. Meiner Meinung nach ist aber – angesichts der durch das Nagadeh-Täfelchen gelieferten Angaben – diese Lösung schwer zu akzeptieren. Ich bin der Ansicht, daß die Fundzeugnisse zum größten Teil für Hor-aha sprechen, und ich halte das völlige Fehlen von Narmer-Monumenten in der archaischen Totenstadt bei Sakkâra für die kräftigste Stütze meines Standpunktes. Hypothesen, die auf unserer bis jetzt noch sehr lückenhaften Kenntnis der Inschriften jener entlegenen Periode basieren, können nicht gegen die Tatsachen ins Treffen geführt werden, die durch die Ausgrabungen der Archäologen ans Licht gekommen sind.

Es wäre allerdings töricht, wollte man versuchen, die vielen verwikkelten Probleme, die uns diese ferne Zeit der Weltgeschichte aufgibt, durch eine endgültige Entscheidung zu lösen. Fortschritte sind jedenfalls erkennbar. Vieles, was vor einigen Jahren noch Theorie war, hat sich als Faktum erwiesen – zahlreiche andere Theorien hat man aufgeben müssen. Selbst bei unserer heute noch sehr getrübten Sicht können wir feststellen, daß die Bewohner des Niltals zu Beginn des dritten Jahrtausends v. Chr. besser organisiert und, im modernen Sinne, weit zivilisierter waren, als wir bis vor kurzem angenommen hatten.

Erstes Kapitel

DIE EINIGUNG

Etwa 3400 Jahre vor Christi Geburt ergaben sich in Ägypten grundlegende Veränderungen. Sehr rasch ließ das Land das Stadium fortgeschrittener Steinzeitkultur mit verwickelter Stammesstruktur hinter sich, und es bildeten sich zwei festgefügte Monarchien. Die eine umfaßte das Deltagebiet, die andere das eigentliche Niltal. Gleichzeitig trat die Kunst der Schrift ans Licht, eine Monumentalarchitektur, Künste und Handwerke entwickelten sich in erstaunlichem Ausmaß, und alles weist auf die Existenz einer durchorganisierten und sogar üppigen Zivilisation hin. Dies vollzog sich in einem verhältnismäßig kurzen Zeitraum. Die grundlegende Entwicklung der Schrift und Architektur scheint kaum irgendeinen geschichtlichen Hintergrund zu haben.

Die Forscher sind sich nicht über die Gründe und Ursachen dieses jähen kulturellen Fortschritts einig. Mit großer Wahrscheinlichkeit ist er hauptsächlich auf den Einfall eines fremden Volkes ins Niltal zurückzuführen. Die Eindringlinge brachten die Fundamente der pharaonischen Zivilisation mit (wie wir sie in Ermangelung eines besseren Ausdrucks bezeichnen). Ob es sich dabei um ein allmähliches Einsickern oder um eine Masseninvasion handelte, läßt sich nicht mit Sicherheit entscheiden, aber die vorhandenen Funde, vor allem die Schnitzereien auf einem elfenbeinernen Messergriff aus Dschebel-el-Arak und die Wandgemälde in einem späten prädynastischen Grab zu Hierakonpolis, sprechen deutlich für eine Invasion. Auf dem Messergriff erkennen wir einen Stil, den man seinem Ursprung nach für mesopotamisch oder sogar syrisch halten könnte, ferner eine Szene, die eine Seeschlacht gegen eindringende Feinde darstellen mag, ein Gegenstand, der auch in dem Grab zu Hierakonpolis auf kunstlose Art dargeboten wird. In beiden Darstellungen stoßen wir auf zweierlei Schiffstypen: deutlich ägyptische Schiffe und fremdartige Fahrzeuge mit hohem Bug und Heck – unverkennbar mesopotamischer Herkunft (Abb. 1).

Wie dem auch sei, gegen Ende des vierten Jahrtausends v. Chr. bildete

Abb. 1. Messergriff aus Dschebel-el-Arak

das Volk, das in der Überlieferung unter dem Namen »Gefolge des Horus« bekannt ist, allem Anschein nach eine zivilisierte Aristokratie oder Herrenrasse, die ganz Ägypten beherrschte. Die Annahme der Existenz einer solchen Herrenrasse wird dadurch gestützt, daß man in Gräbern aus der späten prädynastischen Zeit im nördlichen Teil Oberägyptens die Knochenreste einer Volksgruppe entdeckt hat, deren Schädel breiter und deren Körper größer waren als die der Eingeborenen (Derry, D. E., *The Dynastic Race in Egypt, Journal of Egyptian Archaeology*, Bd. 42, 1956). Der Unterschied ist so deutlich, daß man unmöglich behaupten kann, diese Menschen hätten sich aus der früheren Rasse entwickelt. Die beiden Rassen müssen sich sehr stark vermischt haben, aber doch nicht so schnell, daß diese Vermischung schon zu Beginn der Einigung abgeschlossen war; in der gesamten archaischen Zeit besteht ein ausgeprägter Unterschied zwischen der zivilisierten Aristokratie und den einheimischen Massen, besonders in bezug auf die Bestattungsbräuche. Erst gegen Ende der zweiten Dynastie finden sich Hinweise darauf, daß die unteren Schichten die Friedhofsarchitektur und das Beerdigungszeremoniell der Herrenschicht zu übernehmen begannen.

Die Herkunft dieser Eindringlinge ist nicht bekannt; ebenso ist auch der Weg, den sie eingeschlagen haben, in Dunkel gehüllt. Ähnlichkeiten in der Dekorationskunst, der gemeinsame Gebrauch des Zylindersiegels und vor allem die Nischentäfelung ihrer Monumentalbauten deuten unverkennbar auf eine Verbindung mit zeitgenössischen Kulturen in Mesopotamien hin. Aber neben diesen Ähnlichkeiten stehen große Unterschiede, und bei dem heutigen Stand unseres Wissens wäre es übereilt, in dieser wichtigen Frage ein entschiedenes Urteil zu wagen. Wenn wir annehmen, daß es sich um eine Masseninvasion aus dem Osten handelte, läßt das vorhandene Material darauf schließen, daß der Einmarsch über das Wadi-el-Hammamat erfolgte, auf der großen Handelsroute durch die östliche Wüste, welche die Küste des Roten Meers bei El-Quseir mit dem Nil bei Quft verbindet (Abb. 2). Man hat aber mit guten Gründen darauf hingewiesen, daß die Hammamat-Route für eine große Marschkolonne recht beschwerlich gewesen wäre, da es auf einer Strecke von mehr als 200 Kilometern kein Wasser gibt. Ein möglicher Weg wäre auch das Wadi-el-Tumilat an der Ostseite des Deltas gewesen, eine Route, auf der feindliche Heerscharen das Delta rasch hätten durchqueren können und über die sie am Rande der Wüste entlang die Hauptader des Nils erreichen und schließlich Ober-Ägypten unterjochen konnten. Eine solche Eroberung – auf welchem Wege auch immer – ist nur in einer langen Zeit denkbar, in der zahlreiche Feldzüge verschiedener Stämme unter verschiedenen Heerführern stattfanden, so daß sie vielleicht in mancher Hinsicht der Eroberung Britanniens durch die Sachsen ähnelte und ebenso auch zur Gründung mehrerer Staatswesen geführt haben mag, die um die Vorherrschaft kämpften. Wie dem auch sei, jedenfalls steht fest, daß Ägypten zu Beginn seiner geschichtlichen Zeit in zwei mit einander rivalisierende Reiche zerfiel – eines im Norden, eines im Süden. In beiden Reichen entstammten das Königshaus und der Adel derselben Rasse und waren in der Überlieferung als das »Gefolge des Horus« bekannt – die Halbgötter in Manethos Geschichtswerk. Die ursprünglichen Hauptstädte der beiden Staatswesen scheinen Buto in Unter-Ägypten und Hie-

Abb. 2. Karte von Ägypten

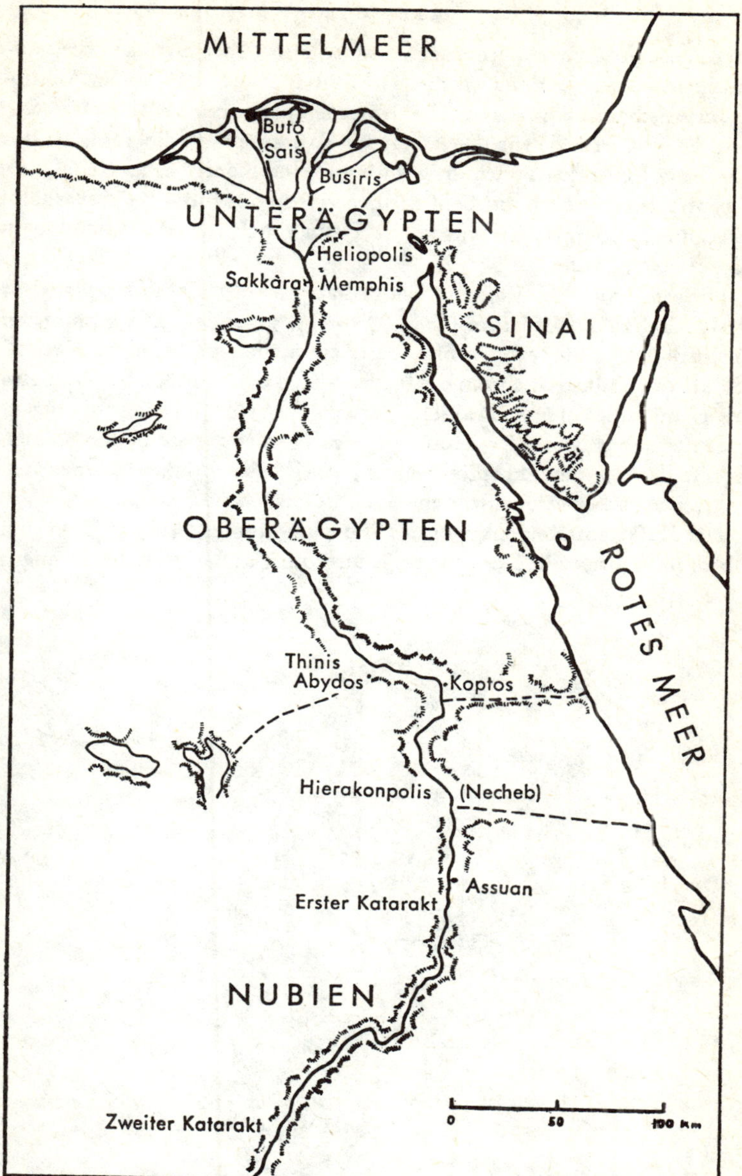
MITTELMEER
Buto
Sais
Busiris
UNTERÄGYPTEN
Heliopolis
Sakkâra
Memphis
SINAI
OBERÄGYPTEN
ROTES MEER
Thinis
Abydos
Koptos
Hierakonpolis
(Necheb)
Assuan
Erster Katarakt
NUBIEN
Zweiter Katarakt
0
50
100 km

rakonpolis in Ober-Ägypten gewesen zu sein. Aber zur Zeit der endgültigen Vereinigung waren die wichtigsten Städte der beiden Mächte allem Anschein nach Sais im Norden und Thinis (oder Abydos) im Süden. Es gibt Gründe für die Annahme, daß zu einer früheren Zeit das nördliche Reich den Süden eroberte und seine Könige eine Weile ganz Ägypten beherrschten. Schließlich aber verschob sich das Kräfteverhältnis, und zu guter Letzt wurde das Delta durch die Herrscher Ober-Ägyptens bezwungen.

Hinweise auf die Einigungskriege hat man in Hierakonpolis, dem uralten religiösen Zentrum Ober-Ägyptens, gefunden. Die wichtigsten Inschriften sind in zwei große, bei Zeremonien verwendete Keulenknäufe aus Kalkstein und in die beiden Seiten einer großen Votivpalette aus grünem Schiefer eingraviert. Sie gehörten verschiedenen Königen, gedenken aber beide der Eroberung des Nordens, erstens durch einen König, den wir den Skorpion nennen, und zweitens durch Narmer, den zahlreiche Autoritäten mit Menes gleichsetzen (siehe Seite 29).

Der Kalkstein-Keulenknauf des Skorpion-Königs (Abb. 3) ist in drei Abschnitte unterteilt. Der erste zeigt uns tote Vögel, die an den Bannern

Abb. 3.
Der Keulenknauf
des Skorpion-Königs

der südlichen Stämme hängen. Die Vögel repräsentieren die Vereinigung mit dem Norden. Der zweite stellt den König mit der weißen Krone Ober-Ägyptens dar, wie er unter allgemeinem Jubel einen Kanal gräbt. Offenbar war das ein Symbol für die Neuordnung des Landes. Der dritte Abschnitt zeigt Bauern bei der friedlichen Bestellung ihrer Felder. Das Zepter bezeugt also den Sieg, die Neuordnung und den Frieden.

Narmers Palette und ein zweiter Keulenknauf, der gleichfalls ihm gehört, sind Urkunden konkreter Art, und die Ereignisse, die sie abbilden, sind im ganzen unmißverständlich. Auf der Palette (Abb. 4) sehen wir Narmer beide Kronen — die unter- und die oberägyptische — tragen. Offensichtlich erhob er Anspruch darauf, beide Länder zu beherrschen. Wir sehen ihn in feierlichen Prozessionen zusammen mit seinen Hofbeamten und den Bannerträgern seiner Heere die gefesselten und enthaupteten Leichen der nördlichen Feinde besichtigen und außerdem in der üblichen Haltung eines siegreichen Pharao den hingestreckten Feind niederschlagen.

Der Keulenknauf (Abb. 5) zeigt uns Narmer, der die rote Krone des besiegten Nordens trägt und auf dem Thron sitzt. Die Geiergöttin Nechet von Hierakonpolis beschützt ihn. Vor ihm stehen die Bannerträger seines Heeres, eine sitzende Gestalt in einer Sänfte, Gefangene; auch sehen wir Zahlen und Zeichen, die von 120 000 Mann, 400 000 Ochsen und 1 422 000 erbeuteten Ziegen berichten. Manche Forscher deuten die sitzende Figur als die eines Mannes, aber ein Vergleich mit ähnlichen Figuren auf einem Holztäfelchen aus Sakkâra zeigt uns, daß es sich fast mit Sicherheit um eine Frau handelt. Man hat vermutet, es sei die Gestalt einer gefangenen Prinzessin aus dem Norden, die der siegreiche König vielleicht zu heiraten gedachte. Das ist zwar nur eine Hypothese, aber es ist durchaus möglich. Vielleicht haben wir es hier mit einer Darstellung der Ehe zwischen Nithotep und Narmer zu tun, denn es deutet vieles darauf hin, daß der Eroberer des Nordens seine Stellung dadurch zu legitimieren trachtete, daß er die Prinzessin aus dem Norden zu seiner Gemahlin erwählte. Wie weit Narmer seine Eroberungen sichern konnte, wissen wir nicht, aber es ist aufschlußreich, daß man bisher nördlich von Tarchan noch keine größeren Monumente aus seiner Regierungszeit entdeckt hat und daß seine königliche Gattin Nithotep südlich von Nagadeh beigesetzt wurde; allerdings hat man auch in einem Grabe zu Helwan gegenüber dem alten Memphis das Bruchstück einer Kalksteinplatte gefunden, in die die Figur der Königin eingraviert ist. Abgesehen von seinen Kriegszügen entsandte Narmer Handelsexpeditionen in die östliche Wüste. Man hat seinen Namen an den Felsen im Wadi-el-Qash an der großen Handelsstraße zwischen Koptos und Quseir gefunden (Abb. 6).

Narmers Grab ist als B 10 in der nordwestlichen Gruppe zu Abydos identifiziert worden: Es besteht aus einer großen, mit Ziegeln verkleideten Grube, die 11 m lang und 9,4 m breit ist, und wirkt im Vergleich zu dem Grabmal der Nithotep zu Nagadeh fast unbedeutend; wir müssen annehmen, daß dies nur die südliche Grabstätte des Königs war und

Abb. 4a. Narmers Palette, Vorderseite

daß sein eigentlicher Begräbnisplatz noch der Entdeckung harrt, vielleicht in Tarchan oder in Sakkâra.

Das Grabmal der Königin (Abb. 7) ist ein prächtiges Denkmal von 53,4 m Länge und 26,4 m Breite. Als erstes Bauwerk des nördlichen Stils mit einem hohlgetäfelten Überbau ist es doch in der Konstruktion primitiver als entsprechende Anlagen in Sakkâra, denn die Grabkammern liegen zu ebener Erde innerhalb des Überbaus. Es ist sonderbar, daß die Königin so weit im Süden bestattet wurde, und wir können nur ver-

Abb. 4 b. Narmers Palette, Rückseite

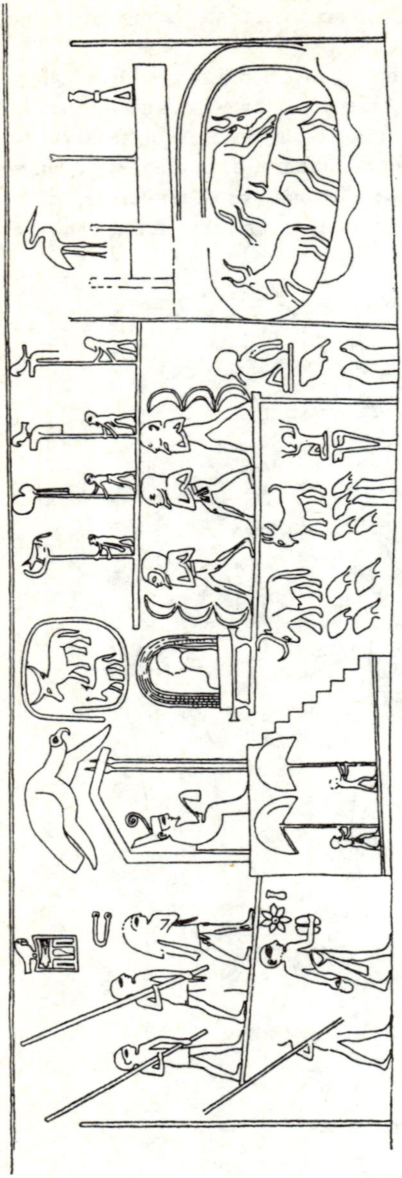

Abb. 5. Narmers Keulenknauf

Abb. 6. Narmer — Inschrift im Wadi-el-Qash

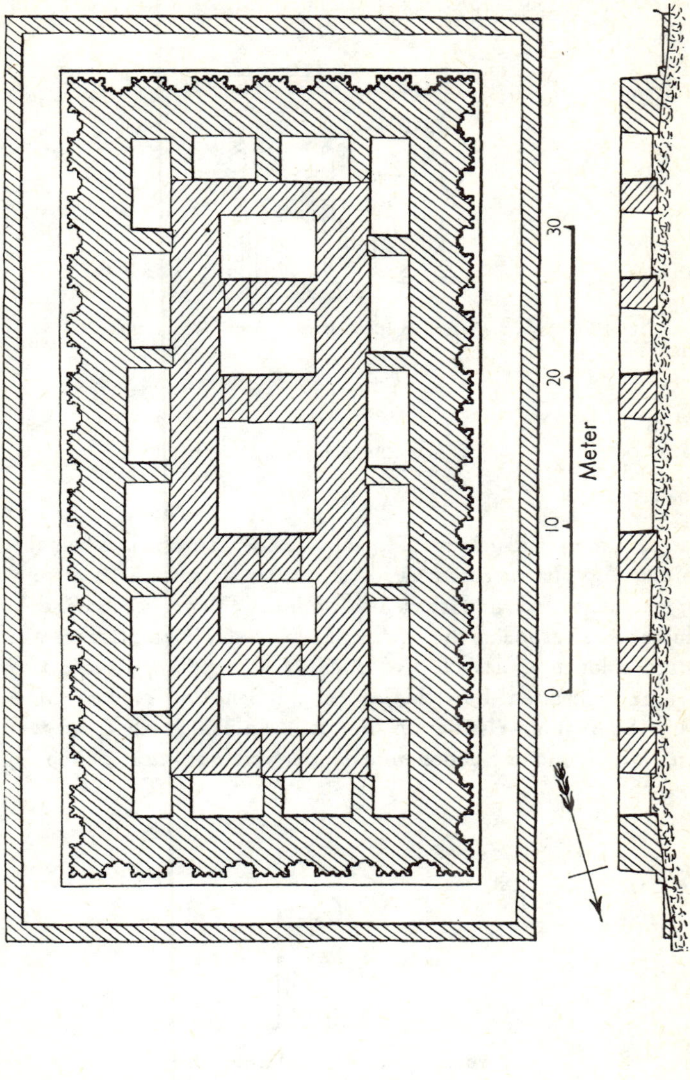

Abb. 7. Grundriß des Grabmals der Nithotep in Nagadeh

muten, daß sie vor der endgültigen Unterwerfung des Nordens starb. Obwohl man auf einzelnen Gegenständen in der Grabstätte Narmers Name entdeckt hat, scheint ihr Sohn Hor-aha sie begraben zu haben. Zahlreiche Gegenstände tragen seinen Namen und den der Königin (Abb. 8).

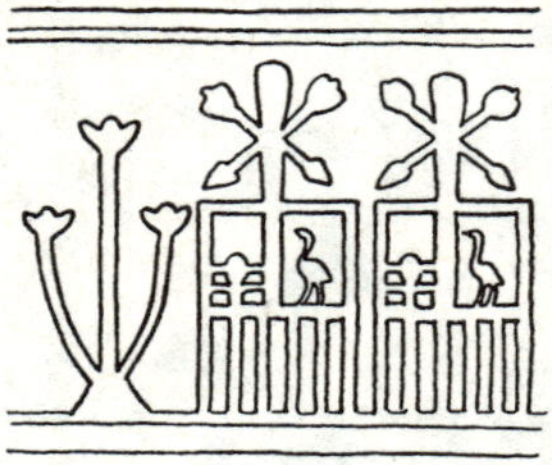

Abb. 8. Nithotep-Inschrift auf einem Krugsiegel

Die erste Dynastie

Hor-aha (Abb. 9)

Nach Narmers Tod gelangte Hor-aha auf den Thron eines beinahe vereinigten Ägyptens; er war nach Ansicht des Verfassers der erste König der ersten Dynastie und ist vielleicht mit dem Menes der klassischen Geschichtsschreiber identisch (s. Seite 32). Hor-aha (Kampffalke) war sein Name, solange er das Horus-Volk in Oberägypten regierte, aber als König der geeinten Monarchie legte er sich den *nebti*-Namen »Men« bei. Der nebti-Name weist darauf hin, daß sein Träger die Kraft war, die den Norden und den Süden miteinander vereint hatte (s. Seite 117). Die

Abb. 9. Horus-Name des Hor-aha

Abb. 10. Das Elfenbeintäfelchen aus Nagadeh

Wechselbeziehungen der beiden Namen werden durch ein kleines Elfenbeintäfelchen bezeugt, das man im Grab der Königin Nithotep in Nagadeh fand und auf dem der Horus-Name des Hor-aha neben dem nebti-Namen Men eingraviert ist (Abb. 10). Dieses Täfelchen ist so wichtig, daß Garstang das Grabmal in Nagadeh noch einmal freilegte, um ein fehlendes Bruchstück zu finden. Er hatte besonderes Glück: Nicht nur das Fragment fand er, sondern außerdem ein großes Bruchstück einer zweiten Tafel gleicher Art. Dieses zweite Exemplar hat uns ermöglicht, eine bedeutende Lücke im Zentrum der mittleren Spalte auszufüllen, die sich zwar nicht mit beiden einander zugeordneten Namen – Horus und nebti – messen kann, aber doch einen erheblichen historischen Wert besitzt. Diese Szene stellt anscheinend eine feierliche Zeremonie bei der Vereinigung beider Länder dar: Zwei menschliche Gestalten vollziehen einen Ritus an einem nicht zu identifizierenden Objekt. Diese Zeremonie trug die Bezeichnung »den Süden und den Norden empfangend«.

Abb. 11. Holztäfelchen aus Abydos

Abb. 12. Holztäfelchen aus Abydos

Abb. 13. Elfenbeintäfelchen aus Abydos

Wenn wir annehmen, daß Hor-aha der Sohn Narmers und Nithoteps war, dann war sein Anspruch, Ober- und Unter-Ägypten zu beherrschen, durch das Recht des Siegers und des Erben fest gegründet, und obwohl ihm einzelne nördliche Landstriche anscheinend seine Herrschaft streitig machten, war ihm der größte Teil des Landes untertan. Ägypter und Libyer huldigten ihm und entrichteten ihm ihren Tribut. Er war in der Tat der König beider Länder, und sein Reich war so weit befriedet, daß er sein Augenmerk auf den Süden lenken konnte. Er besiegte die Nubier und dehnte seine Herrschaft flußaufwärts bis zum ersten Katarakt aus (Abb. 11). Als Beispiel seiner klugen Versöhnungspolitik in Unter-Ägypten dient uns der Bericht über den Bau eines Tempels in Sais zu Ehren der Göttin Nit, der Schutzgottheit des Nordens (Abb. 12).

Aber auf dem Gebiete der Baukunst war Hor-ahas größte Leistung die Gründung der neuen Hauptstadt des geeinten Ägyptens, etwa drei-

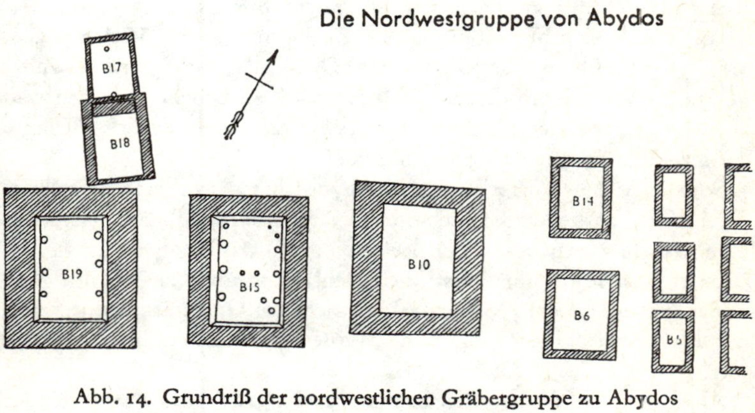

Abb. 14. Grundriß der nordwestlichen Gräbergruppe zu Abydos

ßig Kilometer südlich des Deltascheitels unweit der natürlichen Grenze zwischen Nord und Süd. Der Bau dieser Stadt, die 3000 Jahre lang ein Zentrum der Macht und Kultur bleiben sollte, war eine gewaltige technische Leistung. Es erwies sich als nötig, den Flußlauf des Nils zu verlegen, und Herodot berichtet, man habe einen hohen Deich bauen und dann das Gelände trockenlegen müssen. Die neue Hauptstadt, später unter dem Namen Memphis bekannt, wurde die »Weiße Mauer« genannt, und von diesem strategisch günstigen Punkt aus regierte Hor-aha das neu geeinte Ägypten. Hier in der neuen Hauptstadt ließ er einen großen, dem Gott Ptah geweihten Tempel errichten. Ptah war der Schutzgott der Stadt, solange sie bestand. Hier auch, am Wüstenrand hinter der Stadt, baute er seine nördliche Grabstätte, das erste der vielen Grabmäler, die er und seine Nachfolger errichteten. Mündlich überlieferte Berichte über den ersten Pharao Ägyptens hat Diodoros nacherzählt, aber sie sind wenig glaubwürdig und haben nur geringen Wert. Nach den Angaben dieses klassischen Schriftstellers wurde der König auf der Jagd bei Faijûm hinterrücks von seinen Hunden angegriffen und konnte ihnen nur dadurch entrinnen, daß er in den See Moeris sprang; ein Krokodil trug ihn ans gegenüberliegende Ufer. Zum Andenken an dieses Wunder baute er dort eine Stadt und weihte den See dem Krokodil. Diodoros erwähnt auch, der König habe ganz in der Nähe ein Pyramidengrab für sich selber errichtet. Derselbe Autor berichtet, von ihm, dem Pharao, hätten die Ägypter gelernt, Götter zu verehren und ein zivilisiertes Leben zu führen. Das mag ein Ergebnis der Befriedung sein, der während des Kampfes um die Einigung eine lange Periode der Anarchie und des Blutvergießens vorangegangen war. Laut Manetho (Africanus) starb der große König im 63. Regierungsjahr an Verletzungen, die ihm ein Nilpferd zugefügt hatte. Das klingt nicht ganz unwahrscheinlich; wir wissen, daß die Nilpferdjagd ein beliebter Zeitvertreib der Könige der ersten Dynastie war. Es könnte aber auch eine Variante der Krokodillegende des Diodoros sein.

Sowohl in Nagadeh als auch in Abydos hat man kleine Elfenbeingegenstände entdeckt. Sie tragen den Namen Berner-Ib, was etwa mit »Holdes Herz« zu übersetzen ist (Abb. 13). Das Grab dieser Person (Abb. 14) ist in der nordwestlichen Denkmalsgruppe zu Abydos ganz in der Nähe der dem Hor-aha zugeschriebenen Grabstätte identifiziert worden. Es wäre daher nicht ausgeschlossen, daß Berner-Ib seine Gattin war.

Abgesehen von dem großen Grabmal zu Nagadeh, das wahrscheinlich

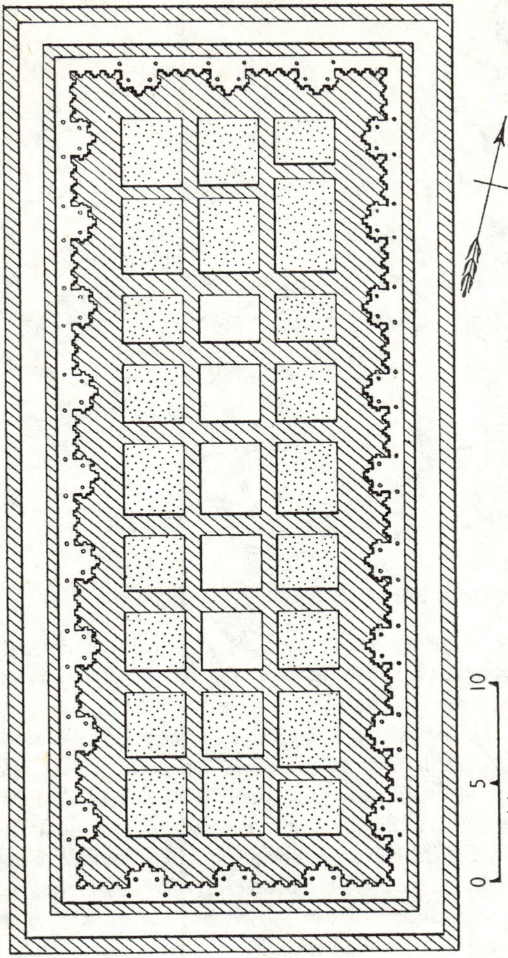

Abb. 15. Grundriß des Grabmals 3357 in Sakkâra

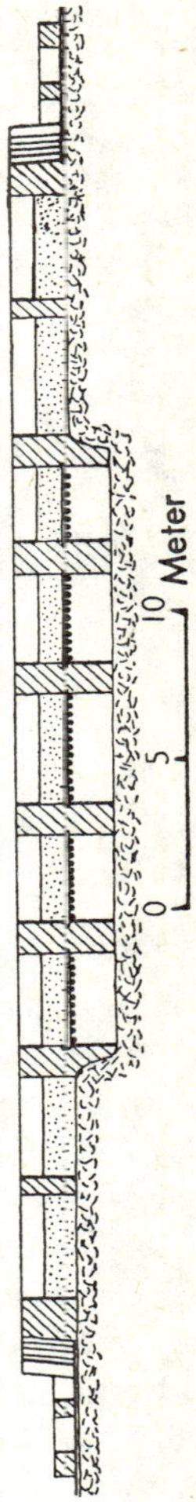

Abb. 16. Querschnitt durch das Grab 3357 in Sakkâra

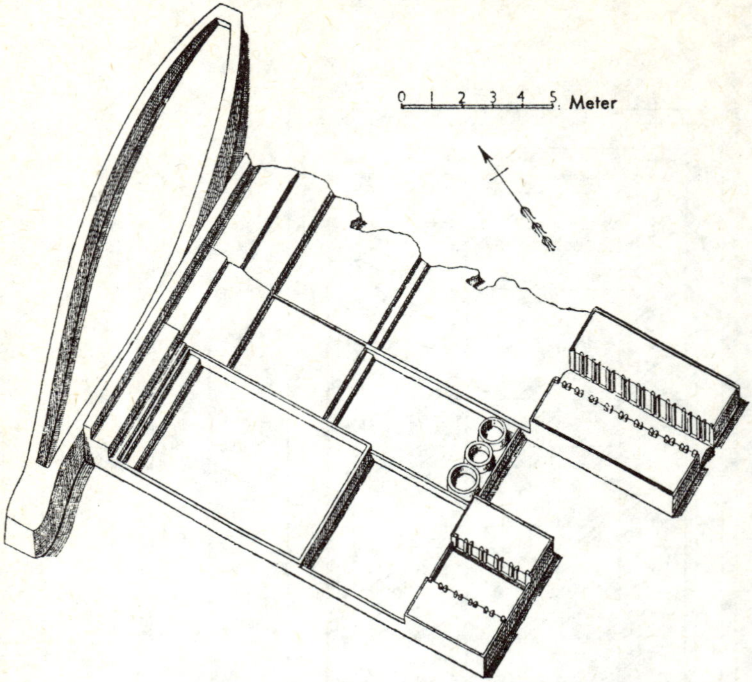

Abb. 17. Modell des Landguts und Schiffsgrab des Hor-aha

Hor-aha seiner Mutter Nithotep errichten ließ, existieren in Abydos und in Sakkâra zwei weitere große Monumente des Königs: Sie dürften sein nördliches und sein südliches Grab sein.

Das Abydos-Grab B 19 (Abb. 14), das größte in der nordwestlichen Gruppe, wird auf Grund der dort vorgefundenen Gegenstände als Grab des Hor-aha bezeichnet. Wie bei allen archaischen Gräbern in Abydos ist der Überbau völlig verschwunden und nur eine geräumige, mit Backsteinen verkleidete unterirdische Kammer übrig geblieben. Im Fußboden befinden sich Löcher für hölzerne Pfosten, die vermutlich das Dach trugen. Das Monument ist einschließlich der dicken Stützmauern 11,7 m lang und 9,4 Meter breit. In einem kleineren Grab dicht neben B 19 hat Petrie einen kleinen Goldbarren gefunden, auf dem der Name Hor-aha eingraviert ist. Seinen Zweck kennen wir nicht.

Das nördliche Grabmal zu Sakkâra (Abb. 15 und 16), unter der Nummer 3357 bekannt, ist ein weit größeres und prunkvolleres Bauwerk,

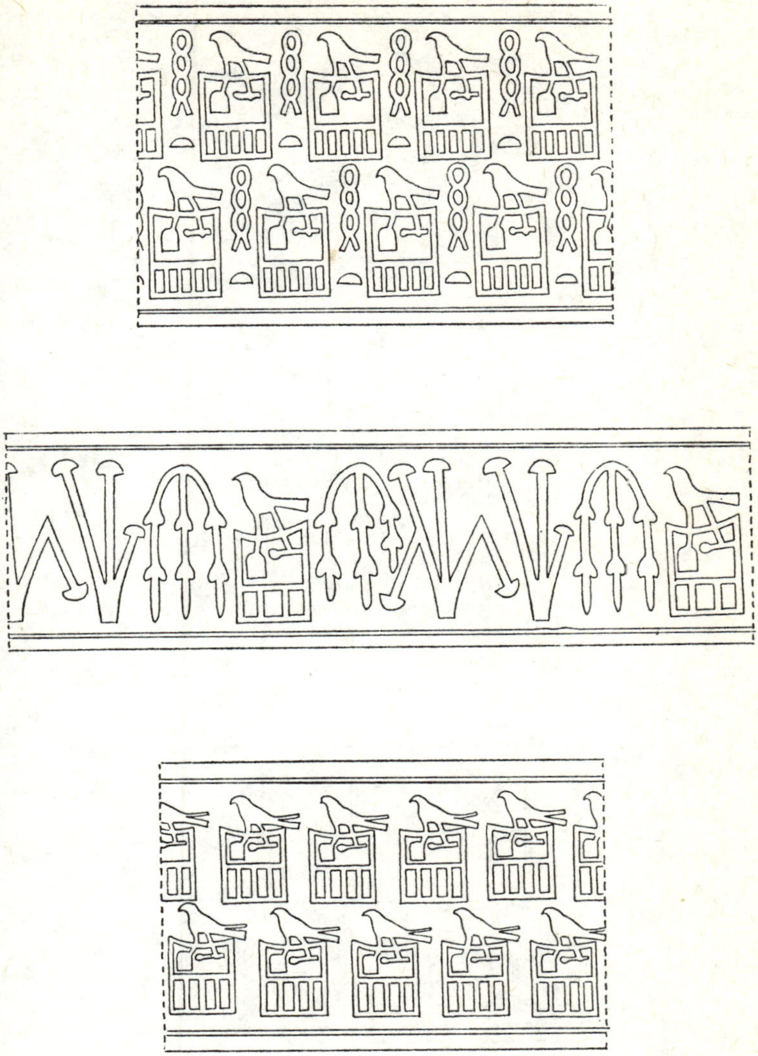

Abb. 18a. Krugsiegel mit dem Namen Hor-ahas

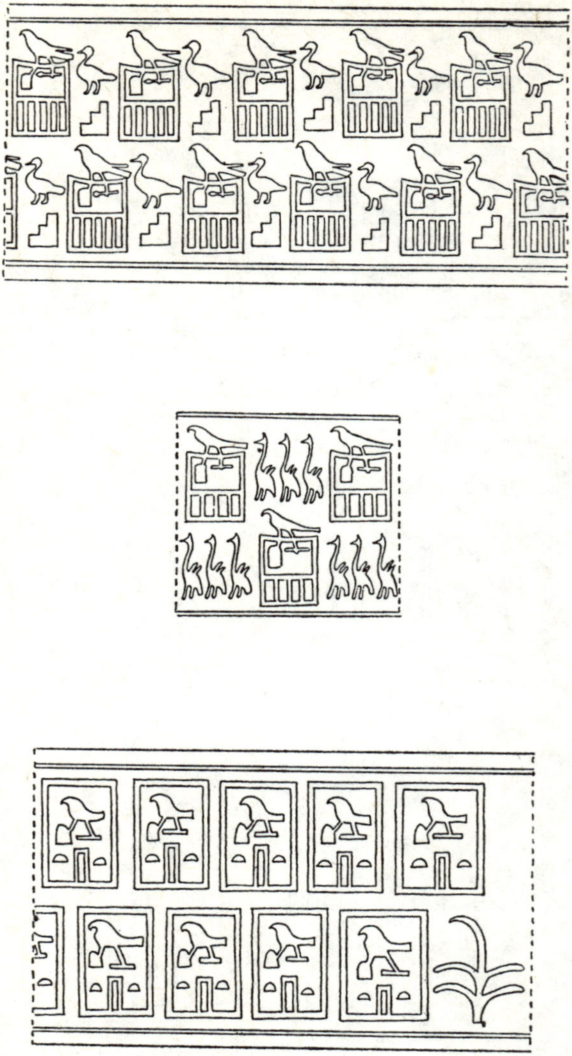

Abb. 18b. Krugsiegel mit dem Namen Hor-ahas

zwar etwas kleiner als das der Königin Nithotep und von ähnlicher Struktur, aber viel kunstreicher. Es deutet, besonders mit seiner unterirdischen Grabkammer, auf eine spätere Entstehungszeit hin. Die Kammer besteht aus einer viereckigen, aus dem Kies geschachteten und in den Fels eingehauenen Grube, die durch Querwände in fünf gesonderte Räume geteilt wird. Diese unterirdischen Räume waren mit Holzbalken überdacht, und darüber erhob sich zu ebener Erde ein hoher viereckiger Überbau, der innen in siebenundzwanzig Lagerräume aufgeteilt war, die zusätzliche Grabgerätschaften enthielten. Der Überbau, dessen Außenwände mit Hohltäfelungen geschmückt und von zwei Einfriedungsmauern umgeben waren, ist 48,2 m lang und 22 m breit. An der Nordseite lagen eine Reihe kleinerer Modellbauten und ein umfangreiches, aus Backstein gefügtes Schiffsgrab (Abb. 17). Dieses Grab hatte ursprünglich eine hölzerne Sonnenbarke enthalten, in welcher der Geist des großen Königs und die himmlischen Götter bei Tag durch die Himmel und bei Nacht durch die Unterwelt segelten.

Sowohl in Abydos als auch in Sakkâra hat man Gegenstände mit dem Namen Hor-ahas zutage gefördert – zumeist Holztäfelchen und tönerne Krugsiegel (Abb. 18) –, und im Sakkâra-Grab wurden Hunderte kleiner Steingutkrüge entdeckt, auf die die Königsnamen und der Inhalt gemalt sind.

Zer (Abb. 19)

Auf Hor-aha folgte Zer, der vielleicht mit dem zweiten Monarchen Manethos identisch ist und von dem Manetho berichtet, er habe siebenundfünfzig Jahre regiert. Manetho erzählt ferner, dieser König, den er Athothis nennt, habe zu Memphis einen Palast erbaut und als Heilkundiger Bücher über Anatomie geschrieben, die zu Manethos Zeit (etwa 2800 Jahre später) noch existierten.

Die wichtigsten unter den Dokumenten aus der Zeit des Königs Zer sind zwei Täfelchen, ein elfenbeinernes aus Abydos und ein hölzernes aus Sakkâra. Solche Täfelchen beziehen sich anscheinend auf die Ware, an der sie befestigt waren, stammen aber aus einem Regierungsjahr, in das die wichtigsten Ereignisse jenes Zeitabschnitts fallen. Leider ist unsere Kenntnis der archaischen Hieroglyphen so gering, daß eine zuverlässige Übersetzung dieser unschätzbaren Texte vorläufig unsere Kräfte übersteigt. Wir können nur einzelne Wörter und Wortgruppen herauspicken, die nur eine recht vage Deutung zulassen. Das Abydos-Täfelchen

Abb. 19. Horus-Name des Zer

(Abb. 20) scheint einen Besuch des Königs in Buto und Sais, den heiligen Städten Unter-Ägyptens, zu schildern. Das Sakkâra-Täfelchen (Abb. 21) berichtet allem Anschein nach von einer bedeutsamen religiösen Feierlichkeit, bei der Menschenopfer dargebracht werden. Zer setzte die nubischen Kriege seines Vorgängers fort, und seine Heere drangen südwärts bis zum zweiten Katarakt vor. Bei Wadi-Halfa am Westufer des Nils hat man eine Felsinschrift entdeckt (Abb. 22), die den Horus-Namen des Zer trägt. Vor dem Namen steht ein Mensch in der Haltung eines Gefangenen, mit dem Bogenzeichen in Händen, das Nubien repräsentiert. Ein weiterer Kriegsgefangener ist an ein ägyptisches Kriegsschiff gefesselt, und darunter liegen die Leichen erschlagener Feinde. Ob sich diese primitive Darstellung nur auf eine Strafexpedition Zers oder auf eine tatsächliche Eroberung bezieht, ist unmöglich zu entscheiden, aber im unteren Nubien hat man Gegenstände gefunden, die zweifellos in

Abb. 20. Elfenbeintäfelchen des Zer aus Abydos

Abb. 21. Holztäfelchen des Zer aus Sakkâra

Abb. 22. Felsinschrift des Zer

ägyptischen Werkstätten dieser Zeit angefertigt wurden. Möglicherweise hat Zer auch an der Ostgrenze Krieg geführt. Eine Alabasterpalette mit grober Gravierung aus seinem Grab in Sakkâra zeigt den König in der üblichen Haltung eines siegreichen Pharao, der einen libyschen Gefangenen erschlägt (Abb. 23). Neuere Ausgrabungen in Sakkâra haben ein großes Grab zutage gefördert, das für die Königin Her-nit angelegt wurde. Dessen Inschriften berechtigen uns, sie für die Gemahlin Zers zu halten.

Während der Regierungszeit Zers wurde die Einigung Ägyptens immer mehr gefestigt. Wir hören nichts von inneren Zwistigkeiten. Im Gegenteil: Der Wohlstand scheint beträchtlich gestiegen zu sein; das zeigt sich an der größeren Produktivität der Künste und Handwerke. Bemerkenswerte Beispiele dafür sind die Schmuckstücke, die man in dem südlichen Grab des Königs zu Abydos geborgen hat, die riesige Samm-

Abb. 23. Palette des Zer

lung von Kupfergefäßen, Werkzeugen und Waffen aus dem nördlichen Grab zu Sakkâra und das prächtige Feuersteinmesser mit Goldgriff, das sich im Museum von Toronto befindet.

Zers südliches Grab zu Abydos (Abb. 24) ist weit größer als das seines Vorgängers in dieser Gegend. Es besteht aus einer umfangreichen, mit Backsteinen ausgelegten, rechteckigen Grube mit unregelmäßigen Vorratskammern an drei Seiten. Die eigentliche Grabkammer scheint aus Holz bestanden zu haben, und das ganze Grab war ursprünglich mit Holzbalken und Brettern überdacht. Vom Überbau hat sich nichts erhalten, aber die gestrichelten Linien auf dem Grundriß (Abb. 24) zeigen dessen allgemein anerkannte Rekonstruktion. Einschließlich des rekon-

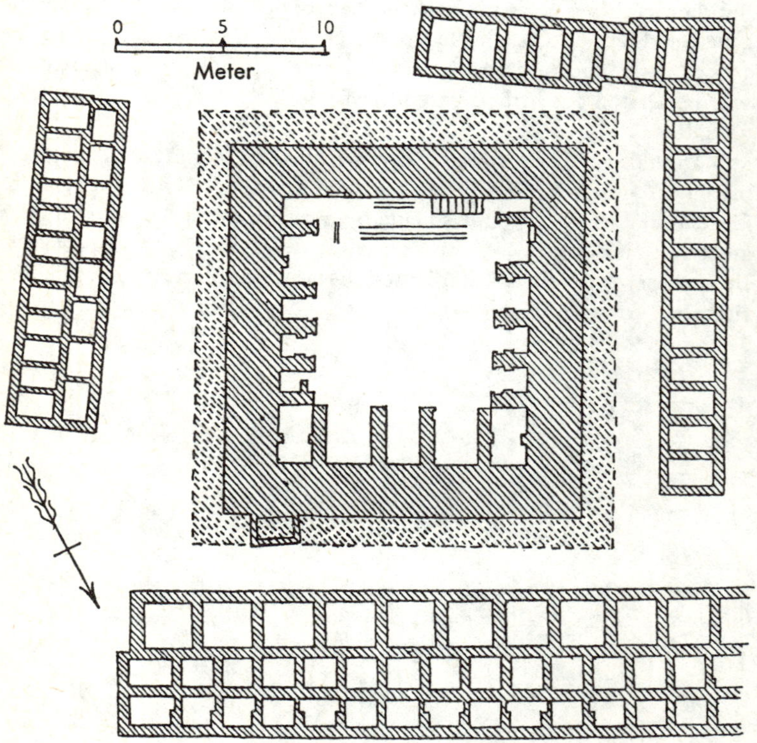

Abb. 24. Grundriß des Grabmals o zu Abydos

Abb. 25. Stelen aus den Nebengräbern zu Abydos

struierten Überbaus ist die Grabanlage 21,5 m lang und 20 m breit. Rings um das Grabmal lagen 338 Nebengräber, in denen die Leichen der bei der Bestattung des Königs geopferten Gefolgsleute beigesetzt waren. Es waren größtenteils Frauen, und zahlreiche Gräber enthielten grob gemeißelte Steinstelen mit den Namen der Opfer (Abb. 25). Auch Bruchstücke der großen Königsstele hat man entdeckt (Abb. 26), aber der erstaunlichste Fund waren die oben erwähnten Schmuckstücke: wertvolle Armbänder aus Gold, Türkis, Amethyst und Lapislazuli an den Knochen eines Menschenarms, den die Grabräuber aus irgendeinem Grunde zurückgelassen und – was noch seltsamer ist – spätere Plünderer übersehen hatten (Abb. 133).

Das nördliche Grab in Sakkâra, das vorläufig dem Zer zugeordnet wird (Abb. 27), ist viel größer als das Monument in Abydos und an Umfang fast gleich mit dem nördlichen Grab des Hor-aha, aber sorgfältiger ausgeführt: Hier zeigen sich weitere Fortschritte der Baukunst, besonders bei den sieben unterirdischen Grabkammern und Vorratskammern, die in größerer Tiefe eingeschlagen wurden. Um dieses Grabmal fand man keine Einfriedungsmauern und auch keine Nebengräber, aber sie mögen beim Bau späterer Grabmäler zerstört worden sein. Das Grab ist 41,30 m lang und 15,15 Meter breit.

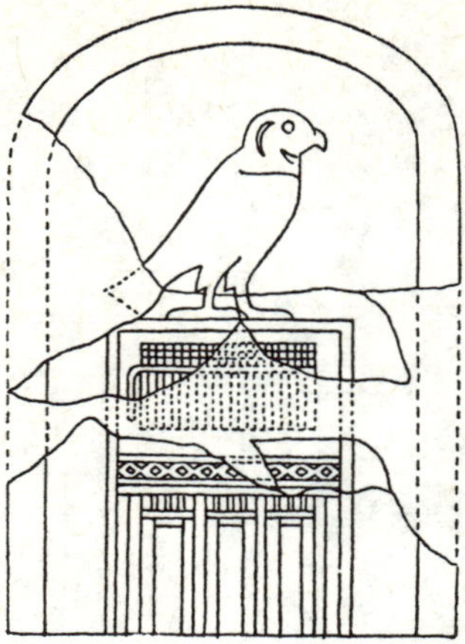

Abb. 26. Königsstele des Zer aus Abydos

In Sakkâra wurde ein weiteres Grab mit ähnlicher Struktur und ähnlichen Maßen entdeckt. Aus den darin gefundenen Krugsiegeln dürfen wir schließen, daß es ebenfalls der Regierungszeit des Zer angehört.

Königin Merjet-nit (Abb. 28)

Die chronologische Einordnung Merjet-nits und ihre Stellung sind umstritten, aber es ist anzunehmen, daß sie die Nachfolgerin Zers und der dritte Souverän der ersten Dynastie war. Als 1900 Grab Y in Abydos freigelegt wurde, fand Petrie in diesem Grab eine große Stele, die nur den Namen Merjet-nit trug – und nicht von dem üblichen Falkennamen umrahmt ist (Abb. 29). Damals war man der Meinung, Merjet-nit sei ein König gewesen. Spätere Forschungen aber haben gezeigt, daß es sich um den Namen einer Frau und, nach der üppigen Ausstattung des Grabmals zu schließen, um eine Königin handelt. Obwohl ihr Name auf einigen Steinvasen vorkommt, die in dem Grab gefunden wurden, hat man keine Krugsiegel Merjet-nits entdeckt, dagegen zahlreiche Siegel mit dem Namen Udimus, des fünften Königs der Dynastie. Infolgedessen wurde sie von einigen Historikern fälschlich als Udimus Gemahlin betrachtet. Wir dürfen fast mit Sicherheit annehmen, daß Udimus Siegel von außen her in das Grab hineingetragen wurden, da sein Grab ganz

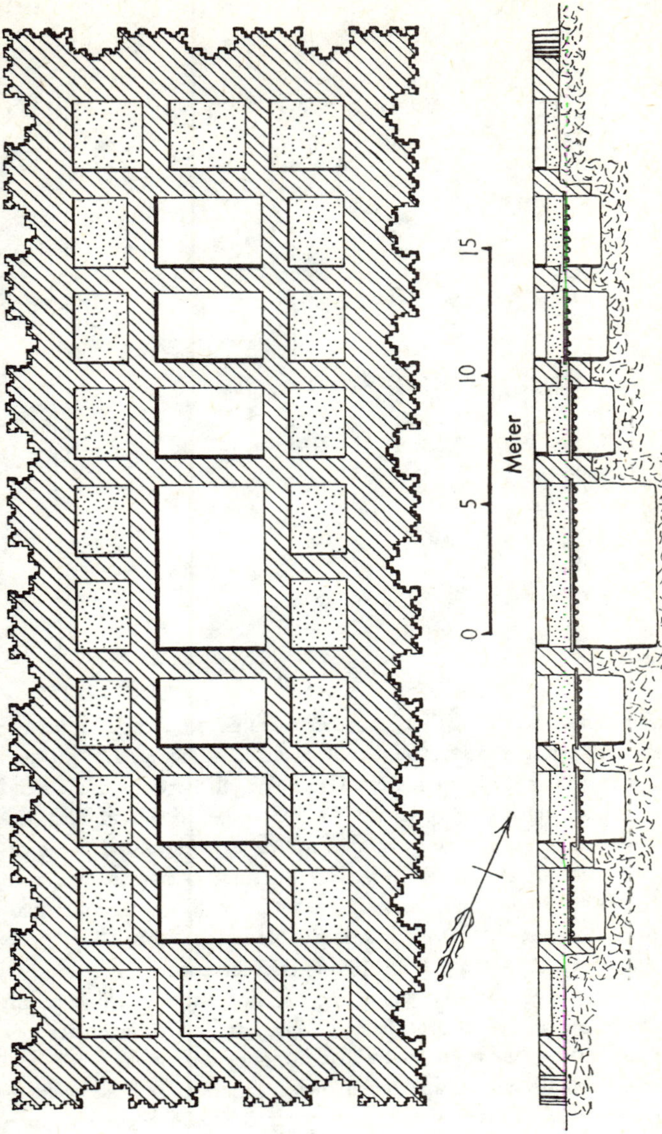

Abb. 27. Grundriß des Grabes 3471 in Sakkâra

Abb. 28. Name der Merjet-nit

Abb. 29.
Stele der Merjet-nit aus Abydos

in der Nähe liegt und die nachlässige Behandlung der Funde leider für die Ausgrabungsmethoden Amélineaus bezeichnend war. Vor kurzem aber hat man in Sakkâra wieder ein Grab freigelegt, das anscheinend Merjet-nit gehört, nach den Inschriften auf Steingefäßen und Krugsiegeln zu schließen, die zum Teil mit den in Abydos gefundenen gleichlautend sind. Eine dieser Inschriften zeigt (allem Anschein nach) ihren Namen in einem *serech,* über dem die gekreuzten Pfeile der Nit thronen – ähnlich den Siegeln der Nithotep aus Nagadeh (Abb. 28).

Das Sakkâra-Grab Nr. 3503 (Abb. 30) ist viel größer als das Abydos-Monument. Wegen der Bauweise und der Fundstücke gehört es mit Sicherheit in die Frühzeit der Dynastie. Man hat darin Siegel des Zer gefunden; er könnte ohne weiteres ihr Vorgänger gewesen sein. Der Überbau dieses Grabmals entspricht denen der benachbarten Gräber Horahas und Zers, und der Umstand, daß unter den königlichen Damen der Dynastie Merjet-nit die einzige ist, von der es sowohl in Abydos

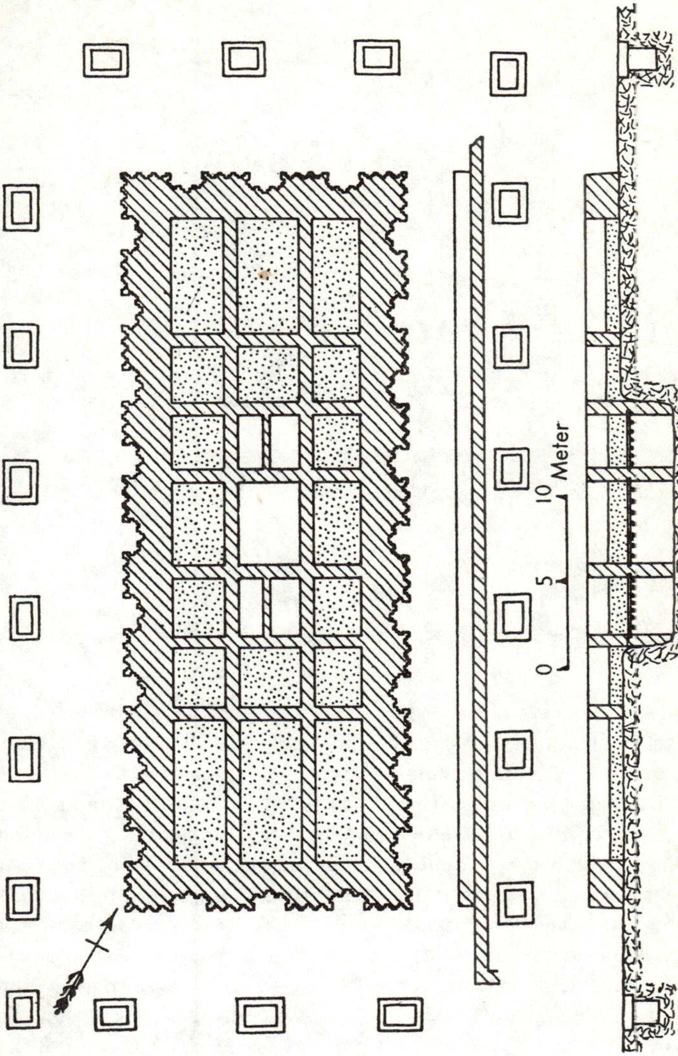

Abb. 30. Grundriß des Grabes 3503 in Sakkâra

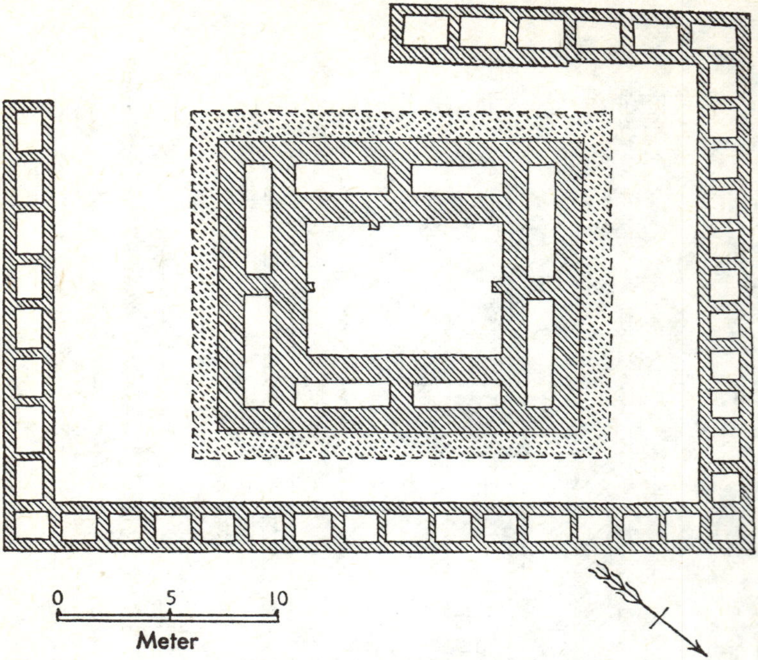

Abb. 31. Grundriß des Grabes Y in Abydos

als auch in Sakkâra dicht neben den Königsgräbern große Monumente gibt, deutet darauf hin, daß sie mehr als die Gemahlin eines Königs und vielleicht selbst eine regierende Monarchin war.

Ihr Grabmal zu Abydos (Abb. 31) ist eines der größten und am besten gebauten in der betreffenden Gruppe. Es besteht aus einer mit Backsteinen verkleideten Grube, die durch gekreuzte Wände in eine große, mittlere Grabkammer und acht Vorratskammern aufgeteilt ist. Der Überbau hatte ursprünglich ein Holzdach und die Grabkammer einen Holzboden. Einschließlich des zerstörten Überbaus, dessen Rekonstruktion allgemein als richtig anerkannt ist, ist es 19,2 m lang und 16,3 m breit. Rings um das Grabmal sind 41 Nebengräber verstreut, in denen man ähnliche Stelen wie im Grab des Zer entdeckt hat. Auch das Sakkâra-Grab hat Nebengräber rings um den Überbau, dessen Gesamtmaße 42,6 und 16 Meter betragen. Diese Gräber waren besonders aufschlußreich, weil viele von ihnen unversehrt waren. Sie enthielten die Leichen geopferter Diener, Knechte und Mägde, zusammen mit den Geräten, die ihre Tätigkeit im Dienst der königlichen Herrin kennzeichneten, so zum Beispiel Schiffsmodelle neben dem Bootsmann, Farbentöpfe neben dem Maler, Steingefäße und Kupferwerkzeuge neben dem Vasenmacher, Töpfe jeglicher Art neben dem Töpfer usw.

Genauso wie Hor-aha hatte die Königin an der Nordseite ihres Grabmals ein Schiffsgrab aus Ziegeln anlegen lassen, das ursprünglich eine 17,70 Meter lange Sonnenbarke enthielt, in der ihr Geist zusammen mit dem Sonnengott seine Fahrten ausführen sollte.

Abgesehen von den beiden Gräbern zu Abydos und Sakkâra wurde in Abydos eine weitere Gruppe von 77 Gräbern freigelegt, in denen Dienstleute der Merjet-nit bestattet waren und die in geraden Reihen an drei Seiten eines Rechtecks angeordnet sind. Ganz in der Nähe befinden sich ähnliche rechtwinkelig angeordnete Gräber von Dienern der Könige Zer und Uadschi. Die Bedeutung dieser merkwürdigen Friedhöfe hat sich bisher noch nicht zufriedenstellend klären lassen, aber man hat die Vermutung geäußert, die Beisetzungen hätten im Umkreis großer Bauten stattgefunden, die völlig verschwunden seien. Jedenfalls ist es bezeichnend, daß wir auch hier wieder ein Monument der Merjet-nit vor uns sehen, das sich an Umfang mit den benachbarten Königsgräbern messen kann. Aus ihrem Namen Merjet-nit (Nit heißt siegreich) dürfen wir folgern, daß sie, wie die Königin Nithotep, aus dem Norden stammte und demzufolge einen mächtigen Faktor in dem politischen Gleichgewicht bildete, das damals, kurz nach der Einigung, recht schwankend gewesen sein muß. Wie schon angemerkt, wurde es nicht nur durch das Recht des Siegers, sondern auch durch Ehebündnisse aufrechterhalten.

Uadschi (Abb. 32)

Wenn wir annehmen, Merjet-nit habe kurz vor Zer oder unmittelbar nach ihm regiert, ist Uadschi der vierte König der Dynastie. Die Inschrift auf einem Täfelchen aus Sakkâra macht es wahrscheinlich, daß sein nebti-Name Iterty lautete, ein Name, der sich mit dem zweiten oder dem dritten oder auch dem vierten Namen auf der Königsliste von Abydos gleichsetzen ließe. Iterty wäre dann auch der Athothis, den Manetho als den zweiten König der Dynastie nennt – das ist aber nicht möglich, denn Uadschi hat zweifellos später den Thron bestiegen als Zer und

Abb. 32. Horus-Name des Uadschi

Merjet-nit. Den Namen Uadschi hat man auf unbehauenem Felsgestein in der östlichen Wüste südlich von Edfu entdeckt – ein Anzeichen für eine Expedition zu den Bergwerken oder vielleicht zur Küste des Roten Meeres. Unter seiner Regierungszeit wurden weitere Fortschritte in der Baukunst und in den bildenden Künsten erzielt, und obwohl sein südliches Grab zu Abydos sich nur wenig von den Gräbern seiner unmittelbaren Vorgänger unterscheidet, zeigt ein großes Grabmal, das vor kurzem in Sakkâra entdeckt und wahrscheinlich für ihn erbaut wurde, einen entschiedenen Schritt vorwärts, sowohl im Entwurf als auch in der Bautechnik.

Die Grabstele des Uadschi wurde im Abydos-Grab gefunden. Dieses Monument darf man als das älteste ägyptische Kunstwerk betrachten. Es zeigt in Anlage und Durchführung eine Vollkommenheit, die in späteren, raffinierteren Zeiten kaum übertroffen wurde, und bildet heute eine der größten Kostbarkeiten in der ägyptischen Sammlung des Louvre (Tafel 3). Auch aus dem nördlichen Grab in Sakkâra hat man künstlerisch wertvolle Gegenstände geborgen, vor allem Möbelstücke aus geschnitztem Holz und Elfenbein und Brettspielsteine. Ein gewisser Sechem Ka scheint ein hoher Beamter gewesen zu sein. Sein Name taucht häufig neben dem des Königs auf Gegenständen aus dem Sakkâra-Grabmal auf.

Uadschis südliches Grab in Abydos (Abb. 33) besteht aus einer großen Grube mit den Resten einer hölzernen Grabkammer; an drei Seiten schließen sich Vorratskammern aus Backstein an. Einschließlich des restaurierten Überbaus mißt es 19 mal 15 Meter, und es war von 174 Grabstätten geopferter Gefolgsleute umgeben, aus denen etwa zwanzig Exemplare der üblichen, roh gemeißelten privaten Stelen ans Licht gefördert wurden. Genauso wie die Königin Merjet-nit hatte auch Uadschi in der Niederung zu Abydos rechtwinklig angeordnete Dienerschaftsgräber, im ganzen 161.

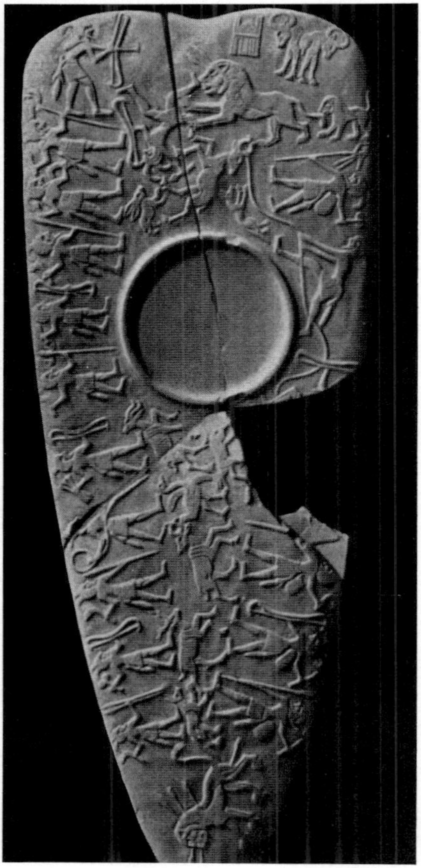

1 a Geschnitzter Elfenbeingriff des Dschebel-el-Arak-Messers. Die Darstellung auf dem Messergriff läßt mesopotamischen Einfluß erkennen; es steht aber nicht fest, daß die »dynastische Herrenrasse«, der Ägypten seine hohe Kultur zu verdanken hat, aus Mesopotamien kam.

1 b Die Jäger-Palette. Fragmente dieser steinernen Schminkpalette sind im British Museum und im Louvre aufbewahrt. Bemerkenswert ist die lebensechte Haltung vieler Gestalten, besonders der laufenden, der springenden Gazellen und angreifenden Hunde und Löwen.

2 Zeremonieller Keulenknauf des Königs Skorpion. Die Könige Skorpion und Narmer haben um 3200 v. Chr. das Nildelta bis zum ersten Katarakt politisch geeint. Darauf nimmt die Keule Bezug, die bei feierlichen Anlässen zu den Insignien des Pharao gehörte. Der Knauf ist in drei Streifen eingeteilt, die Darstellung bedeutet »Sieg – Neuordnung – Frieden«.

3 Grabstele des Uadschi. Uadschi ist der 4. König der ersten Dynastie. Der Stein gilt als eines der schönsten Kunstwerke der alten Zeit: Eine Schlange mit erhobenem Kopf im Rahmen der Palastansicht, darauf der Königsgott in Falkengestalt.

4 Zeremonielle Palette Narmers. Oben auf der Sieges-Schminktafel sieht man Köpfe der Himmelsgöttin Hathor mit Rindsohren und Hörnern, dazwischen den Namen des Königs. Auf den obersten Bildstreifen besichtigt der Herrscher mit der Krone Ober- und Unterägyptens Gefangene und enthauptete Gegner. Auf dem zweiten Streifen halten zwei bärtige Männer an Stricken Fabeltiere. Unten stößt der König als Wildstier die Mauer einer befestigten Siedlung nieder.

5 Bruchstück einer Palette. Der Stier Apis ist eine Manifestation des Gottes Ptah, und sein Kult wurde in Memphis gepflegt. Hier symbolisiert der Stier den Herrscher, der einen Feind besiegt und tötet. Die Darstellung übertrifft an Ausdruckskraft die der Narmer-Palette bei weitem und ist von keinem Beispiel archaischer Kunst Ägyptens übertroffen worden.

6 Westseite des Grabmals der Königin Merjet-nit in Sakkâra. Erste Dynastie. Es handelt sich um eines von mehreren Monumentalgräbern dieser Königin. Sie war offenbar mehr als die Gemahlin eines Königs und vielleicht selbst regierende Monarchin. Dann wäre sie die Nachfolgerin des Königs Zer und dritter Souverän der Dynastie.

7 Ostseite des Grabes 3506 in Sakkâra. Dieses Grab wurde wahrscheinlich für Udimu, den fünften König der ersten Dynastie, errichtet, über dessen Regierungszeit wir gut orientiert sind. In den von Plünderern übersehenen Grabkammern fand sich eine Fülle von Gebrauchsgegenständen. Unter Udimu erlebte die erste Dynastie ihre höchste Blüte.

10 Das Innere des Überbaues nach der Freilegung mit einem Teil der dort gefundenen Tongefäße. In diesem und anderen Gräbern aus der Frühzeit der zweiten Dynastie lagen große Mengen solcher Gefäße. Sie beweisen, daß die Sitte, innerhalb des Überbaues Opfergaben beizulegen, noch nicht ausgestorben war. Anders als wir glaubte der Ägypter an ein Fortleben nach dem Tode in der gewohnten Form, daher wurde der Tote mit all dem ausgestattet, was er auch im Diesseits gehabt und woran er gewöhnt war.

11 Balkendecke über der Eingangstreppe zum Grabmal Nr. 3506 in Sakkâra. Erste Dynastie. Die in den Stein gehauenen Grabkammern wurden mit Holzbalken überdacht, darüber wurde der Überbau von oft bedeutendem Ausmaße errichtet.

12 Steinernes Fallgatter vor dem Eingang zur Grabkammer des Grabes Nr. 3035 in Sakkâra (König Udimu, erste Dynastie). Die Gatter liefen genau in vorgearbeiteten Rillen und Vertiefungen und sorgten für exakten Verschluß, der eine Beseitigung des Hindernisses sehr erschwerte.

13 Treppe und Steintor des Grabmals Nr. 3506 in Sakkâra. Erste Dynastie. Die frühesten Gräber zeigten noch keine Treppe in die Tiefe, die Beisetzung erfolgte offenbar durch die noch nicht geschlossene Decke, denn die Grabanlagen wurden schon bei Lebzeiten angelegt – oder der Überbau wurde erst später errichtet. Nach Verwendung der Treppe war ein Zugang ohne Schwierigkeit möglich.

14 Weinkrüge in einer unterirdischen Vorratskammer eines Grabes der ersten Dynastie in Sakkara. Jeder Krug war mit einer Tonkapsel und einem Tonsiegel verschlossen.

15 Ein Nebengrab aus der Frühzeit der ersten Dynastie. Häufig umgaben mehrere hundert Nebengräber von Dienerinnen und Dienern, die beim Begräbnis des Königs geopfert worden waren, dessen Grabmal, um ihm auch im Jenseits dienstbar zu sein, mit Gerätschaft und Handwerkszeug, die sie im Diesseits benötigt hatten.

16a Holzsarg für einen Leichnam in Hockstellung. Zweite Dynastie. Die Hockstellung war die übliche. Die Leiche wurde sorgfältig in Leinwand gewickelt und in den großen, wie ein Haus geformten hölzernen Sarkophag in der Mitte der Grabkammer gebettet. Um den Sarg wurden die Opfergaben geordnet.

16b Holzsarg für einen ausgestreckten Leichnam. Zweite Dynastie.

Das große Grab Nr. 3504 in Sakkâra (Abb. 34 und 35) scheint sein nördliches Grab zu sein, obwohl auf den dort entdeckten Gegenständen sehr häufig der Name des hohen Beamten Sechem Ka vorkommt, was die Möglichkeit offen läßt, daß es dessen Grab ist und nicht das des Königs. Aber man kann sich wohl kaum vorstellen, daß ein Edelmann, mochte er noch so mächtig sein, ein Grabmal hätte besitzen sollen, das dem seines Herrn weit überlegen war: Es ist nämlich fast doppelt so umfangreich wie das Grab zu Abydos. Im Gesamtentwurf zeigt es eine Weiterentwicklung der Grabtypen, die unter Hor-aha und Zer in Sakkâra üblich waren; davon abgesehen ist es bedeutend größer: 56,45 zu 25,45 Meter. Der Unterbau besteht aus einer großen Grube, die unter dem Bodenniveau liegt und durch sich schneidende Wände in fünf Räume eingeteilt ist. Der mittlere Raum – die eigentliche Grabkammer – hatte ursprünglich eine Holztäfelung mit eingelegten Goldblechstreifen. An der Ost- und an der Westwand lagen Vorratskammern, und der gesamte

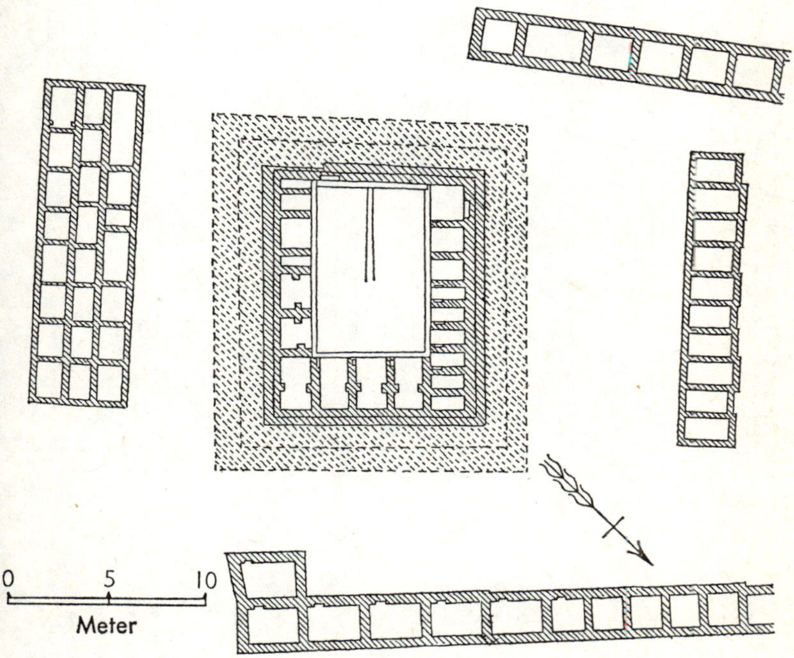

Abb. 33. Grundriß des Grabmals Z in Abydos

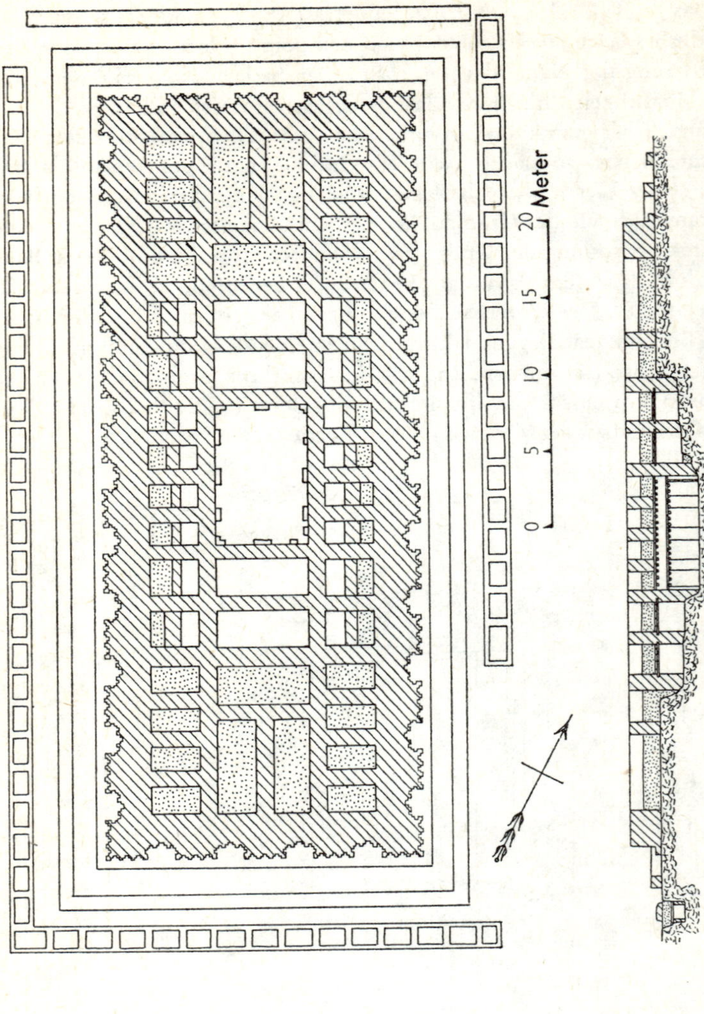

Abb. 34/35. Grundriß und Querschnitt des Grabmals 3504 in Sakkâra

Unterbau, Grabkammer samt Nebenräumen, war mit Balken überdacht. Der Überbau war hohl und in fünfundvierzig Vorratskammern gegliedert, die Fassade war mit der üblichen Nischentäfelung verkleidet. Eine Eigentümlichkeit des Überbaus, die man früher in keinem anderen Grab der ersten Dynastie gefunden hat, ist eine niedrige, an den Außenwänden entlanglaufende Bank, auf der etwa 300 aus Ton modellierte Stierköpfe mit echten Hörnern angebracht sind (Tafel 8). Außerhalb der Einfriedungsmauer lagen 62 Sklavengräber, ein jedes mit seinem besonderen Überbau. Wie bei fast allen Königsgräbern der ersten Dynastie sind die Grabkammern und die übrigen unterirdischen Räume durch Brände zerstört worden; in diesem Falle aber hat Ka'a, der letzte Herrscher der Dynastie, das zerstörte Areal restaurieren lassen. Die Frage der Brandschäden an den Königsgräbern ist von besonderem Interesse. Wir werden später in diesem Überblick näher darauf eingehen.

Ein weiteres großes Grab aus Uadschis Regierungszeit, sehr zerstört, aber fast ebenso groß wie das in Sakkâra, wurde in El-Giza (Giseh) entdeckt und barg vielleicht die sterblichen Reste seiner Gemahlin, deren Name unbekannt ist. Genauso wie die Monumente in Sakkâra und Abydos war auch dieses Grabmal von den Gräbern geopferter Sklaven umgeben. Nach Manetho regierte der vierte König, den er Uenephes nennt, 23 Jahre (Africanus) oder 42 Jahre (Eusebios). Der ägyptische Geschichtsschreiber erzählt, während seiner Regierungszeit habe Ägypten unter einer schweren Hungersnot gelitten, und er habe bei Kochimi, das heute mit Sakkâra gleichgesetzt wird, eine Pyramide gebaut.

Udimu (Abb. 36)

Mit der Thronbesteigung Udimus, des Nachfolgers Uadschis, werden die historischen Dokumente und Anhaltspunkte ergiebiger, und es kommt mehr Tatsachenmaterial ans Licht. So wird zum Beispiel die Reihenfolge Udimus und seiner Nachfolger in der ersten Dynastie durch die Inschrift auf einer Steinvase bestätigt, die man in der Stufenpyramide zu Sakkâra gefunden hat. Auf diesem wichtigen Fragment sind die Sekundärnamen Udimus, Enezibs, Semerchets und Ka'as in der allgemeinen Ordnung eingraviert. Anders als bei seinen Vorgängern ist uns Udimus *nesubit*-Name Semti, bekannt. Auf diese Weise können wir ihn mit dem Hesepti der Abydos-Liste und mit Manethos Usaphaidos gleichsetzen, der nach Manetho zwanzig Jahre regiert hat. Auf sehr vielen Täfelchen und Krugsiegeln sind Ereignisse dargestellt, die allem Anschein nach in

Abb. 36. Horus-Name des Udimu

der Jahresliste des Palermo-Steins wiederkehren, einer Liste, die sich auf einen unbekannten König bezieht; vielleicht dürfen wir daraus schließen, daß diese kurzen historischen Hinweise, die unter der fünften Dynastie aufgezeichnet wurden, sich auf die Regierungszeit Udimus beziehen. Es werden die wichtigsten Ereignisse aus vierzehn Jahren erwähnt. Die Anordnung auf dem Stein läßt vermuten, daß sie in die zweite Hälfte der Regierungszeit fallen.

Ins Jahr X+2 wird die Niederlage der Beduinen gelegt. Auf einem Elfenbeintäfelchen aus Abydos ist Udimu in der üblichen Pose eines siegreichen Pharao zu sehen, der einen Häuptling dieser Barbaren niederknüppelt. Die Überschrift lautet: »Erster Schlag gegen den Osten.« Kriegszüge gegen die Bewohner der östlichen Wüste waren nötig, um die Handelswege durch den Wadi Maghara wegen der Einfuhr des überaus wichtigen Kupfers und Malachits aus den Bergwerken des Sinai zu sichern.

Das Jahr X+3 bringt Festlichkeiten, die als »Auftritt des Königs von Ober-Ägypten« und »Auftritt des Königs von Unter-Ägypten« bezeichnet werden, sowie die Jubiläumsfeier des Königs, die *Sed* genannt wurde. Dieses Fest war ein Überbleibsel aus einer Zeit, da der Monarch nicht länger als 30 Jahre regieren durfte. Zur Zeit der ersten Dynastie aber hatte es sich zu einem Jubiläum und einer magischen Zeremonie entwickelt, in deren Verlauf der König verjüngt wurde, um dann weiter zu regieren (siehe Seite 119). Ein zweites Täfelchen aus Abydos und ein Tonsiegel aus Sakkâra berichten gleichfalls von diesem Ereignis.

Für das Jahr X+4 wird eine Volkszählung in den Nord-, Ost- und Westprovinzen verzeichnet, für Jahr X+5 die erste Wiederkehr des Festes der Göttin Wadschet erwähnt, der Schutzgottheit von Buto, einer der Hauptstädte Unter-Ägyptens.

Für die Jahre X+6 und X+7 wird die Planung und Grundsteinlegung eines Palastes oder Tempels mit dem Namen »Thron der Götter« und für das Jahr X+8 die Einweihung eines an dieses Bauwerk angeschlossenen Sees erwähnt. Im gleichen Jahr soll auch ein Nilpferd erlegt worden sein: ein recht bedeutsames Ereignis, das allem Anschein nach auch auf einem Krugsiegel aus Abydos dargestellt wird.

Für das Jahr X+9 wird eine Residenz erwähnt – wahrscheinlich die des Königs – am See des Gottes Harsaphes bei Herakleopolis. Ein Täfelchen aus Abydos, auf dem der Altar der Gottheit abgebildet ist, scheint den gleichen Vorgang abzubilden.

Im Jahre X+10 wurde ein nicht identifizierter Ort namens Werka durch eine kriegerische Handlung zerstört, und im Jahr X+11 fand ein Fest statt, das »Geburt des Gottes Sed« genannt wurde.

Ins Jahr X+12 fallen zwei Festlichkeiten: »Auftritt des Königs von Unter-Ägypten« und »Allerersterster Apis-Lauf«. Das zweite Ereignis ist für uns von erheblichem Interesse, weil wir es auch auf einem Krugsiegel aus Sakkâra abgebildet finden. Die Zeremonie des »Apis-Laufes« scheint ein Fruchtbarkeitsritus gewesen zu sein, der aufs engste mit dem Sed-Fest verknüpft war (siehe Kapitel 2).

In den Jahren X+13 und X+14 werden drei Feste begangen, die »Geburt der Göttin Seschat«, die »Geburt der Göttin Mefdet« und das »Erscheinen des Königs von Ober-Ägypten«.

Leider ist an dieser Stelle das Palermo-Fragment zu Ende; es gibt uns keine Auskunft über die Anfänge oder den Ausgang der Regierungszeit.

In Udimus Regierungszeit sind weitere Fortschritte in den Künsten und Handwerken zu erkennen, wir haben reichliche Beweise für die Existenz eines hochzivilisierten Staatswesens mit einem gut organisierten Verwaltungsapparat. Damals hat ein Mitglied des Hochadels namens Hemaka eine wichtige Rolle gespielt. Er war Kanzler des Königs, stand hoch in dessen Gunst und trug den Titel »Der im Herzen des Königs Herrschende«. Der Name dieses Großwürdenträgers erscheint häufig auf Täfelchen (Abb. 37) und Krugsiegeln (Abb. 116) aus Abydos und Sakkâra – ebenso wie der Name eines anderen hohen Beamten namens Anchka. Ein im Jahr 1935 zu Sakkâra freigelegtes großes Grab galt als Ruhestätte Hemakas. Durch neuere Funde in einem anderen großen Grab zu Sakkâra hat sich das aber fast sicher als Irrtum erwiesen; heute gilt es als wahrscheinlich, daß dieses bedeutende Monument (Nr. 3035, Abb. 38) nicht das Grab des Kanzlers, sondern die nördliche Grabstätte Udimus ist.

Abb. 37. Holztäfelchen des Udimu aus Abydos

Auf jeden Fall haben wir es hier mit dem gewaltigsten Denkmal aus der Regierungszeit Udimus zu tun, das an Umfang das südliche Grab des Königs zu Abydos weit übertrifft. Das Grab, das 57,3 m lang und 26 m breit ist, besteht aus einem Unterbau mit drei in den Fels eingehauenen Räumen, die von einer ursprünglich mit einem Holzdach versehenen großen Grube ausstrahlen (Abb. 39). Den Zugang zu dem Unterbau bildete eine unterirdische Treppe, die in bestimmten Abständen durch steinerne Fallgatter versperrt war; diese Gatter wurden nach der Beisetzung herabgelassen. Der darüberliegende rechteckige Backsteinüberbau enthielt fünfundvierzig Vorratskammern, und die Außenwände waren auf die übliche Weise mit hohler Täfelung verkleidet. Einige der Vorratskammern waren der Aufmerksamkeit der Plünderer entgangen und waren bei der Entdeckung unversehrt; sie enthielten eine Fülle von Gegenständen, die 5000 Jahre lang unberührt dort gelegen hatten, darunter viele Werkzeuge, Waffen, Brettspiele und Gefäße aus Kristall, Alabaster und Schiefer. Sie bilden heute die größte Einzelsammlung archaischer Gegenstände, die man je zutage gefördert hat.

Udimus Grab zu Abydos (Abb. 40) ist zwar viel kleiner als das Sakkâra-Monument, ist aber in einem weiter entwickelten Baustil errichtet und ist im Vergleich zu den Gräbern früherer Könige ein äußerst ein-

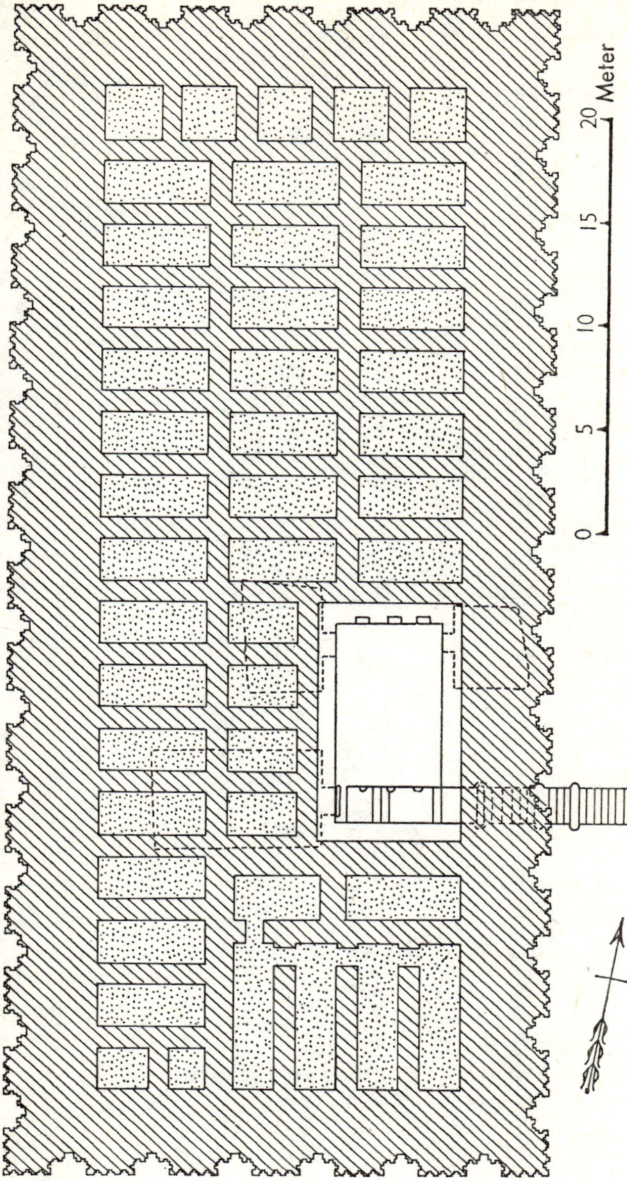

Abb. 38. Grundriß des Grabes 3055 in Sakkâra

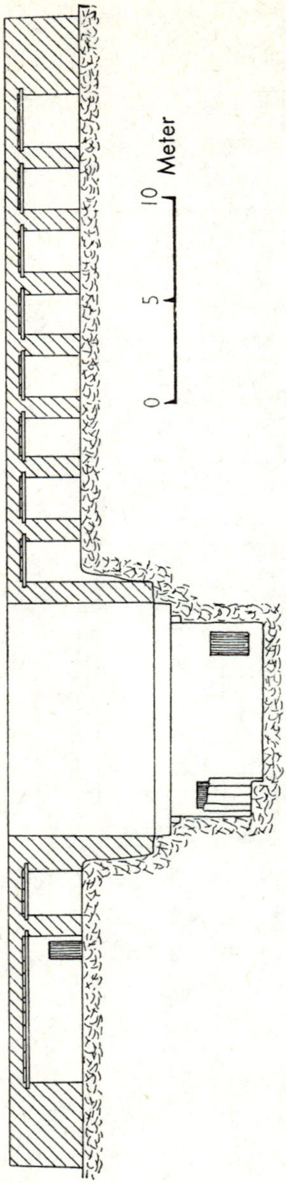

Abb. 39. Querschnitte des Grabes 3055 in Sakkâra

drucksvolles Bauwerk. Genau wie beim Grab in Sakkâra führt eine Treppe zu einer tiefen Grube, die ursprünglich eine Balkendecke und einen Boden aus Granitblöcken hatte. Der Überbau ist gänzlich verschwunden, maß aber wahrscheinlich insgesamt 23,5 und 16,4 Meter.

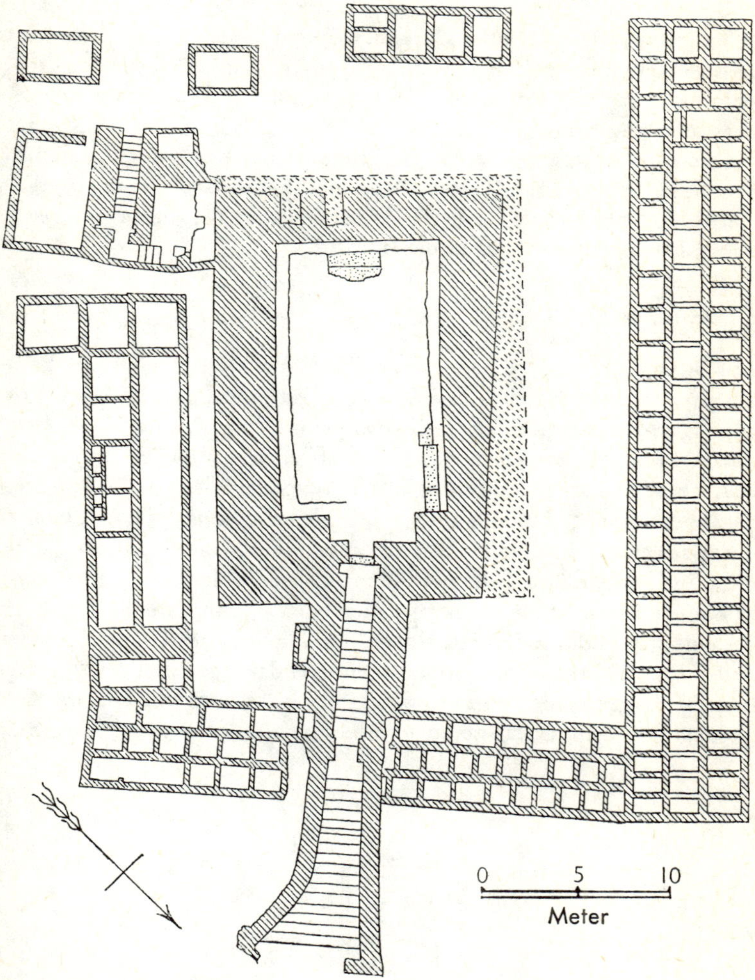

Abb. 40. Grundriß des Grabes T in Abydos

Ungefähr 136 Sklavengräber umgeben die Gruft. Sie enthielten neben Männer- und Frauenleichen eine große Anzahl roh gemeißelter Stelen. Krugsiegel Udimus wurden im Grab der angeblichen Gemahlin Zers, Her-nit, gefunden; zweifellos wurde sie während seiner Regierungszeit bestattet.

Unter Udimus Regierungszeit scheint die erste Dynastie ihre höchste Blüte erlebt zu haben, und auch spätere Zeiten haben das Andenken des großen Herrschers in Ehren gehalten. Der Papyrus Ebers, der von Arzneimitteln handelt, enthält ein Rezept, das aus der 1500 Jahre zurückliegenden Regierungszeit Udimus herrühren soll, und das 64. Kapitel des Totenbuchs stammt wahrscheinlich aus seiner Regierungszeit. Einer der bemerkenswertesten Gegenstände im Abydos-Grab ist der Deckel einer Elfenbeinschatulle, die ursprünglich sein goldenes Richtersiegel enthalten haben muß; das besagt die Inschrift.

Enezib (Abb. 41)

Auf Udimu folgte Enezib, dessen *nesu-bit*-Name Merbapen lautete. Enezib ist also mit Manethos Miebidos identisch und hat nach Manethos Bericht 26 Jahre regiert. Enezib ist der erste König, den die Königsliste aus Sakkâra erwähnt. Daraus dürfen wir vielleicht schließen, daß er der erste Thiniten-Monarch war, den Unter-Ägypten als legitim anerkannte. Es ist bezeichnend, daß sein auf Steingefäßen eingravierter Name häufig durch seinen Nachfolger, Semerchet, ausgelöscht wurde, der seinerseits nicht auf der Sakkâra-Liste vorkommt. Das alles deutet auf einen dynastischen Konflikt zwischen rivalisierenden Thronprätendenten hin; der eine wurde durch Ober-Ägypten, der andere durch Unter-Ägypten unterstützt. Es scheint aber nicht zu einer endgültigen Spaltung beider Landesteile gekommen zu sein, wenigstens nicht während Enezibs Regierungszeit, denn es existieren zwei Grabmäler, eines in Abydos, das

Abb. 41. Horus-Name des Enezib

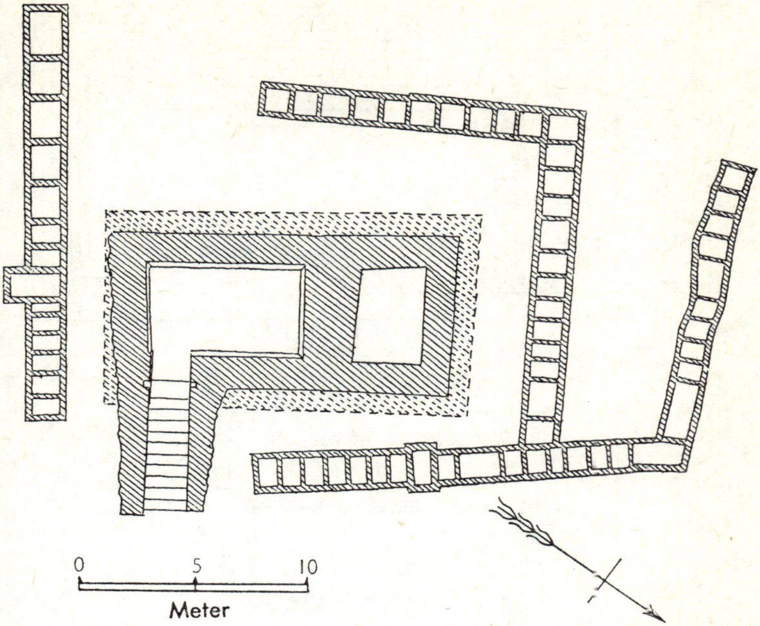

Abb. 42. Grundriß des Grabes X in Abydos

bestimmt ihm gehört, und ein zweites in Sakkâra, das aus seiner Regierungszeit stammt und wahrscheinlich seine letzte Ruhestätte bildete. Dennoch ist es bezeichnend, daß sein Grab in Abydos das kleinste und ärmlichste in der ganzen Gruppe ist; auch das Sakkâra-Monument ist zwar im Entwurf und in der Durchführung recht kunstreich, aber beträchtlich kleiner als andere ähnliche Gräber in diesem Bereich.

Das Grab zu Abydos besteht aus einer mit Ziegeln verkleideten Grube, die durch eine Querwand in zwei Räume geteilt wird. Von Osten her führt eine Treppe zur Hauptkammer hinunter (Abb. 42)

Die Grabkammer war ursprünglich mit Wänden, einem Fußboden und einem Holzdach versehen. Sie ist einschließlich des rekonstruierten Überbaus 16,4 m lang und 9 m breit. Rund um das Grabmal liegen 64 ärmliche Gräber mit den Überresten geopferter Gefolgsleute.

Das Sakkâra-Grab Nr. 3038 (Abb. 43, 44 und 45) weist einige sehr interessante und bedeutsame architektonische Eigentümlichkeiten auf, die in keinem anderen Denkmal aus jener Periode bewahrt sind. Das

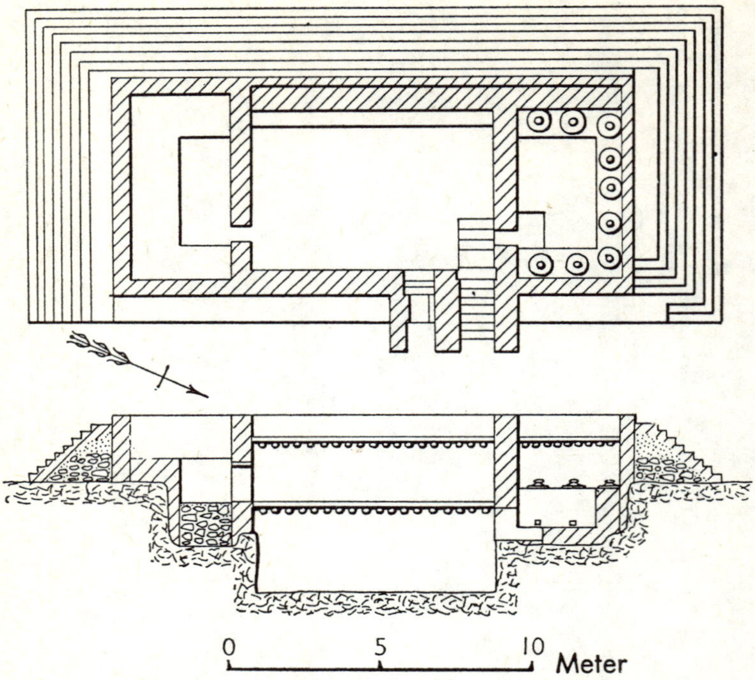

Abb. 43. Erster Entwurf des Grabes 3038 in Sakkâra

Gebäude wird auf Enezib zurückgeführt. Obwohl auf Krugsiegeln usw. der Name eines Beamten – Nebitka – vorkommt, dürfte es die Grabstätte des Königs gewesen sein. Als der Überbau freigelegt wurde, schien er dem üblichen Muster der viereckigen Plattform mit getäfelten Außenwänden zu entsprechen. Weitere Grabungen aber förderten eine in dem Überbau versteckte, gestufte Pyramidenanlage ans Licht (Abb. 43). Nur der untere Teil der Stufenkonstruktion war erhalten geblieben. Möglicherweise setzte sie sich in reiner Pyramidenform nach oben hin fort. Am Grab der Königin Her-nit in Sakkâra fand man das gleiche Merkmal, wenn auch in kunstloserer Ausführung: Hier handelt es sich um einen mit Backstein verkleideten rechteckigen Grabhügel, offensichtlich eine Urform des Inneren von Enezibs Überbau. Spuren dieses Grabhügels hat man auch bei anderen Grabstellen in Sakkâra gefunden, und es ist anzunehmen, daß seine spätere Form, der Ziegelstufenbau, in der

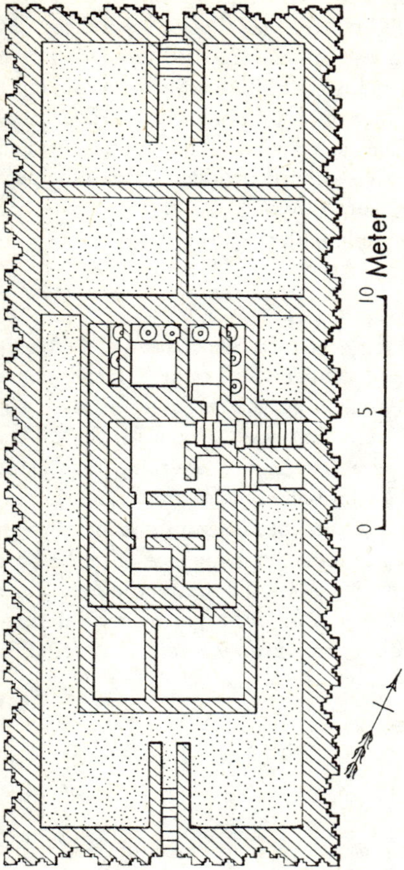

Abb. 44. Zweiter Entwurf des Grabes 3038 in Sakkâra

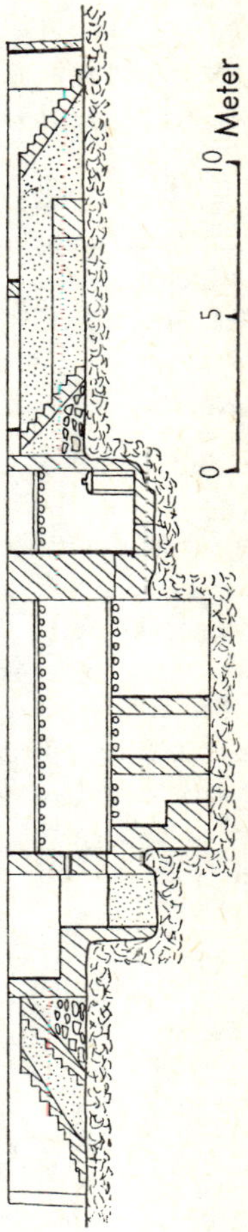

Abb. 45. Querschnitt durch das Grab 3038 in Sakkâra

zweiten Hälfte der Dynastie für die meisten großen nördlichen Gräber kennzeichnend war. Man versteht nicht recht, warum die eine Form in einer ganz andersartigen verborgen wurde, aber ich halte folgende Erklärung für einleuchtend: Es handelt sich um eine Kombination der unter- und oberägyptischen Überbaustile, also des Grabhügels oder Stufenbaus aus dem Süden und der rechtwinkeligen Täfelungsstruktur aus dem Norden. Mit dem möglichen Einfluß dieser besonderen Bauform auf die Entwicklung des Pyramidenstils beschäftigt sich das vierte Kapitel. Ein weiteres ungewöhnliches Merkmal des nördlichen Grabes Enezibs sind die beiden Treppen. Die eine führt zu den unterirdischen Grabkammern, die andere zu einem darüberliegenden Raum und einem Getreidespeicher mit eingebauten Kornkästen.

Das Monument ist insgesamt 37 m lang und 13,85 m breit.

Semerchet (Abb. 46)

Manche Forscher haben die Meinung geäußert, Semerchet sei ein Usurpator gewesen, aber wenn man davon absieht, daß er den Namen seines Vorgängers auf verschiedenen Steinvasen ausgemerzt hat und daß sein Name auf der Sakkâra-Liste nicht erwähnt wird, liegen für diese Vermutungen keinerlei konkrete Beweise vor. Seine Regierungszeit scheint freilich unruhig gewesen zu sein. Durch seinen *nebti-* und *nesu-bit-*Namen Semenptha ist er bestimmt mit Manethos Semempses identisch, von dem es heißt, während seiner Regierungszeit »habe es zahlreiche böse Vorzeichen und großes Unheil« gegeben. Manetho schätzt die Zahl seiner Regierungsjahre auf achtzehn, aber das Kairoer Fragment des Palermo-Steins gibt ihm nur neun Jahre. Bis vor kurzem war man der Meinung,

Abb. 46. Horus-Name des Semerchet

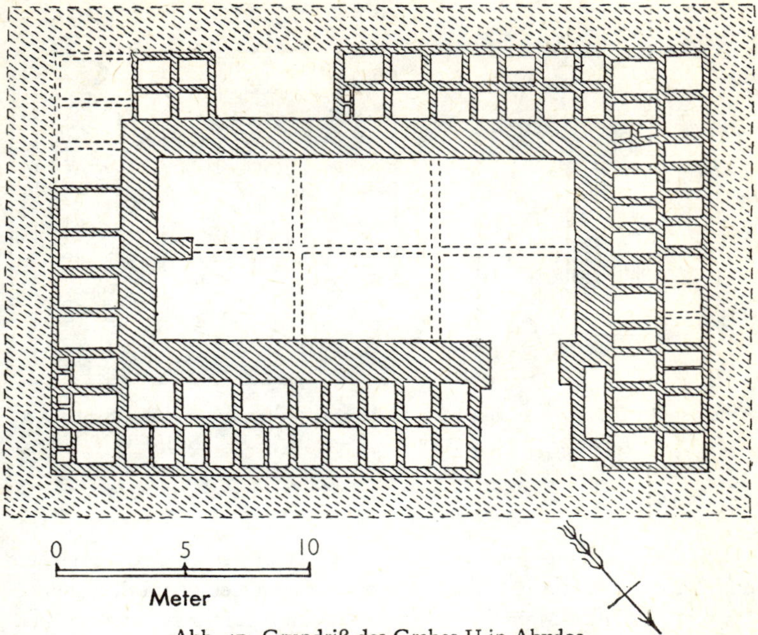

Abb. 47. Grundriß des Grabes U in Abydos

eine große Felstafel im Wadi Maghara auf der Sinai-Halbinsel sei dem Andenken an einen siegreichen Einmarsch Semerchets gewidmet. Aber der Name in der Inschrift ist nun als der eines Königs der dritten Dynastie – Sechemchet – identifiziert worden, dessen unvollendete Pyramide 1954 zu Sakkâra entdeckt wurde. Bisher hat man in Sakkâra keinerlei Bauten Semerchets gefunden, aber sein Grab in Abydos (Abb. 47) ist dem seines Vorgängers Enezib weit überlegen. Ursprünglich mit einem Holzdach versehen, ist das Bauwerk von regelmäßig und sorgfältig angelegten Gräbern königlicher Gefolgsleute umgeben. Es ist nicht unwahrscheinlich, daß der Überbau nicht nur die Grabkammer, sondern auch die Nebengräber bedeckte. Die Gesamtmaße dürften ungefähr 29,2 zu 20,8 Meter betragen haben. Eine große Stele aus schwarzem Quarzschiefer mit dem Falkennamen des Königs wurde in der Grabkammer gefunden (Abb. 48). Auf Elfenbeintafeln aus Semerchets Grab kommt der Name eines gewissen Henuka vor, der sowohl unter Semerchet als auch unter seinem Nachfolger ein hohes Amt bekleidet haben wird (Abb. 49).

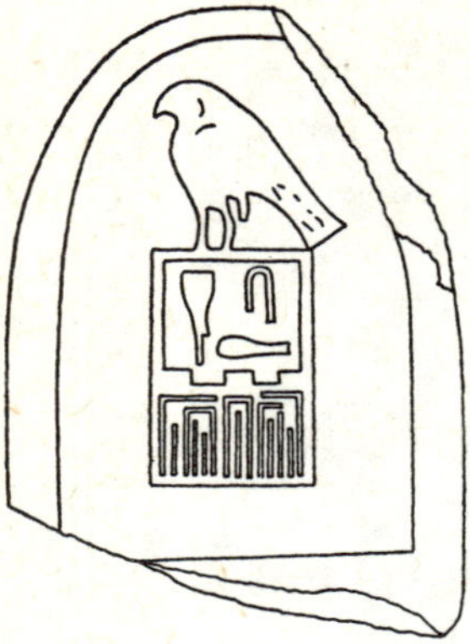

Abb. 48. Stele des Semerchet aus Abydos

Abb. 49. Elfenbeintafel des Semerchet aus Abydos

Ka'a (Abb. 50)

Nach seiner kurzen Regierungszeit wurde Semerchet allem Anschein nach durch Ka'a abgelöst, der vielleicht mit dem Kebhu auf der Abydos-Liste identisch ist. Manetho nennt als letzten König der Dynastie Bienches, der, wie er angibt, 26 Jahre regiert hat, aber es gibt keine Anhaltspunkte dafür, daß dieser mit Ka'a identisch sein könnte. Es besteht die Möglichkeit, daß der ägyptische Historiker sich zumindest im Namen geirrt hat. Die Dauer der Regierungszeit mag richtig angegeben sein.

In dieser Periode wurde die Bauweise merklich verbessert. Außer dem südlichen Grab oder Kenotaph in Abydos hat man vor kurzem in Sakkâra vier große Bauten aus der Zeit des Ka'a gefunden, darunter fast mit Sicherheit seine eigentliche Ruhestätte – Nr. 3505.

Das Grab des Königs zu Abydos (Abb. 51) ist ein kunstvolleres Bauwerk als die Gräber seiner Vorgänger. Die allgemeine Struktur gleicht sehr den in Sakkâra freigelegten Bauten aus derselben Zeit: eine tiefe, rechteckige Grube mit einer Treppe, die von Nordwesten aus hinunterführt. Zu beiden Seiten der Treppe liegen Vorratskammern, die ebenso wie die Grabkammer innerhalb der Grube ursprünglich mit einem Balkendach versehen waren. Der Kern des Gebäudes ist von weiteren Vorratskammern und 26 Nebengräbern umgeben, die alle höher liegen als die Grabkammer und die Treppe. Wahrscheinlich hat der zerstörte Überbau ursprünglich das gesamte Grabmal bedeckt – mit einem Ausmaß

KÖNIG KA'A

Abb. 50. Horus-Name des Ka'a

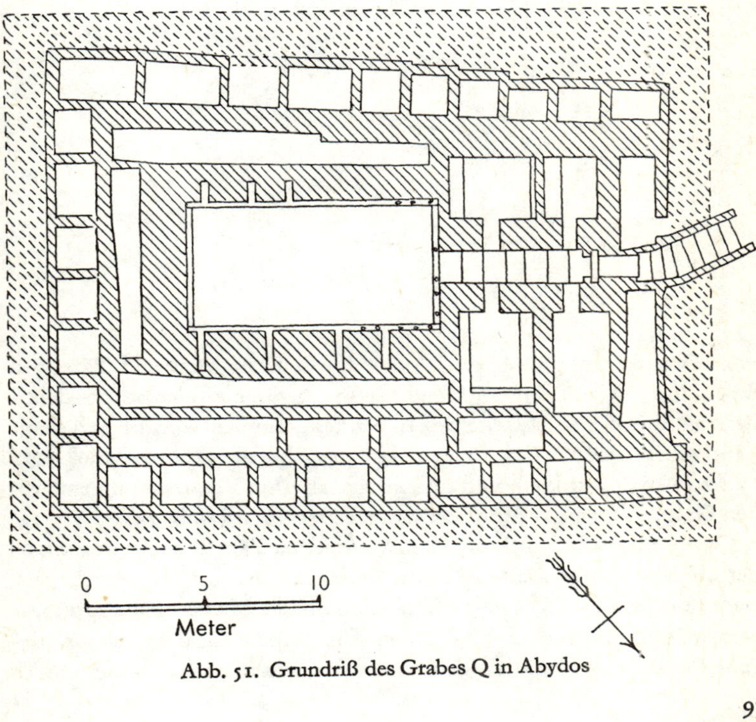

Abb. 51. Grundriß des Grabes Q in Abydos

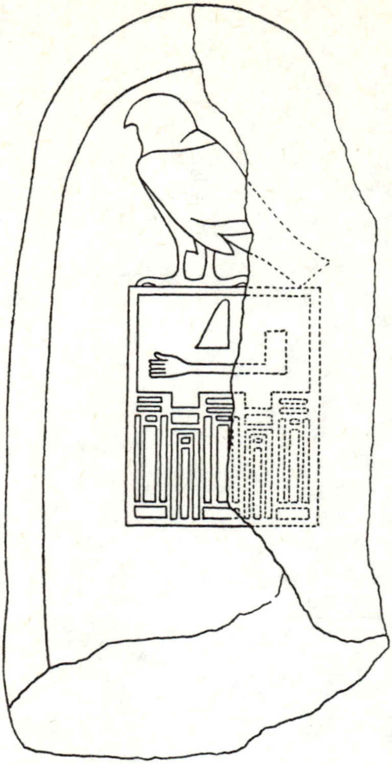

Abb. 52. Stele des Ka'a aus Abydos

von etwa 30 mal 23 Metern. Außer durch Krugsiegel und Täfelchen läßt sich das Monument an Hand der Bruchstücke zweier Stelen identifizieren, die an der Ostseite des Gebäudes gefunden wurden und beide den Falkennamen Ka'as tragen (Abb. 52). Aber dieses beachtliche Denkmal zu Abydos ist klein und schlecht gestaltet im Vergleich zu dem großen Grab, das man 1954 in Sakkâra freigelegt hat (Abb. 53).

Das Bauwerk besteht aus einem viereckigen Backsteinüberbau mit in der üblichen Art getäfelten Außenwänden, an denen man guterhaltene, bunte Fresken entdeckt hat, deren geometrische Muster den Teppichgeweben nachgebildet sind. Eine Treppe führt in die aus dem Fels geschlagene Grabkammer und zu den Vorratskammern hinunter, die ähnlich

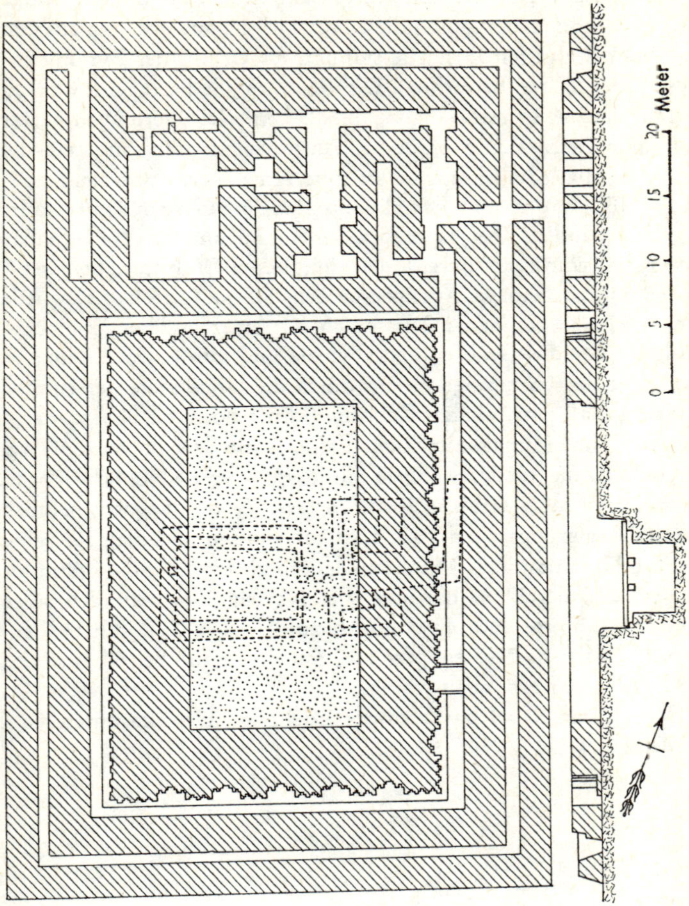

Abb. 53. Grundriß des Grabes 3505 in Sakkâra

angeordnet sind wie in dem Grab von Abydos. Den getäfelten Überbau umgibt eine massive Mauer, in deren Grenzen, an der Nordseite des eigentlichen Grabes, ein Tempel steht, der – ähnlich wie die Begräbnistempel der Pyramiden – ein Labyrinth zahlreicher Räume und Gänge enthält. Tatsächlich könnte man dieses gewaltige Bauwerk, das aus den letzen Jahren der ersten Dynastie stammt, als Urbild der Pyramidenbauten späterer Zeiten betrachten. Die Gesamtmaße betragen 65 zu 37 Meter. Man hat im Umkreis des Grabmals keinerlei Spuren geopferter Sklaven und Gefolgsleute entdeckt. Anscheinend war zur Zeit des Ka'a dieser barbarische Brauch im kultivierteren Norden bereits ausgestorben. Freilich hat man an der Südseite des Eingangs ein recht großes Nebengrab gefunden, aber es gehörte einem Edelmann, dem offenbar die Ehre zuteil wurde, im Bereich der königlichen Grabstätte beigesetzt zu werden. Die Stele dieses Adeligen namens Merka (Tafel 30 a) wurde ganz in der Nähe gefunden. Zusammen mit einer anderen, kleineren Stele, die im Abydos-Grab entdeckt wurde und von einem Edelmann namens Sabef herrührt, zeigt sie uns durch die lange Liste der eingravierten Titel, daß zur Zeit des Ka'a die Schrift sich weit über die rein archaischen Formen hinausentwickelt hatte. Außerdem haben die Titel dieser Adeligen mehr oder weniger die in späterer Zeit übliche Form.

Ein weiteres großes Grab in Sakkâra (Nr. 3500) ist wahrscheinlich auch in der Regierungszeit des Ka'a erbaut worden und mag für seine Gemahlin oder ein anderes Mitglied der königlichen Familie bestimmt gewesen sein.. In der Nähe hat man vier Nebengräber gefunden, aber wenn die Begräbnisse auch anscheinend zur gleichen Zeit stattfanden, deutet nichts auf jene Massenopfer hin, mit denen die Begräbnisse der Könige in Abydos verbunden waren.

Außer Merka und Sabef hat auch der Edelmann Henuka unter Ka'a Ämter bekleidet.

Erste Dynastie

Name	*Wichtigste Bauten*
Hor-aha	Grab B 19 in Abydos. (Petrie, *Royal Tombs*)
	Grab 3357 in Sakkâra. (Emery, *Hor-aha*)
	Grab der Nithotep in Nagadeh. (de Morgan, »*Recherches sur les origines de l'Egypte, Tombeau royal de Nagadeh*«. Borchardt, *Das Grab des Menes,* Zeitschrift für Ägyptische Sprache, XXXVI.)
Zer	Grab O in Abydos. (Petrie, *Royal Tombs*)
	Grab 3471 in Sakkâra. (Emery, *Great Tombs,* II)
	Grab 2186 in Sakkâra. (Quibell, *Archaic Mastabas*)
Merjet-nit	Grab Y in Abydos. (Petrie, *Royal Tombs*)
	Grab 3503 in Sakkâra. (Emery, *Great Tombs,* II)
	Eingefriedete Opfergräber. (Petrie, *Tombs of the Courtiers*)
Uadschi	Grab Z in Abydos. (Petrie, *Royal Tombs*)
	Grab 3504 in Sakkâra. (Emery, *Great Tombs,* II)
	Grab in Gizeh. (Petrie, *Gizeh and Rifeh*)
Udimu	Grab T in Abydos. (Petrie, *Royal Tombs*)
	Grab 3035 in Sakkâra. (Emery, *Tomb of Hemaka*)
	Grab 3036 in Sakkâra. (Emery, *Great Tombs,* II)
	Grab 3506 in Sakkâra. (Emery, *Great Tombs,* II)
Enezib	Grab X in Abydos. (Petrie, *Royal Tombs*)
	Grab 3038 in Sakkâra. (Emery, *Great Tombs,* I)
Semerchet	Grab U in Abydos. (Petrie, *Royal Tombs*)
Ka'a	Grab Q in Abydos. (Petrie, *Royal Tombs*)
	Grab 3505 in Sakkâra. (Emery, *Great Tombs,* III)
	Grab 3500 in Sakkâra. (Emery, *Great Tombs,* III)

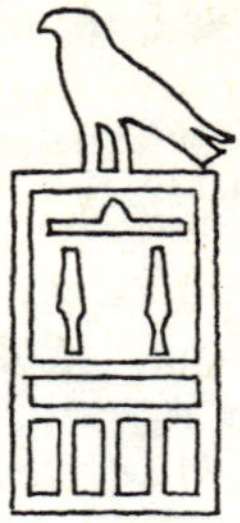

Abb. 54. Horus-Name des Hotepsechemui

Die zweite Dynastie

Hotepsechemui (Abb. 54)

Die Ursachen, die den Sturz der ersten Dynastie herbeigeführt haben, sind unbekannt, und der Unterschied zwischen den beiden Königshäusern ist keineswegs deutlich. Manetho berichtet, beide seien thinitischer Herkunft gewesen, aber ihre südlichen Gräber (mit Ausnahme Chasechemuis und Perabsens) sind, wenn sie überhaupt existierten, jedenfalls in diesem Gebiet nicht gefunden worden. Mit Sicherheit gehörten sie nicht zu der Abydos-Gruppe bei Um-el-Qu'ab. Darum dürfen wir annehmen, daß Manethos Behauptung, ein Dynastiewechsel habe stattgefunden, begründet ist. Er erzählt, die Dynastie habe aus neun Herrschern bestanden, die insgesamt 302 Jahre regierten. Die Thronfolge der ersten vier ist durch archäologische Daten belegt. Dann werden Reihenfolge und Identifikation recht unsicher.

Der Gründer der Dynastie war ein König mit dem Horus-Namen Hotepsechemui, der mit dem Buzau der Königslisten und dem Boethos des Manetho gleichgesetzt werden kann. Sein Name – Hotepsechemui – kommt zusammen mit den Namen seiner beiden unmittelbaren Nachfolger auf einer in Memphis entdeckten Granitstatue vor. Mit dem Hinweis auf eine in Gizeh gefundene Schale aus Feuerstein wurde behauptet, die Reihenfolge der Namen auf der Statue müsse nicht unbedingt eine chronologische sein, aber das halte ich für unwahrscheinlich. Die Reihenfolge dürfte stimmen. Das Grab des Königs ist noch nicht gefunden worden, aber es wird wohl in der Gegend von Sakkâra liegen, da man in einer unterirdischen Galerie in der Nähe der Pyramide des Unas Tonkrugsiegel mit seinem Namen entdeckt hat. Manetho berichtet, während seiner achtunddreißigjährigen Regierungszeit habe sich bei Bubastis ein Abgrund aufgetan, und zahlreiche Menschen seien umgekommen. Da dieses Gebiet des westlichen Deltas geologische Spuren vulkanischer Störungen aufweist, hat die Geschichte wahrscheinlich ihre realen Wurzeln.

Ra-neb (Abb. 55)

Auf Hotepsechemui folgte Ra-neb, der mit dem Kakau der Königslisten und dem Kaiechos des Manetho identisch ist. Sein Grab hat man nicht gefunden, wohl aber – genauso wie bei seinem Vorgänger Hotepsechemui – Tonsiegel, die auf ihn zurückgehen, und zwar gleichfalls in den unterirdischen Gängen in der Nähe der Pyramide des Unas in Sakkâra; sein Grab wird also in dieser Gegend liegen. Nahe einer uralten Handelsstraße, die zu der westlichen Oase hinter Armant führt, fand man Ra-nebs Namen, roh in den Fels gemeißelt.

Manetho berichtet, daß während Ra-nebs Regierungszeit die Anbetung des Apisstieres zu Memphis und des Mnevisstieres zu Heliopolis und der Ziege von Mendes eingeführt worden sei. Aber der Apis-Kult hat, wie wir gesehen haben, schon unter der ersten Dynastie existiert. Nach den Angaben des ägyptischen Geschichtsschreibers regierte Ra-neb 39 Jahre lang.

Abb. 55. Horus-Name des Ra-neb

Abb. 56. In den Fels gemeißelter Name des Ra-neb

Abb. 57. Horus-Name des Neteren

Neteren (Netermu – Abb. 57)

Neteren, der Nachfolger Ra-nebs, ist mit dem Banentiru der Königslisten und dem Binothris des Manetho identisch. Nach Manetho hat er 47 Jahre regiert. Auf dem Palermo-Stein sind Chroniken aus der Zeit zwischen seinem sechsten und zwanzigsten Regierungsjahr erhalten geblieben, aber sie beschränken sich vor allem auf religiöse Feste und die üblichen Volkszählungsziffern, sind also nicht besonders ergiebig. Immerhin verzeichnen sie die Grundsteinlegung eines Palastes oder sonstigen wichtigen Bauwerks namens Hor-ren im Jahre 7 und enthalten – was noch wichtiger ist – Hinweise auf einen Bürgerkrieg im Jahre 13. Hier wird die Zerstörung von Schemra und Ha (»Haus des Nordens«) erwähnt. Die Chroniken verzeichnen auch den »Apis-Lauf« in den Jahren 9 und 15.

Laut Manetho wurde während der Regierung des Neteren beschlossen, Frauen die Thronfolge zu erlauben. Damit erhebt sich eine wichtige Frage – die Frage nach der unklaren Stellung der Königin Merjet-nit in der früheren Dynastie.

Neterens Grab ist anscheinend noch nicht gefunden worden. Krugsiegel mit seinem Namen hat man in einem Grab bei Giza gefunden, und es ist nicht unmöglich, daß dies seine Grabstätte sei, obwohl drei große Grabmäler in Sakkâra gleichfalls eindeutig aus seiner Regierungszeit stammen und ein gewaltiger Bau (2302, Abb. 58) ohne weiteres als seine endgültige Ruhestätte gelten könnte, wenn man auch auf Steinkrugscherben innerhalb des Überbaus den Namen eines Adeligen – Ruaben – angetroffen hat. Der Überbau, der 58 zu 32,64 Meter mißt, ist aus Backsteinen mit einer festen schwarzen Lehmfüllung erbaut. Das Äußere ist schlicht. Im Norden und im Süden liegt je eine Kapelle. Eine Treppe führt von Osten her in die Tiefe, biegt dann in rechtem Winkel nach Süden ab und führt durch ein Fallgatter zu einer komplizierten Reihe unterirdischer, in den Fels hineingeschlagener Räume. Siegel des Neteren sind auch in der Nachbarschaft der Pyramide des Unas in Sakkâra gefunden worden. Eine kleine sitzende Statuette aus Alabaster in der Michailides-Sammlung in Kairo ist an Hand einer Inschrift am Thron als ein Porträt des Neteren identifiziert worden. Der König, auf dem Kopf die Weiße Krone, ist in der beim Sed-Fest üblichen Tracht abgebildet.

Sechemib (Abb. 59)

Unter Sechemib, der mit dem Uaznes auf der Königsliste und mit Manethos Tlas identisch ist, fand eine Art politischer und religiöser Umwälzung statt. Wahrscheinlich hielt die einheimische Bevölkerung des Niltals nach wie vor große Landstriche besetzt und verehrte dort Set, den Gott-König Ägyptens aus der Zeit, bevor das Gefolge des Horus ins Land kam. Welche politischen Motive sich hinter Sechemibs Hand-

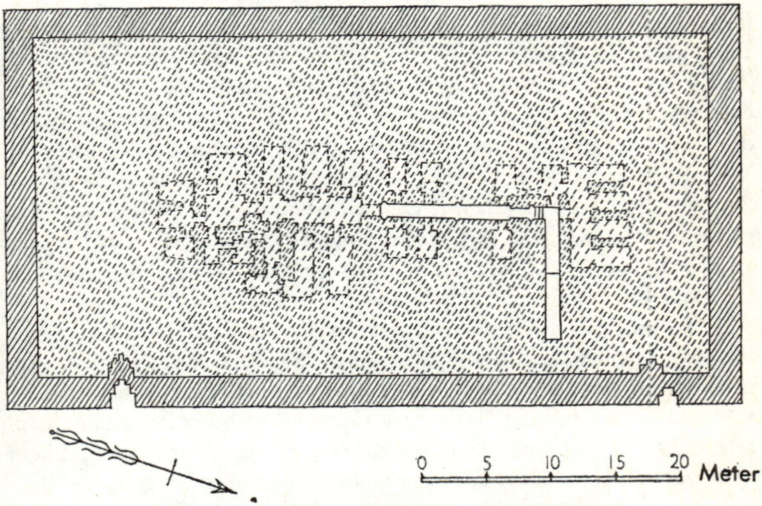

Abb. 58. Grundriß des Grabes 2302 in Sakkâra

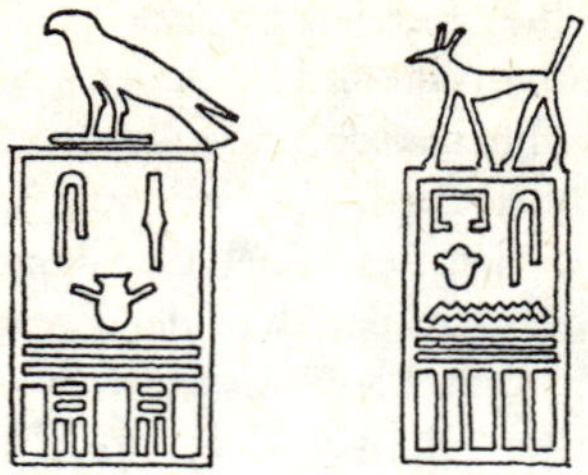

Abb. 59. Horus-Name des Sechemib und Set-Name des Perabsen

lungsweise verbargen, ist unbekannt, aber in irgendeiner Etappe seiner kurzen Regierungszeit – siebzehn Jahre nach Manetho – scheint er dem Gott Horus die Treue gebrochen und sich zu Set bekannt zu haben. Er änderte seinen Namen und nannte sich Perabsen: Über dem *serech* saß nun der Tiergott Set anstelle des Falken, der über dem ursprünglichen Namen Sechemib saß. Genauso wie Achenaten in der achtzehnten Dynastie tilgte er seine ursprünglichen Namen von den Grabstelen, die in seinem südlichen Grab zu Abydos errichtet worden waren, und ersetzte ihn durch den Set-Namen, den er sich erst vor kurzem beigelegt hatte. Sechemibs Name, mit dem Titel »Eroberer fremder Länder«, wurde auf Steinvasenfragmenten aus der Stufenpyramide gefunden. Sonst hat man in Sakkâra keine Überbleibsel dieses Herrschers entdeckt. Sein einziges Denkmal ist das Grab zu Abydos (Abb. 60), das merkwürdigerweise zu der Gruppe der Herrscher aus der früheren Dynastie gehört. Der Überbau wurde völlig vernichtet, nur die mit Backsteinen ausgelegte Grube des Unterbaus mit der Grabkammer und den kreisförmig angeordneten Vorratskammern ist erhalten geblieben. Es ist ein recht bescheidenes Bauwerk und kann selbst mit dem Überbau nicht viel umfangreicher gewesen sein als 21 mal 18,5 Meter. Ungewöhnlich ist, daß der Eingang an der Ostseite liegt. Dort hat man die beiden Stelen mit den geänderten Inschriften gefunden.

Bisher hat man nichts gefunden, das uns erklären könnte, warum ein Monarch aus der Thiniten-Dynastie zum Set-Kult zurückkehrte, aber die Haltung des Sechemib-Perabsen geht eindeutig daraus hervor, daß er seinen Namen auf der Grabstele zu Abydos geändert hat und daß auf zahlreichen Siegeln über dem Namen Perabsen der Gott Set abgebildet ist – vor allem auf dem im Grab gefundenen Siegel eines seiner Würdenträger, dessen Inschrift lautet: »Der Gott von Ombos« – Zentrum der Set-Stämme in Ober-Ägypten – »an seinen Sohn Perabsen«. Möglicherweise waren die Anhänger Sets, die die einheimische Bevölkerung repräsentierten, während des Verfalls der Thinitenmacht so stark geworden, daß der König es für taktisch klug hielt, ihren Kult zu übernehmen. Zweifellos fand es auch sein mächtiger Abkömmling Cha-sechemui ratsam, die Figur des Set über seinem Namen ebenbürtig neben die des Horus zu setzen. Unsere Kenntnis dieser Zeit ist so lückenhaft, daß wir nicht imstande sind, eine Hypothese aufzustellen, die allen vorhandenen Fakten gerecht werden könnte, aber es scheint fast sicher zu sein, daß unter Sechemibs Regierung eine religiöse Umwälzung stattgefunden hat, die die Herrschaft der Thinitenkönige schwächte. Die Zerstörung der königlichen Gräber durch Feuer könnte durchaus durch die Unruhen jener Zeit zu erklären sein. Fast alle Königsgräber zu Abydos, Nagadeh und Sakkâra weisen schwere Brandschäden auf, und man vermutete anfangs, das könnte das Werk früherer Plünderer sein, die die Spuren ihres Sakrilegs verwischen wollten. Neuere Ausgrabungen in Sakkâra haben jedoch Material geliefert, das entschieden darauf hindeutet, daß diese Brände absichtlich mit offizieller Genehmigung angelegt wurden. Vielleicht haben wir es hier mit den Maßnahmen verfeindeter Gruppen zu tun, die das Fortleben ihrer dynastischen Gegner

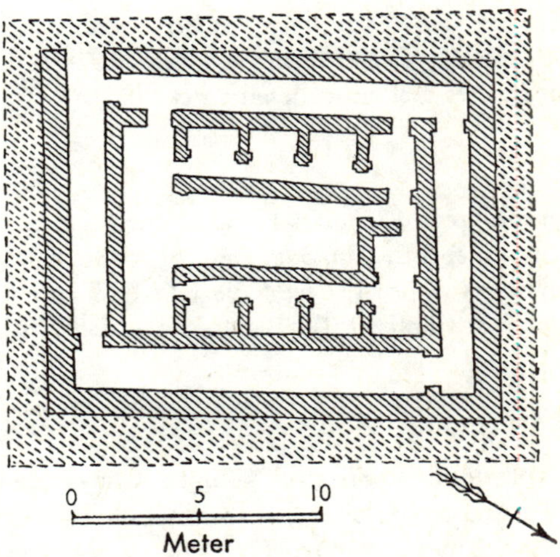

Abb. 60. Grundriß des Grabes P in Abydos

auszulöschen trachteten. Die Brände wurden sicherlich schon in sehr früher Zeit angelegt, und wir irren uns wohl nicht, wenn wir sie auf diese religiösen und politischen Wirren zurückführen.

Welche Folgen der Glaubenswechsel Sechemibs auch gehabt haben mag, so wurde doch sein Geist verehrt und sein Kult – ebenso wie der seines unmittelbaren Nachfolgers Sendschi – in Memphis noch unter der vierten Dynastie ausgeübt.

Sendschi

Es existieren keine Monumente aus der Zeit Sendschis, der anscheinend Sechemibs unmittelbarer Nachfolger war und vermutlich mit Manethos Sethenes identisch ist. Obwohl man heute noch so wenig über ihn weiß, steht fest, daß er nicht nur lange regiert hat, sondern auch ein bedeutender Monarch war, und daß sein Kult bis in späte Zeiten fortbestanden hat. Eine Bronzestatue, die seinen Namen trägt, wurde unter der 26. Dynastie, über 2000 Jahre nach seinem Tode, angefertigt.

Neterka

Der sechste König der Dynastie war laut Manetho Chaires, der siebzehn Jahre regierte. Man hat keinerlei zeitgenössische Dokumente aus seiner Regierungszeit gefunden, aber die Turiner Königsliste nennt einen gewissen Neterka als den Nachfolger Sendschis, und obwohl weder die Sakkâra- noch die Abydos-Liste ihn erwähnt, bezeichnen die Namen Neterka und Chaires vielleicht dieselbe Person.

Neferkara

Nach Manetho folgte auf Chaires Nephercheres, der mit Neferkara in der Abydos-Liste identisch sein mag. Der ägyptische Geschichtsschreiber berichtet, daß er 25 Jahre regiert habe und daß nach einer Legende während seiner Herrschaft elf Tage lang Honig den Nil hinabgeflossen sei.

Cha-sechem (Abb. 61)

Die zweite Dynastie endet mit zwei Königen: Cha-sechem und Cha-sechemui. Manche Autoritäten sind der Ansicht, es handle sich um dieselbe Person, der erste Name sei eine frühere Form des zweiten, den der König sich zulegte, als er Ägypten nach dem Ende der Religionskriege, die

Abb. 61. Horus-Name des Cha-sechem

das Land entzweit hatten, aufs neue einigte. Im ganzen hat es dennoch den Anschein, daß Cha-sechem und Cha-sechemui zwei Personen waren, wahrscheinlich der achte und der neunte König der Dynastie.

Cha-sechem würde also mit dem Huzefa (Neferka-sokar?) auf der Sakkâra- und der Turiner Liste und mit Manethos Sesochris identisch sein, der nach Manetho 48 Jahre regiert hat. Obwohl der Name dieses Königs in der Abydos-Liste fehlt, besteht wenig Zweifel daran, daß sich seine Macht auf ganz Ägypten erstreckte. Man hat entsprechende Denkmäler in Hierakonpolis gefunden. Aber seine Regierungszeit scheint recht stürmisch verlaufen zu sein, und die einzigen Überbleibsel aus jener Periode, zwei Statuen, eine Stele und drei Steingefäße, berichten von Krieg und Eroberung, und wenn auch einige dieser Ereignisse sich jenseits der ägyptischen Grenzen abgespielt haben mögen, deuten sie doch auf eine Periode innerer Wirren hin. Die beiden Statuen – eine aus Schiefer (Tafel 20), die andere aus Kalkstein – sind von außerordentlichem künstlerischem Wert. Sie zeigen uns Cha-sechem auf einem Thron: Er trägt die Krone Ober-Ägyptens und das zum Sed-Fest gehörende Gewand. Rund um die Sockel der beiden Statuen zieht sich eine Reihe verzerrter Figuren hin, die erschlagene Feinde darstellen, und an der Vorderseite steht die Inschrift: »Nördliche Feinde 47 209« (Abb. 62). Man hat vermutet, die »nördlichen Feinde« seien Libyer gewesen, die in das Delta eingedrungen waren, aber wir dürfen auch die Möglichkeit einer inneren Revolte in Unter-Ägypten nicht ganz außer acht lassen.

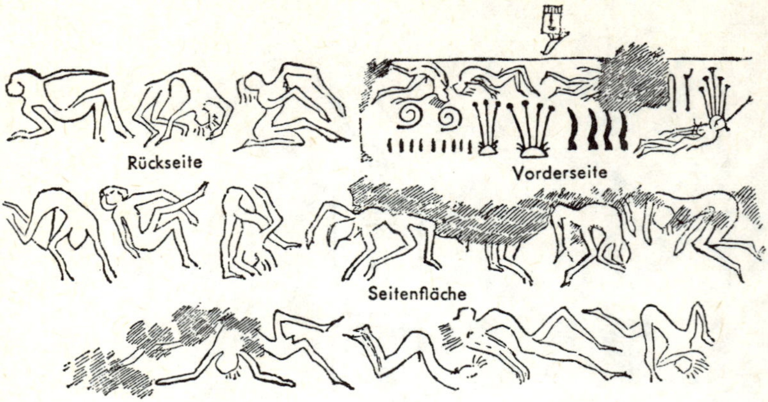

Abb. 62. Inschriften auf den Sockeln der Cha-sechem-Statuen

Weitere Hinweise auf eine Rebellion im Norden bringen uns die drei Steingefäße, die gleichlautende Inschriften tragen: »Das Jahr der Bekämpfung des nördlichen Feindes in den Mauern der Stadt Necheb.« Die Göttin Necheb, in Gestalt eines Geiers, hält einen Siegelring in der Klaue, in dessen Umkreis das Wort *be* (Rebellen) steht, während die andere Klaue das Emblem der ägyptischen Einheit dem Namen des Cha-sechem gegenüberstellt (Abb. 63).

Abb. 63. Steinvaseninschrift des Cha-sechem

Abb. 64. Fragment einer Stele des Cha-sechem

Das Stelenbruchstück zeigt einen Teil eines knienden Gefangenen auf einer Plattform. Die Plattform endet mit dem Kopf eines Fremden, und auf dem Kopf ruht ein Bogen (Abb. 64). Darunter stehen der Name des Königs und die Worte: »Demütigung der fremden Länder.« Es ist wichtig, anzumerken, daß die Statuen den König mit der weißen Krone Ober-Ägyptens zeigen. Auf den Steinvasen trägt der Falke oberhalb seines Namens gleichfalls nur die weiße Krone. Diese allerdings recht begrenzten Hinweise erwecken den Eindruck, daß Cha-sechem ein Herrscher aus der oberägyptischen Thinitenfamilie war, der die Einheit des Niltals nach den Religionskriegen zwischen den Anhängern des Horus und denen des Set wiederherstellte. Aller Wahrscheinlichkeit nach hatten diese Kriege das Land seit den Tagen des Perabsen entzweit. Daß in Sakkâra keine zeitgenössischen Monumente zu finden sind, läßt entschieden darauf schließen, daß seine Macht ihren Mittelpunkt im fernen Süden hatte, denn auch in Abydos hat man keinerlei Spuren gefunden. Alle oben beschriebenen Gegenstände stammen aus Hierakonpolis, der ursprünglichen Hauptstadt der Horus-Anhänger. Sein Grab hat man noch nicht gefunden. Wenn wir Cha-sechem mit dem achten König Manethos gleichsetzen, muß er allerdings eine Führergestalt gewesen sein. Der ägyptische Geschichtsschreiber berichtet, Sesochris habe fünf Ellen und drei Handbreit gemessen. Dann wäre er ein wahrer Riese gewesen: an die zwei Meter groß!

Cha-sechemui (Abb. 65)

Auf Cha-sechem folgte Cha-sechemui, der vielleicht der hervorragendste Herrscher der Dynastie war. Unter ihm wurde die endgültige Einheit des Landes hergestellt und das Fundament für die erstaunliche Expansion und Entfaltung pharaonischer Macht unter der dritten Dynastie gelegt. Als neunter König der zweiten Dynastie ist er mit dem Zazai aus den Königslisten und mit Manethos Cheneres identisch, dem Manetho eine Regierungszeit von dreißig Jahren zuschreibt.

Der Kampf zwischen den Horus- und den Set-Anhängern war zu Ende. Der Name Cha-sechemui – »Auftritt der beiden Mächte« – wird durch den ausführlichen Namen ergänzt: »Die beiden Götter in ihm halten Frieden.« Auf den zahlreichen Krugsiegeln ist der Ka-Name des Königs stets zusammen mit dem Tierzeichen des Horus und des Set zu sehen, ein weiterer Hinweis darauf, daß irgendeine Form der Einheit auf der Basis der Gleichberechtigung erzielt worden war.

Das südliche Grab des Cha-sechemui in Abydos ist ein phantastischer Bau, der sich mit keinem der anderen Monumente der Gegend vergleichen läßt – und auch mit keinem der zeitgenössischen Bauten zu Sakkâra (Abb. 66). Leider ist auch hier kein Überbau erhalten geblieben, und wir können den ungeheuren Umfang des Bauwerks nur nach dem Unterbau schätzen, der eine Länge von 68,97 m hat, bei einer Breite, die zwischen 17,06 und 10,04 m wechselt. Es besteht aus drei Teilen. An der Nordseite führt eine Tür zu drei Reihen mit 33 Vorratskammern für Opfergaben und Begräbnisgeräte. Daran schließen sich eine aus Steinen gefügte Grabkammer, zu beiden Seiten von je vier Räumen flankiert, und weitere zehn Vorratskammern, je fünf an den beiden Seiten eines Ganges. Der Gang führt zu dem südlichen Eingang, der von weiteren vier Räumen flankiert wird.

Die Grabkammer galt früher einmal als das älteste erhaltene Beispiel der Steinmetzkunst, aber die Ausgrabungen in Sakkâra und Helwan haben gezeigt, daß schon unter der ersten Dynastie Steine als Baumate-

CHA-SECHEMUI

Abb. 65. Horus-Set-Name des Cha-sechemui

rial verwendet wurden. Eine seltsame Eigenart des Grabes ist der unregelmäßige und fehlerhafte Grundriß, und trotz seiner beachtlichen Ausmaße kann man sich kaum vorstellen, daß es nur durch wenige Jahre von der prachtvollen Stufenpyramide Zosers in Sakkâra getrennt war. Abgesehen von den Überresten der Bestattungsgeräte, wie Stein- und Kupfergefäße, Feuerstein- und Kupferwerkzeuge, Töpfereien und Korbgeflechte, wurde auch das königliche Zepter aus Gold und Karneol in den Mauern des Grabmals gefunden.

Cha-sechemui hat außerdem in Hierakonpolis Bauten errichten lassen. Dort wurde ein Torpfeiler aus Granit freigelegt. Dieser Überrest, der den Doppelnamen des Königs unter dem Horus und dem Set trägt, rührt wahrscheinlich aus einem längst zerstörten Tempel her. Die handwerkliche Gestaltung steht auf recht hoher Stufe, und die Ähnlichkeit (im Stil und in der Ausführung) mit den Skulpturen aus den ersten Jahren der dritten Dynastie ist so auffallend, daß das Datum – Ende der zweiten Dynastie – nicht anzuzweifeln ist. An der Rückseite des Pfostens ist eine beschädigte Darstellung zu sehen, die den König und die

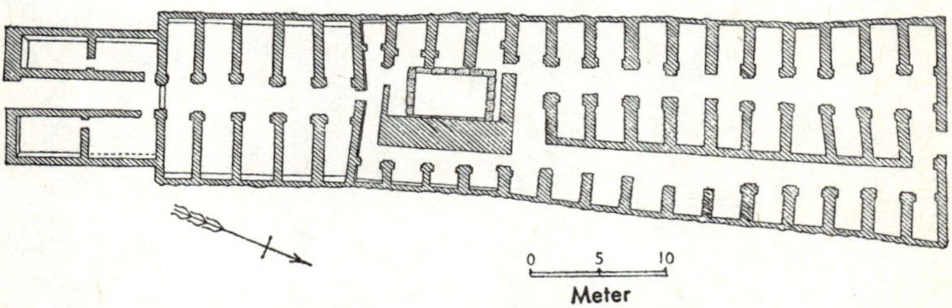

Abb. 66. Grundriß des Grabes V zu Abydos

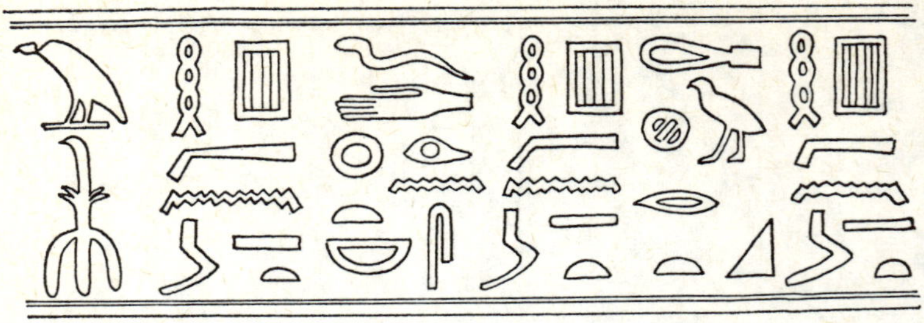

Abb. 67. Krugsiegel der Königin Nemathap

Göttin Scheschet bei einer Feier zeigt, die offenbar einer Grundsteinlegung gilt. Wie sein Vorgänger aus den Anfängen der ersten Dynastie scheint Cha-sechemui sich aus Gründen politischer Strategie mit einer nördlichen Prinzessin mit Namen Nemathap verheiratet zu haben, die – wie ein Krugsiegel aus Abydos zeigt – den Titel »die königsträchtige Mutter« trug (Abb. 67). Später wurde sie als die Ahnfrau der dritten Dynastie verehrt.

Mit dem Tode des Cha-sechemui ist die archaische Periode der ägyptischen Geschichte zu Ende, und die beiden vereinigten Länder stehen an der Schwelle der ruhmreichen Epoche der Pyramidenbauer.

Zweite Dynastie

Name	*Wichtigste Relikte*
Hotepsechemui	Grab unbekannt. Krugsiegel aus Sakkâra (Barsanti, »*Fouilles autour de la Pyramide d'Ounas*«, *Annales du Service des Antiquités*, Bd. III., S. 182)
Ra-neb	Grab unbekannt
Neteren	Grab unbekannt. Grab des Ruaben. Nr. 2302 in Sakkâra. (Quibell, *Archaic Mastabas*)
Sechemib-Perabsen	Grab P in Abydos. (Petrie, *Royal Tombs*)
Sendschi	Keine zeitgenössischen Monumente
Neterka	Keine zeitgenössischen Monumente
Neferkara	Keine zeitgenössischen Monumente
Cha-sechem	Grab unbekannt. Statuen und Stele aus Hierakonpolis. (Quibell, *Hierakonpolis*)
	Grab V in Abydos. (Petrie, *Royal Tombs*) Tempelreste aus Hierakonpolis. (Quibell, *Hierakonpolis*)

Zweites Kapitel

DAS STAATSWESEN

Die Monarchie

Die Monarchie unter den beiden ersten Dynastien Ägyptens scheint alle die Wesenszüge gehabt zu haben, die wir mit späteren Perioden verknüpfen. Es war eine absolute Monarchie. Der Herrscher war ein Gottmensch. Und obwohl natürlich Klassenunterschiede bestanden, waren alle gleichgestellt vor dem Antlitz des »guten Gottes«, der mit Horus identifiziert wurde. Ohne weiteres dürfen wir die Frage und Antwort, die der Wesir Rechmir um das Jahr 1500 v. Chr. formuliert hat, für die Monarchie während der archaischen Periode genauso gelten lassen wie für das Reich, das nahezu 1700 Jahre später bestand. Rechmir schrieb:

»Was ist der König Ober- und Unter-Ägyptens? Er ist ein Gott, von dessen Tun und Lassen man lebt, Vater und Mutter aller Menschen, einzig, ohne seinesgleichen.«

Aber es handelt sich um eine Doppelmonarchie, und so kurze Zeit nach der Einigung waren die Besonderheiten der beiden Staatswesen noch recht deutlich ausgeprägt. Ja, es scheint zwei getrennte Verwaltungen gegeben zu haben, die nur dadurch miteinander verbunden waren, daß sie unter einem Thron standen. Sogar die umständlichen Zeremonien der Krönung, des »Sed«-Festes oder Jubiläums und der Bestattung wurden zweimal veranstaltet, mit den verschiedenen Insignien, Bauten und Gebräuchen Unter- und Ober-Ägyptens.

Die königlichen Insignien der beiden Länder waren anfangs voneinander getrennt. Manchmal sieht man die Könige die Weiße Krone (Hedschet) des Südens, manchmal die Rote Krone (Deschert) des Nordens tragen. Sehr bald aber schuf ein lange vergessener Zeichner die »Doppelkrone« (Sechemti), eine Kombination der beiden Embleme, und von diesem Augenblick an wurde der Monarch, wenn er nicht eigens als der Herrscher des einen oder anderen Landes abgebildet wurde, mit der allägyptischen Krone gezeigt (Abb. 68).

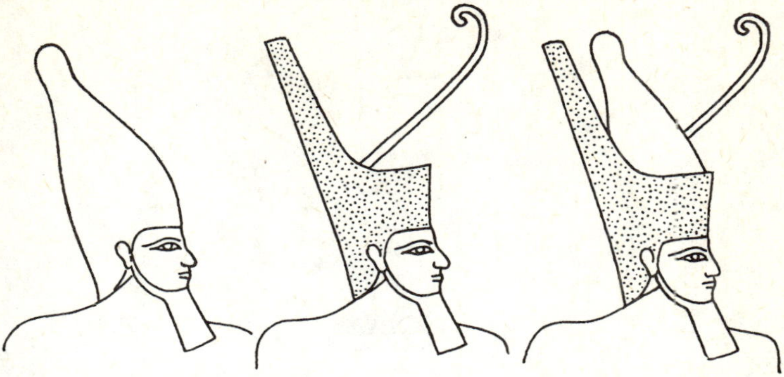

Abb. 68. Die weiße, die rote und die Doppelkrone Ägyptens

Durch die gesamte lange Geschichte Ägyptens zeigt sich an den königlichen Titeln deutlich, daß man an der Vorstellung zweier gesonderter, unter einem Herrscher geeinigter Länder streng festhielt. Noch heute unterscheidet man in vieler Beziehung zwischen den beiden Landesteilen. Die Titel der Könige aus der archaischen Periode waren anscheinend auf drei der fünf »großen Namen« beschränkt, die in späterer Zeit allgemein gebräuchlich wurden. Erst einmal haben wir da den »Horus-Namen« innerhalb eines viereckigen Rahmens, der das »Große Haus« – den Königspalast mit seiner Nischentäfelung – repräsentiert. Reproduktionen liefern uns die Überbauten der nördlichen Gräber in Sakkâra (Abb. 69a). Über diesem Rahmen (der serech heißt) thront der Falke des Horus, des dynastischen Gottes sämtlicher Ägypter (er ist identisch mit dem Sonnengott und dem Sohn und Rächer des Osiris, der die Würde der toten Herrscher symbolisiert). Dieser Horus-Name hatte stets den Vorrang vor allen anderen Namen und Titeln und ist das einzige zuverlässige Erkennungsmerkmal auf den Gegenständen, die man in Abydos und Sakkâra gefunden hat.

Nichts deutet klarer auf einen Glaubenswechsel hin, als wenn wir über dem serech des Perabsen in der zweiten Dynastie das Set-Tier erblicken. Durch seinen ersten Namen erklärte sich der König mit der Gottheit identisch, die er für die höchste in ganz Ägypten hielt.

An zweiter Stelle steht der *nebti*-Name, abgeleitet von dem vorläufigen Titel »Die beiden Damen«, der durch die Geierfigur der oberägyptischen Göttin Nechbet und die Kobrafigur der unterägyptischen

A

B

C

Abb. 69 a, b, c. Die ›Drei Großen Namen‹

Göttin Wadschet repräsentiert wird (Abb. 69 b). Dieser Titel über dem zweiten Namen des Königs symbolisiert die einigende Kraft der Doppelmonarchie. Der *nebti*-Name geht mindestens bis auf die Zeit des Hor-aha zu Beginn der ersten Dynastie zurück.

Der dritte Name, den der König sich anläßlich der Machtübernahme beilegte, war mit dem Titel *nesu-bit* verknüpft (Abb. 69 c): »Er, der dem Schilf und der Biene gehört.« Wir kennen noch nicht den genauen Sinn dieser beiden Symbole, aber das Schilfzeichen bedeutet zweifellos Ober-Ägypten und die Biene Unter-Ägypten, also müßte es heißen: »König von Ober- und Unter-Ägypten.« Der *nesu-bit*-Name kommt zum erstenmal auf Relikten des Königs Udimu vor, aber das heißt nicht unbedingt, daß er nicht auch schon früher gebräuchlich gewesen sei.

Die verschiedenen Namen der einzelnen Könige haben deren Identifizierung außerordentlich erschwert. Während auf den zeitgenössischen Monumenten der überaus wichtige Horus-Name vorherrscht, benützen die Königslisten der achtzehnten Dynastie die *nesu-bit*-Namen. Manetho scheint die gräzisierte Form entweder der *nesu-bit*-Namen oder der *nebti*-Namen verwendet zu haben. Nur gelegentlich stehen auf zeitgenössischen Monumenten der Horus-, der *nebti-* und der *nesu-bit-*Name nebeneinander.

Der König nahm eine Sonderstellung ein. Als der lebende Horus war er das Verbindungsglied zwischen den Göttern und den Menschen. In dieser Eigenschaft durfte er nie seine Kraft verlieren, sei es durch Alter, sei es durch Krankheit. Aller Wahrscheinlichkeit nach wurde in der Urzeit der König, wenn seine Kräfte sichtlich verfielen, vom Leben zum Tode befördert. Aber das geschah in einer dunklen und fernen Vergangenheit. Zur Zeit der Einigung hatte die priesterliche Magie bereits den barbarischen Brauch ersetzt. Der König wurde nicht mehr beseitigt, sondern seine Lebenskraft wurde durch die geheimnisvollen Zeremonien des Sed-Festes erneuert. Wenn das Fest auch eine Art Jubiläum und eine Bekräftigung der Souveränität und Herrschaftsgewalt des Königs gewesen zu sein scheint, war es sicherlich mehr als eine bloße Feier zum Andenken an die Thronbesteigung. Es handelte sich um einen notwendigen Verjüngungsvorgang, da der König, wie Rechmir uns erklärt, ein Gott ist, von dessen Gnaden, von dessen Tun und Lassen wir leben. Infolgedessen nahm das ganze Volk eifrigen Anteil an der Feier dieser bedeutsamen Riten. Manchmal fand das Fest dreißig Jahre nach dem Regierungsantritt des Königs statt, aber nach den Daten zu schließen, die uns der Palermo-Stein liefert, haben einige der archaischen Herrscher das Sed-Fest häufiger und mit kürzeren Abständen gefeiert. Wir wissen nichts Genaues über die Details des Zeremoniells. Einige Züge aber lassen sich mit einiger Klarheit erkennen.

Zur Feier des Festes wurden besondere Bauten errichtet, einschließlich eines Thronsaals und einer Gewandkammer, in der der König sich umzog und je nach den verschiedenen, mit den beiden Ländern verbundenen Riten die Insignien auswechselte. Am wichtigsten aber war der Heb-Sed-Hof, zu beiden Seiten von Kapellen der ober- und unterägyptischen Götter aus den einzelnen Gauen und Provinzen flankiert. Offenbar vollzog der König auf der freien Fläche zwischen den beiden Altarreihen, abwechselnd mit den Insignien Unter- und Ober-Ägyptens bekleidet, einen rituellen Lauf rund um eine Bahn, die das »Feld« genannt wurde. Viermal lief er als Herrscher des Südens an den Grenzen des »Feldes« entlang, viermal als Herrscher des Nordens. Wahrscheinlich repräsentierte das »Feld« ganz Ägypten und der rituelle Lauf den Herrschaftsanspruch des Königs. Außerdem gab seine Handlung – da er der Urquell aller Fruchtbarkeit war – dem Boden Ergiebigkeit und Fruchtbarkeit.

Während des Sed-Festes fanden auch noch andere Zeremonien statt – zum Beispiel huldigten die »Großen Ober- und Unter-Ägyptens« dem Herrscher –, aber der eigentliche Verjüngungsvorgang ist uns bis heute nicht klar, ebensowenig wie der Sinn des Namens »Heb-Sed-Fest«. Zweifellos aber werden weitere Forschungen auf diesem wichtigen Gebiet uns die eigentlichen Grundlagen des ägyptischen Königsbegriffs deutlich machen.

Der Regierungsapparat

So wie die Monarchie war auch die Verwaltung des geeinten Reiches zweigeteilt. Jeder der beiden Landesteile hatte sein eigenes Verwaltungszentrum, bestehend aus einer Staatskanzlei und einem Schatzamt, die im »Weißen Haus« des Südens und im »Roten Haus« des Nordens untergebracht waren. In späterer Zeit verblaßte mehr oder weniger der dualistische Charakter des ägyptischen Regierungsapparates, aber in der Periode der beiden ersten Dynastien war er zweifellos vorhanden. Aus dem geringen Fundmaterial scheint hervorzugehen, daß es zwei Wesire gab, einen für Ober-Ägypten und einen für Unter-Ägypten. Offenbar wurde der Schein der Einheit nur durch die Person des Königs aufrechterhalten.

Jedes der beiden Länder war in »Gaue« oder Provinzen aufgeteilt – die Überbleibsel der Stammesgebiete aus vordynastischer Zeit. Die Statthalter dieser Provinzen waren vielleicht anfänglich Nachkommen der früheren Stammeshäuptlinge – die »Großen«, die als Ratgeber des Königs fungierten.

Aus den Krugsiegeln und den beschrifteten Tafeln ist zu ersehen, daß eine wirksame Finanzverwaltung, eine zentrale Kontrolle der Bewässerungsanlagen, ein geordnetes Gerichtswesen und alle Voraussetzungen für einen brauchbaren Verwaltungsapparat vorhanden waren. Wir stoßen sogar auf den Titel eines »Geheimschreibers«, der uns auf den Gedanken bringen könnte, es habe schon damals jene heute so unentbehrliche Einrichtung gegeben: einen Sicherheitsdienst.

Gesellschaftsklassen

Die Anhaltspunkte, die uns die Begräbnissitten liefern, machen die Unterscheidung dreier deutlich abgegrenzter Klassen unter den beiden ersten Dynastien möglich: des Adels, der Beamten und Handwerker, der Bauern. Begräbnisplätze dieser drei Hauptbevölkerungsschichten sind in der Umgebung der Hauptstadt des Menes, »Weiße Mauer« (Memphis), reichlich zu finden. Hinter der Stadt Sakkâra wurden – allem Anschein nach – die Könige, die Mitglieder der königlichen Familie und die Angehörigen des Hochadels zusammen mit all den Einrichtungsgegenständen und Gerätschaften einer hochzivilisierten und luxuriösen Lebensweise bestattet. Am anderen Ufer des Flusses, bei Helwan, liegen die Gräber des niedrigeren Adels und der Beamtenschaft, die einen ähnlichen Stil aufweisen. Obwohl sie viel kleiner und weniger prunkvoll ausgestattet sind, zeugen auch sie von einem hohen Lebensstandard. Die Handwerkerklasse ist bis jetzt nur in den Nebengräbern vertreten, die die Gräber der Könige und des Hochadels umgeben. Aber auch hier stoßen wir wieder auf Bauten, die im Miniaturformat den Gräbern der Herrenschicht nachgebildet sind. Die sorgfältig in Särge gebetteten Leichname waren von Speisen und Getränken und den für das jeweilige Handwerk erforderlichen Werkzeugen umgeben.

Soviel über die Herrenschicht und ihren unmittelbaren Anhang nebst Dienerschaft. Alle miteinander bildeten anscheinend eine gesonderte Gruppe und beherrschten die Volksmassen, die unter der ersten Dynastie wahrscheinlich in der Hauptsache anderer rassischer Herkunft waren, die Nachkommen der Urbevölkerung im Niltale vor der Ankunft der dynastischen Rasse. Ihre in ganz Ägypten wohlbewahrten Gräber sind nur eine natürliche Weiterentwicklung der späten prädynastischen Bestattungsbräuche. Mit Ausnahme der umfangreicheren Grabstätten der Dorfwürdenträger sind die Gräber mit ihren flachen Gruben und ihrem kreisrunden Überbau nicht sehr üppig ausgestattet. Im Vergleich zu den Gräbern der geopferten Gefolgsleute und Handwerker des Hochadels sind sie ärmlich und in allem kennzeichnend für eine leibeigene Bevölkerung. Gegen Ende der zweiten Dynastie aber machen sich die Ergebnisse der Rassenmischung bemerkbar. Manches spricht dafür, daß in vielen Teilen des Landes die unteren Schichten die Begräbnisbräuche der Oberschicht übernahmen, eine Tatsache, die sich aller Wahrscheinlichkeit nach in ihrem Alltagsleben widerspiegelte.

Obwohl die Anhaltspunkte heute noch zu gering sind, als daß man eine genauere Analyse der Gesellschaftsordnung in jener entlegenen Periode wagen könnte, deuten die allgemeinen Hinweise auf eine im wesentlichen feudalistische Struktur hin: eine umfangreiche eingeborene, leibeigene Bevölkerung war einem rassisch und kulturell überlegenen Adel unterworfen. Die Hauptmasse dieser Leibeigenen war in der Landwirtschaft tätig, ein Teil aber muß in den Bergwerken und Steinbrüchen beschäftigt gewesen sein – bei der Anlegung der Bewässerungskanäle, im Heeresdienst, bei dem Bau der Tempel, Paläste und Grabmäler. Allmählich kamen sie in engere Berührung mit ihren Beherrschern, und zwar durch das Heranwachsen einer Handwerkerschicht, durch die es gegen Ende der archaischen Zeit zu einer Rassenmischung gekommen sein muß. Diese Handwerkerschicht sollte sich in späterer Zeit zu einer überaus wichtigen Mittelschicht entwickeln, die im pharaonischen Staatswesen eine so wesentliche und mächtige Rolle gespielt hat.

Drittes Kapitel

DAS MILITÄRWESEN

In einer solchen Zeit bildete das Heer einen wichtigen Sektor des Gemeinwesens, aber da es sich aus allen Schichten der Herrenrasse rekrutiert haben muß, kann es keine besonderen Klassenmerkmale besessen haben. In den Jahren der Entwicklung nach der Einigung waren die Krieger wahrscheinlich ausnahmslos Nachkömmlinge der dynastischen Rasse, aber als die Befriedung Fortschritte machte und die Pharaonenmacht sich stabilisierte, dürfte die Rekrutierung zum Militärdienst allmählich auch auf die einheimische Bevölkerung ausgedehnt worden sein.

Organisation

In späteren Zeiten war das Heer nach einem feudalistischen System organisiert, und wir haben allen Grund anzunehmen, daß dieses System in der archaischen Periode entstanden war. In dem Maße, wie die Macht der ersten Thinitenkönige anwuchs, waren die besiegten Stammeshäuptlinge gezwungen, ihre Oberherren mit Soldaten zu versorgen. Jede Provinz, jeder Gau entsandte seine jungen Männer, die dem König unter ihren eigenen Stammesbannern und wahrscheinlich unter der Führung eines eigenen Häuptlings dienten. Wir wissen nichts von einer Offiziersschicht oder überhaupt von einer Befehlshierarchie, aber es muß, abgesehen von der Befehlsgewalt des Königs, eine allgemeine Rangordnung und Kommandostruktur gegeben haben.

Ausrüstung

Untersuchen wir die Ausrüstung dieser alten Krieger. Sie trugen offenbar keine Rüstung und führten auch keinen Schild. Ihre Waffen bestanden aus Pfeil und Bogen, Speer, Axt, Keule und Dolch. Der Bogen war

Abb. 70. Archaische Krieger, Jäger-Palette

klein, kaum einen Meter lang; seinem Form ist aus der Abbildung 70 zu ersehen. Leider hat man noch keine hölzernen Bogen aus jener Zeit gefunden. Wir sind auf die Figuren angewiesen, die uns die Paletten aus der vordynastischen Spätzeit zeigen. Was die Pfeile betrifft, so haben wir mehr Glück gehabt. Hunderte verschiedener Sorten wurden in den Resten lederner Köcher in den großen Gräbern von Sakkâra entdeckt. Umfang und Gewicht dieser Pfeile deuten ebenfalls darauf hin, daß die Bogen verhältnismäßig klein waren – eine Tatsache, die man sonst nur nach der Wiedergabe auf den Paletten abschätzen kann. Die fünf Pfeiltypen in der Abbildung 71 waren anscheinend allgemein gebräuchlich. Der erste Typ hat eine durchschnittliche Länge von etwa einem halben Meter. Die Spitze, ein Agat-Mondstein, ist an einem kurzen Elfenbeinstab festgekittet, der in einem hohlen Schilfrohr steckt. Am unteren Ende des Schafts sind mit Gummi und Faden zwei Federn befestigt und ein V-förmiger Einschnitt für die Bogensehne eingekerbt. Dieser Pfeiltyp mit der Mondsteinspitze war in Ägypten noch unter der achtzehnten Dynastie gebräuchlich. Auch die zweite Art hat eine Agatspitze, die aber etwas kleiner ist. Sie steckt an einem Elfenbeinstab in einem Schilfrohr mit zwei Federn am unteren Ende, aber die Sehnenkerbe ist nicht V-förmig, sondern viereckig. Die dritte Form hat eine zackige, aus dem Kiefer eines kleinen Fisches angefertigte Spitze, die an einem Elfenbeinstab festgekittet ist. Der rote Schaft ist mit Federn versehen und hat eine viereckige Kerbe. Die vierte und fünfte Form unterscheiden sich voneinander nur nach der Größe der Spitze, die aus einem direkt im Schilfrohr festgeklemmten einfachen Elfenbeinstab besteht. Die Pfeile dieser Form sind nicht gefiedert. Federn hielt man nur für nötig, wenn es sich um die schlecht ausbalancierten Spitzen der ersten, zweiten und dritten Art handelte. Es ist interessant, festzustellen, daß die Spitzen der dritten und der vierten Form rot bemalt sind, entweder um anzu-

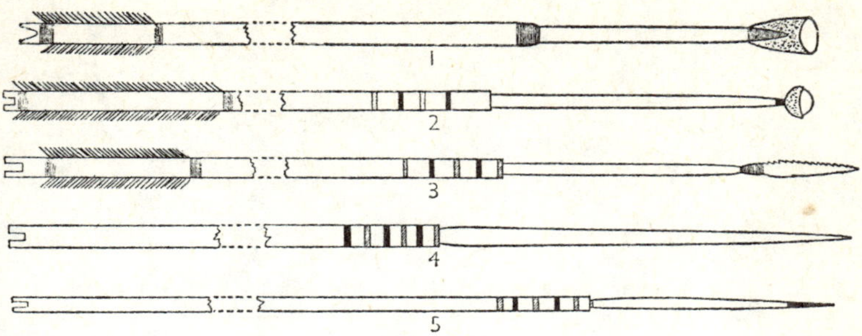

Abb. 71. Pfeiltypen

deuten, sie seien vergiftet, oder im Hinblick auf die magische Anziehungskraft, die den Pfeil zum Blut des Opfers lenkt. Auch schwerere Pfeile mit Feuersteinspitzen wurden recht häufig verwendet.

Man hat Stoßspeere mit Kupfer- und Elfenbeinspitzen gefunden. Dies sind aber wahrscheinlich die überlegenen Waffen des Adels, und wir dürfen annehmen, daß die einfachen Soldaten im allgemeinen Speere mit Feuersteinspitzen benützt haben.

Auch die Streitaxt mit kurzem Schaft und Bein- oder Kupferklinge war allgemein üblich. Der Rücken war mit Lederriemen am Schaft befestigt. Auf einer der späteren prädynastischen Paletten ist ein Krieger mit einer zweischneidigen Axt abgebildet. Aber Waffen dieses Typs hat man nicht gefunden.

Die in zwei Arten vorhandene Keule mit kurzem Schaft und einem Feuersteinknauf war eine beliebte Waffe. Der üblichste Knauftyp war birnenförmig, wie aus den Abbildungen 72 und 73b ersichtlich ist. Wenn der König gezeigt wird, wie er in zeremonieller Haltung den besiegten Feind erschlägt, ist er fast immer mit dieser Keule bewaffnet (Abb. 4). In den Tempeln wurden schwere, zeremonielle Keulenknäufe mit eingravierten, historisch bedeutsamen Szenen aufbewahrt. Die zweite Art (Abb. 73a) war offenbar eine leichtere Waffe für den Nahkampf, wahrscheinlich mit kurzem Schaft.

Die Dolche hatten Klingen aus Feuerstein oder Kupfer, Griffe aus Holz, Bein oder Elfenbein. Die Waffe wurde im Gürtel getragen.

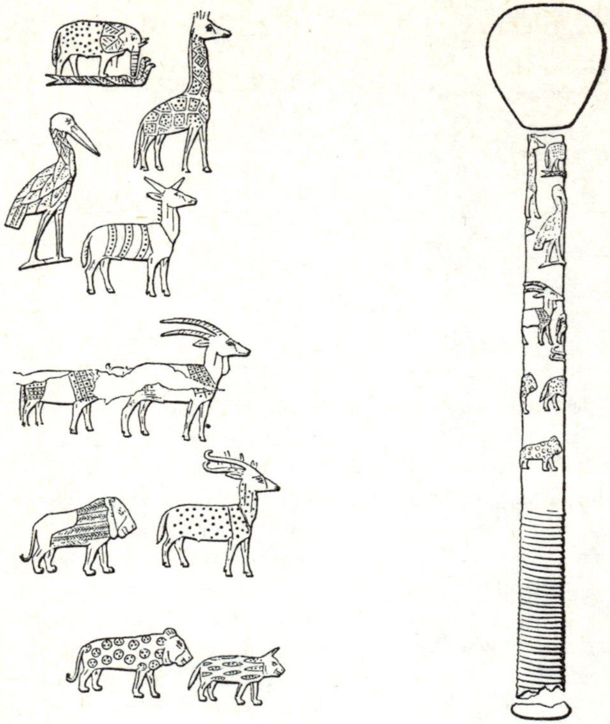

Abb. 72. Goldener Keulenschaft mit steinernem Knauf aus Nubien

Festungsbau

Wir haben natürlich keinerlei Möglichkeit, zu beurteilen, wie diese Krieger gekämpft haben, ob sie als geschlossene Abteilungen in die Schlacht zogen oder ob sie sich wie ein wilder Haufe hinter dem erwählten Anführer ins Getümmel stürzten. Alles in allem hat es den Anschein – angesichts der ausführlichen Darstellung der Stammesbanner und der unterschiedlichen Bewaffnung der Kriegergestalten auf der Jäger-Palette (Tafel 1b) –, daß die Heere dieser frühen Herrscher aus wohlgeordneten Kampfabteilungen bestanden, Bogenschützen, Speerträgern usw., unter dem Befehl der Stammeshäuptlinge. Nur gut organisierte Truppen konnten die befestigten Städte erstürmen, deren Existenz uns be-

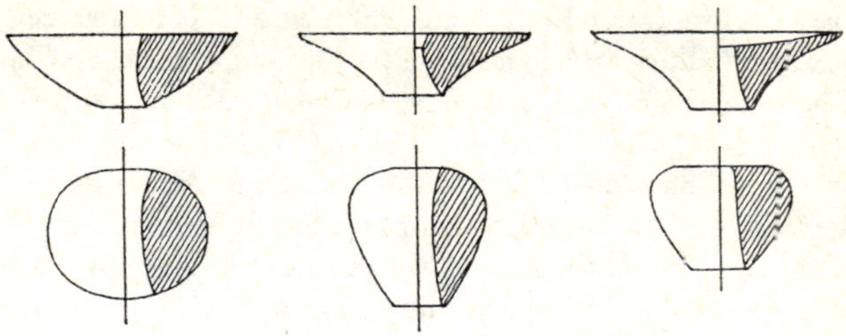

Abb. 73. Keulenknäufe aus Feuerstein

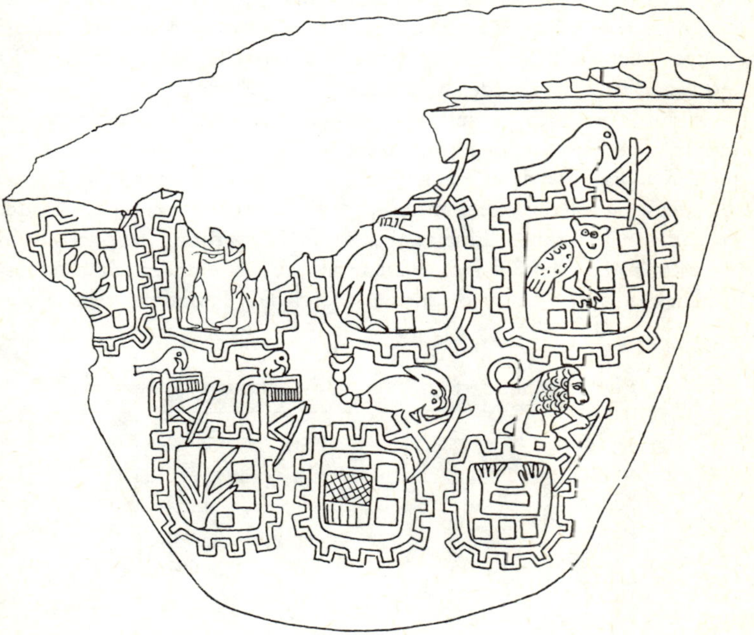

Abb. 74. Fragment einer Steinpalette mit befestigten Umzäunungen

kannt ist: Übliche Darstellungen auf Paletten und Täfelchen zeigen den symbolischen Falken und seine Bundesgenossen, wie sie die Bastionen feindlicher Heerlager und Städte zerhacken (Abb. 74). Einen Begriff von diesen befestigten Wällen erhalten wir, wenn wir die sogenannten Festungen des Cha-sechemui und des Perabsen in Abydos untersuchen. Diese gewaltigen Umzäunungen sind zwar noch heute umstritten, aber es besteht kein Zweifel daran, daß sie aus der zweiten Hälfte der zweiten Dynastie stammen. Man hat öfter von ihnen als Festungen und als Tal-Tempeln gesprochen, die zu den benachbarten Königsgräbern gehören, aber ich halte es für wahrscheinlich, daß es Umzäunungen der oberägyptischen Residenz des Königs waren, die dem Monarchen einen möglichst großen Schutz bieten sollten. Obwohl man sie nicht gerade als Festungen bezeichnen kann, wirken sie unverkennbar als militärische Anlagen. Das dem Cha-sechemui auf Grund der Krugsiegel zugeschriebene Bauwerk ist dem Grundriß nach viereckig und hat doppelte, durch einen Gang voneinander getrennte Mauern. Die Gesamtmaße betragen etwa 150 Meter in nordsüdlicher und etwa 83 Meter in ostwestlicher Richtung. Die äußere Mauer ist knapp vier Meter dick, die innere, die Hauptmauer, sechs Meter. Der Bau war mindestens zehn Meter hoch. Er hatte vier Tore. Die beiden wichtigsten – an der nordöstlichen und an der südöstlichen Ecke – sind nach wohldurchdachten Grundsätzen der militärischen Verteidigung konstruiert (Abb. 75 und 76).

Die Umwallung des Perabsen ist kleiner und hat nur eine Mauer, aber der eine erhalten gebliebene Torweg läßt das gleiche Prinzip der Verteidigung erkennen. Eine ähnlich große Umwallung befindet sich in Hierakonpolis. Obwohl man kein genau zu datierendes Material gefunden hat, dürfte sie gleichfalls der archaischen Periode angehören.

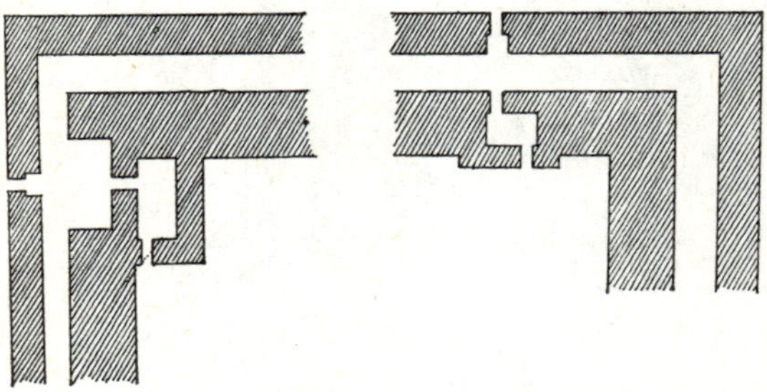

Abb. 75. Plan eines befestigten Torweges

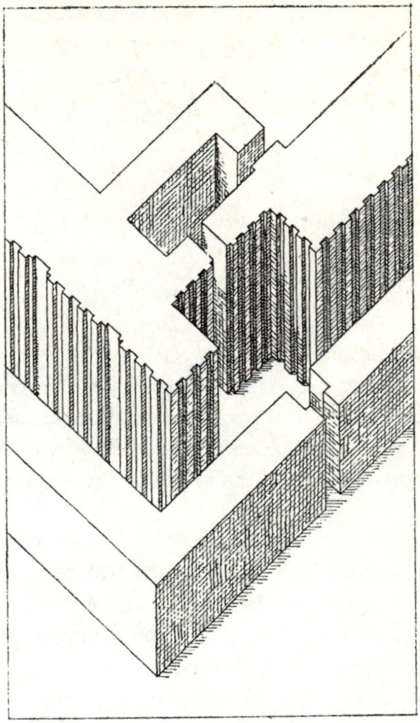

Abb. 76. Axonometrische Ansicht eines befestigten Torweges

Viertes Kapitel

RELIGION

Die Götter

Da uns nur spärliche schriftliche Zeugnisse zur Verfügung stehen, ist unsere Kenntnis der religiösen Zustände im archaischen Ägypten sehr begrenzt. Aber in dem Maße, wie die Forschungsarbeit voranschreitet, lassen sich immer mehr Götter aus späteren Epochen mit den Gottheiten gleichsetzen, die von den Ägyptern in den frühesten Zeiten verehrt worden sind.

Vor der Einigung gab es eine Fülle durchaus ortsgebundener und in keiner Weise miteinander zusammenhängender Kulte. Jeder dieser Kulte galt dem Stammesgott. Ihre Entwicklung ist ein Bestandteil der politischen Entwicklung Ägyptens. Als die Stammesgebiete in Fürstentümer und schließlich in die beiden gesonderten Königreiche des Nordens und des Südens umgewandelt wurden, entstand eine Mythologie, welche alle Stammesgötter einfach mit einbezog. Der Gott des besiegten Stammes wurde nicht etwa abgeschafft, sondern annektiert. Der Sieger setzte den besiegten Vorgänger als Sohn der betreffenden Gottheit ein. Diese Stammesgötter wurden zu den »Gau«-Göttern späterer Zeit. Ihre Vorrechte wurden durch den König gewahrt, der, genauso wie in prähistorischer Zeit ein Häuptling, ihren Schutz für sich in Anspruch nahm.

Zur Zeit der Einigung sehen wir die Stämme der dynastischen Rasse sowohl im Norden wie im Süden als höchste Gottheit den Himmelsgott Horus verehren, dessen Symbol der Falke war, während die Nachkommen der Eingeborenen anscheinend Set als ihren Hauptgott anerkannten. In der Frühzeit gehörte ein beträchtlicher Teil des Volkes zu den Set-Gläubigen. Sie hielten einen großen Teil Ober-Ägyptens besetzt; das Zentrum war Ombos (in der heutigen Provinz Keneh). So mächtig waren sie, daß zu einem bestimmten Zeitpunkt ihr Gott Set dem Horus ebenbürtig zur Seite trat und daß sogar eine Zeit lang unter der zweiten Dynastie Set den Horus als Götterkönig verdrängte. Ein Nachklang des

Kampfes zwischen Set- und Horus-Anhängern ist in den späteren Mythen erhalten geblieben, die von dem Sieg des durch Horus verkörperten Guten über das durch Set verkörperte Böse berichten.

Von den Ursprüngen des Horus ist uns nichts bekannt, aber zur Zeit der Einigung wurde er sicherlich als ein Sonnengott anerkannt, und die Religion des Königs, der der lebende Horus war, war ein ähnlicher Himmelskult wie die Religion in späterer Zeit. Vor den jüngsten Entdeckungen in Sakkâra wurde angenommen, erst im Zeitalter der Pyramiden sei der Sonnenkult zur Staatsreligion geworden, aber die Barkengräber, die man neben den großen Grabmälern zu Sakkâra und später auch in den Adelsgräbern zu Helwan angetroffen hat, beweisen, daß die Grundanschauung, die Toten müßten die Götter auf ihrer Fahrt über den Himmel begleiten, schon zu Beginn der ersten Dynastie allgemein anerkannt worden war. Sehr bald wurden auch andere Götter des dynastischen Volkes (meist waren es Orts- oder Stammesgötter) in den Kreis der Himmelsmythologie einbezogen, aber die Masse der Bevölkerung, die von den Einheimischen abstammte und in den ersten Jahren der Doppelmonarchie eine besondere Rassengruppe bildete, blieb nach wie vor den Stammesgöttern der Väter, besonders dem Set, treu. In dem Maße, wie unter dem festigenden Einfluß der geeinten Reichsmacht die beiden Volksgruppen immer inniger miteinander verschmolzen, wurden viele dieser uralten Götter in die Sonnensynthese eingegliedert und verloren ihre primitiven Züge. Set aber ließ sich nicht assimilieren. Während der gesamten Geschichte Ägyptens bleibt er eine Gottheit für sich, weil in der archaischen Zeit sein Kult aus politischen Gründen ein Sammelpunkt für die zersprengte Bevölkerung des vordynastischen Ägyptens gewesen war. Man konnte seine Existenz nicht ignorieren, aber mit Ausnahme kurzer Etappen (und da handelte es sich offenbar um Erwägungen politischer Zweckmäßigkeit) wurde Set als die Verkörperung des Bösen betrachtet. Das ging so weit, daß man ihn in klassischer Zeit mit dem Typhon gleichsetzte. In der Periode aber, mit der wir uns beschäftigen, war Set vermutlich für einen großen Teil der Bevölkerung des Niltales der gnädige und wohltätige Gott – lange bevor er zu einem Bestandteil der Osiris-Synthese wurde, zu der ich mich später äußern werde. Set wurde durch ein nicht zu identifizierendes Tier repräsentiert, das aussieht wie ein Hund mit einem senkrechten, an der Spitze geschlitzten Schweif und dem Kopf eines Ameisenbären, mit langen Ohren, die viereckige Enden haben.

Es gab also im alten Ägypten zwei verschiedene und miteinander unvereinbare Kulte, die nur vorübergehend gegen das Ende der zweiten Dynastie – aus rein politischen Gründen – miteinander kombiniert wurden. Außerdem aber existierten noch andere große Religionen und Gottheiten, vor allem: Re in Heliopolis, Ptah in Memphis, Osiris in Busiris und Min in Koptos. Diese Götter müssen, obwohl sie allmählich umgewandelt und in einen theoretisch einheitlichen Rahmen eingefügt wurden, kurz nach der Einigung noch in hohem Maße ihre Eigenart und Sonderstellung besessen haben. Eine vernünftige Koordination wurde eigentlich nie zuwegegebracht. Während der gesamten ägyptischen Geschichte ist es den Theologen nicht geglückt, ein Pantheon zu bilden, das nicht voller Ungereimtheiten gewesen wäre.

Der Kult des Sonnengottes Re scheint in Heliopolis entstanden zu sein, das bis zum Aufstieg des Christentums sein Zentrum war. Der Gott wurde als die Sonne selbst in Gestalt einer Scheibe aufgefaßt. Als die Thinitenkönige ihre Hauptstadt in Memphis gründeten, gerieten sie vielleicht unter den Einfluß der Sonnenpriester, deren Kult vermutlich schon lange vor der Einigung fest verwurzelt gewesen war. Das Endergebnis scheint eine Verschmelzung des Himmelsgottes Horus mit dem Sonnengott Re gewesen zu sein – Re-Harachte –, und der mit dem Horus gleichgesetzte König wurde als Sohn des Re betrachtet. Diese Verschmelzung scheint aber erst in der zweiten Dynastie stattgefunden zu haben, obwohl das Symbol der geflügelten Scheibe auf einem in Abydos gefundenen Kamm über dem Horusnamen des Uadschi schwebt (Abb. 146).

Als Menes den Sitz seiner Hauptstadt in eine Gegend nahe der Spitze des Deltas verlegte, wurde ein dort ansässiger Gott mit einem Male berühmt: Ptah, der in der Memphis-Theologie als Weltschöpfer gilt. Möglicherweise haben wir es hier mit dem Schemen eines längstvergessenen genialen und großen Mannes zu tun, da Ptah zum Unterschied von der Mehrzahl ägyptischer Gottheiten nicht in Tiergestalt und auch nie mit Tier-Attributen abgebildet wurde. Er wird als ein in Mumiengewänder eingehüllter Mensch ohne Kopfschmuck, aber mit einem enganliegenden Käppchen dargestellt.

Während der gesamten ägyptischen Geschichte behielt der Ptah-Kult seine Kraft, besonders bei den gebildeten Schichten, weil er zum Unterschied von anderen Kulten vorwiegend geistig geartet war und ein höheres Niveau religiösen Denkens erreichte als die übrigen materialistischeren ägyptischen Kulte. Obwohl auf keinem zeitgenössischen Dokument Ptah eindeutig identifiziert werden kann, ist es nicht ausgeschlossen, daß die mumienartige Gestalt, die auf dem Täfelchen des Zer in feierlicher Prozession einhergetragen wird, ihn darstellen soll (Abb. 21). Manetho berichtet, Menes habe in Memphis dem Ptah einen Tempel errichtet, und die in den Palermo-Stein eingravierten Annalen der ersten und der zweiten Dynastie erwähnen das Fest des Sokar, des Gottes der Totenstadt von Memphis, der mit dem Ptah verbunden wurde.

Bis vor kurzem war es fraglich, ob der Osiris-Kult sich bereits in archaischer Zeit entwickelte. Inzwischen aber hat man in Helwan das *Dad*-Symbol des Gottes und die Gürtelschnalle seines weiblichen Gegenstücks Isis gefunden (beide Funde stammen aus der ersten Dynastie): Also muß es schon damals den Kult gegeben haben, der in der ganzen langen Geschichte Ägyptens bei den Volksmassen am beliebtesten war. Dieser Kult trägt zwar gewisse Züge einer Naturreligion, kreist aber vor allem um die Würde des toten Königs, und der Osiris-Mythos scheint ein Nachklang längst verschollener Ereignisse zu sein, die sich tatsächlich abgespielt haben. Diese Ereignisse hatten vielleicht ursprünglich gar keinen Zusammenhang miteinander und gehörten verschiedenen Epochen an, wurden aber später zu einer moralisierenden Geschichte vom Kampf zwischen Gut und Böse zusammengefügt. Der Mythos von der meuchlerischen Ermordung des guten Königs Osiris durch seinen Bruder Set und der Rache und Erneuerung der wohltätigen Herrschaft durch den Sohn des Osiris, Horus, den Ahnherrn der Halbgötter, von denen die Pharaonen abstammen, deutet auf Episoden hin, die vielleicht mit den prähistorischen Kämpfen zwischen der dynastischen Rasse und der einheimischen Bevölkerung des Niltals zusammenhängen. Bei dem jetzigen Stand unseres Wissens sind alle Spekulationen verfrüht. Immerhin hat man vor kurzem in Helwan Beweise dafür gefunden, daß Osiris und Isis bereits unter der ersten Dynastie existierten, also darf man vermuten, daß die Verknüpfung des königlichen Gottes Horus mit Osiris, der die Würde des toten Königs symbolisiert, nicht nur durch theologische Jonglierkünste späterer Zeit zustandegekommen ist, sondern vielleicht ihre historischen Grundlagen hat.

Das ursprüngliche Zentrum des Osiris-Kults lag in Busiris im östlichen Delta, aber Osiris war keineswegs eine primitive Lokalgottheit. Er hatte einen älteren Gott namens Andschti verdrängt und von ihm gewisse Insignien übernommen, so zum Beispiel die Doppelfeder an der Krone und den Hirtenstab. Wir besitzen kein Osiris-Porträt aus archaischer Zeit, aber die sitzende, mumienähnliche Gestalt des Königs Udimu auf dem Täfelchen aus Hemaka (Abb. 36) ist ein genauer Vorläufer der äußeren Erscheinung des Gottes, wie er auf späteren Monumenten dargestellt wurde – in so hohem Grade, daß manche Forscher die Figur für die des Osiris gehalten haben, während sie eigentlich den König Udimu in den Totengewändern bei seinem Sed-Fest zeigt.

Wir wissen, daß in archaischer Zeit auch noch andere, weniger bedeutende Gottheiten angebetet wurden. Anubis, ein Totengott, Schutzherr der Nekropolis, spielte eine wichtige Rolle in der Osiris-Mythologie und wurde in der Frühzeit als sitzender Wolf oder Hund dargestellt. Anubis-Feste sind in den Annalen der ersten Dynastie auf dem Palermo-Stein erwähnt.

Aker, ein Himmelsgott, wurde durch die Vorderkörper zweier Löwen repräsentiert, die in entgegengesetzter Richtung blicken. Aker bewacht die beiden Horizonte. Abends geht der Sonnengott ins Maul des einen Löwen ein, morgens verläßt er das Maul des anderen. In der religiösen Literatur späterer Perioden wird Aker durch zwei Löwen verkörpert, die Rücken an Rücken sitzen und das Heute und das Morgen symbolisieren.

Apis war der heilige Stier von Memphis. Der Stierkult war schon lange vor der Einigung fest verwurzelt, wahrscheinlich schon vor dem Eindringen der dynastischen Rasse. Der Stier symbolisierte Kampfkraft und Fruchtbarkeit und galt in dieser Eigenschaft als Sitz übernatürlicher Mächte. Apis war eine Manifestation des Gottes Ptah, und der klassische Autor Aelian berichtet, Menes habe den Stierkult eingeführt. Die archäologischen Daten scheinen das zu bestätigen. Sicherlich existierte der Kult bereits unter der ersten Dynastie. Die frühen dynastischen Könige wurden oft als Stiere abgebildet, und es hat den Anschein, daß sie aus politischen Gründen den Stierkult des Nordens übernahmen, besonders den Apis-Kult, der vielleicht schon existierte, bevor der erste König des geeinten Ägyptens den Thron bestieg.

Harsaphes (Harischaf), ein heiliger Widder, wird in den Annalen der ersten Dynastie auf dem Palermo-Stein erwähnt. Der Widderkult war genauso wie der Stierkult schon unter der ersten Dynastie gebräuchlich – vermutlich aus denselben Gründen.

Hathor war eine Himmels- und Kuhgöttin, die in späterer Zeit als die Schutzherrin der Liebe und Freude galt. Sie wurde als Kuh oder als Frau mit einem Kuhkopf oder mit einem Menschenkopf mit den Hörnern und Ohren einer Kuh dargestellt. In frühdynastischer Zeit aber scheint Hathor ein weibliches Gegenstück des Horus gewesen zu sein, und auch in späterer Zeit bedeutete ihr Name »Haus des Horus«. Die früheste einwandfrei bezeugte Darstellung der Hathor finden wir auf der Narmer-Palette. Dort hat sie ein Menschenantlitz mit den Ohren und Hörnern einer Kuh.

Chent-Amentiu war ein Totengott zu Abydos. Er wurde mit Osiris verschmolzen und in späterer Zeit auf ähnliche Weise abgebildet.

Matit oder Mehit war eine Löwengöttin aus Hierakonpolis und Thinis. Sie ist auf zahlreichen Siegeln der ersten Dynastie als liegende Löwin dargestellt, aus deren Rücken drei oder vier gebogene Stangen hervorstehen. Stets befindet sie sich vor einem Flechtwerkaltar, der in späterer Zeit das bestimmende Zeichen für das »Große Haus«, den Königspalast, war.

Mefdet, eine Katzengöttin, wird in den Annalen der ersten Dynastie auf dem Palermo-Stein erwähnt. In späterer Zeit erscheint sie als Frauengestalt in einem Katzenfell. Sie beschützt die Menschen vor dem Schlangenbiß.

Min war der Schutzgott der Wanderer, und die gesamte östliche Wüste galt als sein Herrschaftsgebiet. Das Zentrum seines Kults lag in Achmin und Koptos am westlichen Endpunkt der großen Handelsstraße durch das Wadi-el-Hammamat. Er wird ithyphallisch in Menschengestalt abgebildet, als Mumie bandagiert. In der erhobenen Hand hält er eine Peitsche, und er trägt einen Kopfschmuck mit zwei hohen Federn. Min war ein uralter einheimischer Gott. In Koptos hat man zwei Statuen gefunden, die wahrscheinlich aus prädynastischer Zeit stammen und als die ältesten Beispiele einer mit großen Formen arbeitenden Bildhauerkunst aus dem Niltal gelten dürfen.

Nechbet war die Schutzgöttin von Hierakonpolis (Necheb, El Kab). Als der Einfluß der Bewohner dieses Zentrums durch Eroberungen weiter ins Land getragen wurde, wurde sie zur Schutzgottheit Ober-Ägyptens. In späterer Zeit wird sie oft als Frau mit einem Geierkopf und der Weißen Krone dargestellt, aber in der archaischen Periode tritt sie nur in Gestalt eines Geiers auf. Nechbet war die erste der »Zwei Damen« im *nebti*-Namen des Königs.

Nit war die Göttin von Sais im westlichen Delta. Ihre Symbole waren ein Schild und zwei gekreuzte Pfeile, im Hinblick auf ihre Rolle als Göttin der Jagd und des Krieges. Diese Symbole wurden schon sehr früh, lange vor der Einigung, verwendet. In der Periode, mit der wir uns beschäftigen, war der Nit-Kult weit verbreitet, und sie galt als eine der bedeutendsten Gottheiten Unter-Ägyptens. Der älteste durch direkte Hinweise bezeugte Tempel aus der Zeit des Hor-aha (Menes) ist dieser

Göttin geweiht. Wir haben allen Grund anzunehmen, daß die Thinitenkönige, um ihre Ansprüche auf die Herrschaft im Norden zu legalisieren, unterägyptische Prinzessinnen heirateten. Drei der frühesten Königinnen, die uns bekannt sind, tragen den Zusatznamen Nit: Nithotep, Merjet-nit, Her-nit.

Sed wird in den Annalen der ersten Dynastie auf dem Palermo-Stein erwähnt. Er war ein Totengott und ist vielleicht mit Wepwawet zu identifizieren, weil er auf die gleiche Art dargestellt wird: als Wolf, der auf einem »Gau«-Banner steht.

Seschat war eine Göttin der Gelehrsamkeit, und es hieß von ihr, sie verzeichne auf den Blättern des »Himmelsbaums« alle Taten der Menschen und Götter und ihre Lebensdauer. Ihr Kult geht auf die erste Dynastie zurück. In den Annalen auf dem Palermo-Stein wird berichtet, wie ein Priester der Göttin »die Schnur spannt«, das heißt, den Grundriß eines Tempels ausmißt. Diese symbolische Projektierung heiliger Bauten war anscheinend Aufgabe der Priesterschaft der Seschat.

Thot, Mondgott und Schutzherr der Wissenschaften, wurde anscheinend schon unter der ersten Dynastie verehrt. Auf zwei Monumenten aus der Regierungszeit des Udimu ist eines seiner Sakraltiere, der Pavian (Cynocephalus), neben dem Apis zu sehen. Auch Thots Banner kommt auf Paletten aus der prädynastischen Periode vor, und zur Zeit Narmers hatte er bestimmt einen eigenen Altar.

Wadschet war die Kobragöttin von Buto, Schutzherrin Unter-Ägyptens, die zweite der »Zwei Damen« im königlichen *nebti*-Namen.

Wepwawet, »Wegebahner«, scheint ursprünglich ein Kriegsgott gewesen zu sein, der den König in die Schlacht geleitete. In späterer Zeit aber wurde er zu einem Totengott und als solcher mit dem Anubis verschmolzen. Auch er wird als ein Wolf dargestellt, der auf einem »Gau«-Banner steht.

Die meisten Götter aus der archaischen Periode, soweit sie uns bekannt sind, werden in Tier- oder Fetischgestalt vorgeführt, aber schon unter der zweiten Dynastie entwickelte sich die Vermenschlichung, und wir finden Beispiele für Horus und Set in Menschengestalt mit Vogel- und Säugetierköpfen.

Um eine Bilanz zu ziehen: Das heute verfügbare, sehr begrenzte Material zeigt uns, daß zahlreiche der in späterer Zeit allgemein bekannten Götter in der Periode der beiden ersten Dynastien bereits existierten. Vielleicht trugen sie andere Züge, und in vielen Fällen hatte der Assimilationsprozeß erst seine ersten Stadien erreicht, aber die Hauptkonturen der religiösen Begriffe eines späteren Zeitalters sind schon zu erkennen. Die beiden bedeutenden Kulte des Re und des Osiris rivalisierten heftig miteinander, und obwohl die dritte Religion, die des Set, allmählich allgemeiner Ablehnung verfiel, hatte sie in dieser Frühzeit außerordentlich viele Anhänger. Man bemühte sich, die theologischen Begriffe vernunftgemäß zu begründen, aber die Ungereimtheiten, denen wir in archaischer Zeit begegnen, sind nie auf zufriedenstellende Weise beseitigt worden.

Gottesdienst und Ritual

Wir besitzen keine Hinweise auf die Art des Gottesdienstes und das religiöse Ritual, aber sie unterschieden sich wahrscheinlich nur wenig von denen in späterer Zeit. Priester vollzogen den Gottesdienst in der Abgeschiedenheit des Allerheiligsten, und das Volk hatte keinen Zutritt zu den inneren Tempelgemächern. Das Volk bekam nur den Fetisch oder die Götterstatue zu sehen, wenn sie an Festtagen in feierlichem Umzug durch die Straßen getragen wurden. Nach den Annalen auf dem Palermo-Stein zu schließen, wurden sehr häufig religiöse Feste zu Ehren der zahlreichen Götter gefeiert, und es liegt auf der Hand, daß die Befolgung religiöser Vorschriften im Leben des neugeeinten Reiches eine ebenso bedeutsame Rolle gespielt hat wie in den zahlreichen späteren Jahrhunderten ägyptischer Geschichte. Über die Tempel sind wir nur spärlich durch plumpe Darstellungen auf Täfelchen und Krugsiegeln informiert. Es scheinen recht primitive Holzbauten gewesen zu sein, und so konservativ waren die Ägypter, daß sie selbst zu einer Zeit, als sie bereits fähig waren, so gut konstruierte und ausgewogene Bauwerke wie die großen Gräber in Sakkâra zu errichten, anscheinend an den alten von den Vätern ererbten Vorbildern festgehalten haben. Die Grundzüge dieser alten Sakralbauten sind uns in der Struktur der Gemächer bewahrt geblieben, die in späterer Zeit das Allerheiligste der Tempel bildeten. Es ist durchaus wahrscheinlich, daß auch in der archaischen Periode das hölzerne Gotteshaus, wie wir es auf dem Holztäfelchen des Hor-aha vor uns sehen, das Heiligtum der Nit repräsentiert hat und vielleicht von einem wuchtigen Tempel umgeben war.

Die Begräbnissitten der Herrenrasse im archaischen Ägypten waren, genauso wie ihre Glaubenssätze, im Grunde die gleichen wie die ihrer Nachkommen in späterer Zeit. Aber in der Periode, die wir hier betrachten, folgten die von der einheimischen Bevölkerung abstammenden breiten Massen den Begräbnissitten ihrer Vorfahren und übernahmen erst gegen Ende der zweiten Dynastie die Bräuche der herrschenden Schicht, und auch dann nur in den Stadtgebieten, wo die Rassenmischung große Fortschritte gemacht hatte.

Wie auch der religiöse Glaube der Ägypter ausgesehen haben mag, jedenfalls glaubten sie fest an ein Fortleben nach dem Tode. Ob sie nun mit dem Sonnengott durch die Himmel wanderten oder mit Osiris in der Unterwelt weilten, so waren sie doch überzeugt, ein bestimmter, wesentlicher Teil ihres Ichs werde in der Nähe des Körpers fortbestehen. Deshalb mußte der Leib konserviert werden, damit die Lebenskraft in ihn zurückkehren konnte – deshalb mußte durch Speisen und Getränke, durch Möbelstücke, Spiele und Waffen für sein Wohlbefinden gesorgt sein. Alles, was das Leben angenehm macht, hat auch nach dem Tode die gleichen Dienste zu leisten – nicht anders als die Sklaven des Königs, die ihrem Herrn in den Tod folgen. Das Grab war als seine Behausung gedacht und sehr häufig, wie ein Haus, von Gärten umgeben. In manchen Gräbern der zweiten Dynastie hat man sogar in der Nähe der Grabkammer innerhalb des Unterbaus Abtritte vorgefunden. Zum Unterschied vom Christen hielt der Ägypter die Güter der Erde nicht für vergänglich und war durchaus der Meinung, »man könne sie mitnehmen« – daher die kunstvollen Bestattungsbauten, die einen großen Teil des im Laufe des Lebens angehäuften materiellen Reichtums verschlungen haben müssen.

In der nun folgenden Übersicht über typische Grabstätten verschiedener Klassen in den 450 Jahren der archaischen Periode können wir beobachten, wie das architektonische Genie dieses Volkes sich entfaltet hat: Rasch wechselten die Formen, und in den ständigen Wandlungen spiegelt sich der wachsende Wohlstand wider, den die Einigung dem Land beschert hatte. Aber nicht alle Veränderungen dienten künstlerischen Zwecken. Viele waren dadurch veranlaßt, daß die Baumeister sich der Gefahr bewußt wurden, die durch Grabräuber drohten. Um den wertvollen Gerätschaften der Toten besseren Schutz zu gewähren, wurden die Grabkammern tiefer in den Fels gehauen und durch steinerne Fallgitter blockiert. Weitere Abänderungen wurden wahrscheinlich durch die Entwicklung neuer religiöser Vorstellungen veranlaßt, aber hier tappen wir im Dunkeln, solange uns nicht die Ausgrabungen umfangreicheres Forschungsmaterial geliefert haben. Trotz aller Änderungen und Entwicklungsetappen ist die Grundstruktur der archaischen Gräber während der gesamten Periode die gleiche geblieben: ein Unterbau, in die Erde versenkt, überdacht mit einem Überbau aus Backsteinen in Gestalt einer länglichen, viereckigen Plattform – eine Nachahmung des damals üblichen Wohngebäudes oder Palastes. Die Archäologen nennen die Überbauten »Mastabas«. Diese Bezeichnung übernahmen sie von ägyptischen Arbeitern, die eine allgemeine Ähnlichkeit mit den Stein- oder Ziegelbänken bemerkten, welche auf arabisch »mastaba« heißen und ein üblicher Bestandteil einer Hausfassade sind.

Die Entwicklung der architektonischen Gräberstruktur läßt sich ungefähr in sechs Etappen einteilen, die wir der Bequemlichkeit halber als die Frühzeit, die Mitte und die Spätzeit der ersten Dynastie, Frühzeit, Mitte und Spätzeit der zweiten Dynastie bezeichnen. Man wird begreifen, daß diese Entwicklungsphasen nicht klar zu begrenzen sind. Die Grabkonstruktionen und die Bestattungsbräuche überschneiden sich von Phase zu Phase, vor allem je nach der Gegend, den Neigungen und dem sozialen Status des Einzelnen. Im allgemeinen aber können wir im Umkreis von Memphis gewisse deutlich umrissene Entwicklungstendenzen konstatieren. Im Süden, zu Abydos, sahen die Überbauten der Königsgräber und Kenotaphien ganz anders aus als ihre Pendants im Norden. Sie haben zwar keine Spuren hinterlassen, aber aus dem in Sakkâra gefundenen Material scheint hervorzugehen, daß in der Frühzeit der ersten Dynastie der Überbau aus einem mit Backsteinen verschalten viereckigen Geröllhügel bestand, der sich späterhin zu einer Art Stufenpyramide entwickelte, wie wir sie über dem Grab des Enezib in Sakkâra angetroffen haben. Die Unterbauten zu Abydos aber stimmen im allgemeinen mit den Entwicklungstendenzen überein, die sich in Sakkâra geltend machen. Wieder wollen wir zur besseren Übersicht die Begräbnisstätten aus den sechs Perioden jeweils in vier Klassen einteilen: Könige und Hochadel, Kleinadel und Aristokratie, kleine Beamte und Handwerker, Bauern. In der Frühzeit der ersten Dynastie bestanden die Gräber des Königs und des Hochadels aus einer flachen Grube, nicht tiefer als vier Meter unter der ebenen Erde, in deren Rahmen eine Reihe aus Backstein gefügter Räume errichtet wurden. Die mittlere und größte Kammer war für den Toten bestimmt, während die übrigen Räume zur

Aufbewahrung der kostbarsten Gerätschaften und des Grabschmucks dienten. Dieser Unterbau wurde mit einem Dach aus Balken und Brettern versehen und der darüber hinausragende Teil der Grube zugeschüttet. Oberhalb des Unterbaus lag zu ebener Erde die Mastaba, eine rechteckige Backsteinmasse mit einer kunstreich getäfelten Fassade, innen in Vorratskammern gegliedert, in denen die weniger wertvollen Bestattungsgeräte aufbewahrt wurden. Diese Vorratskammern waren mit schweren Balken überdacht. Die Außenwände der Mastaba waren bedeutend höher als die Innenwände. Der Zwischenraum wurde mit Steinschutt gefüllt, der einen bis zu sieben Meter hohen Kern bildete. Sämtliche getäfelten Fassaden der Mastaba waren bunt bemalt nach dem Muster des Flechtwerks, das die Außenwände der Behausungen der Lebenden zierte: Das Grabmal war ja eine Kopie des Hauses oder Palastes, in dem der Besitzer zu seinen Lebzeiten gewohnt hatte (Abb. 79). Wahrscheinlich war das Dach der Mastaba an beiden Enden mit einer niedrigen Balustrade versehen – ähnlich den Särgen aus der Spätzeit der zweiten Dynastie (Abb. 77). Dieser eigentliche Bau war zumeist von einer Mauer umgeben, hinter der zuweilen reihenweise die Gräber der Sklaven und Dienstleute lagen, die zusammen mit ihrem Herrn beerdigt wurden, um ihm im Jenseits zu dienen. An der Nordseite des Gebäudes befand sich ein längliches Ziegelgebilde, das ungefähr so ausgesehen haben muß wie der Rumpf eines altmodischen Unterseebootes. Dieses Bauwerk enthielt ein Holzschiff, das den Geist des toten Eigentümers auf seiner Fahrt in Gesellschaft des Sonnengottes befördern sollte (Abb. 78).

Wir besitzen noch keine ausreichenden Beweise für die eigentlichen Bestattungsmethoden. Wir wissen nämlich nicht, auf welche Weise man Zutritt zur Grabkammer erhalten konnte. Vielleicht wurde der Überbau erst errichtet, nachdem der Tote in der Grabkammer beigesetzt und die benachbarten Räume mit ihrem Inhalt gefüllt worden waren. Bei manchen Gräbern in Sakkâra sind Spuren eines Ganges vorhanden, der durch den Überbau ins Innere führte und vielleicht offen blieb, um dem Leichenzug einen Weg zu bieten, aber auch dann noch wäre man gezwungen gewesen, den Sarg durch die Decke der Grabkammer hinabzusenken, weil es keinen anderen Zugang gab.

Die Grabkammer war natürlich das Hauptgemach. In manchen Fällen sehen wir die Wände mit bunten Matten geschmückt, die etwa wie eine dicke Tapete angeklebt wurden. In einem der Königsgräber zu Sakkâra waren die Pfeiler mit Holz getäfelt und das Holz mit Streifen

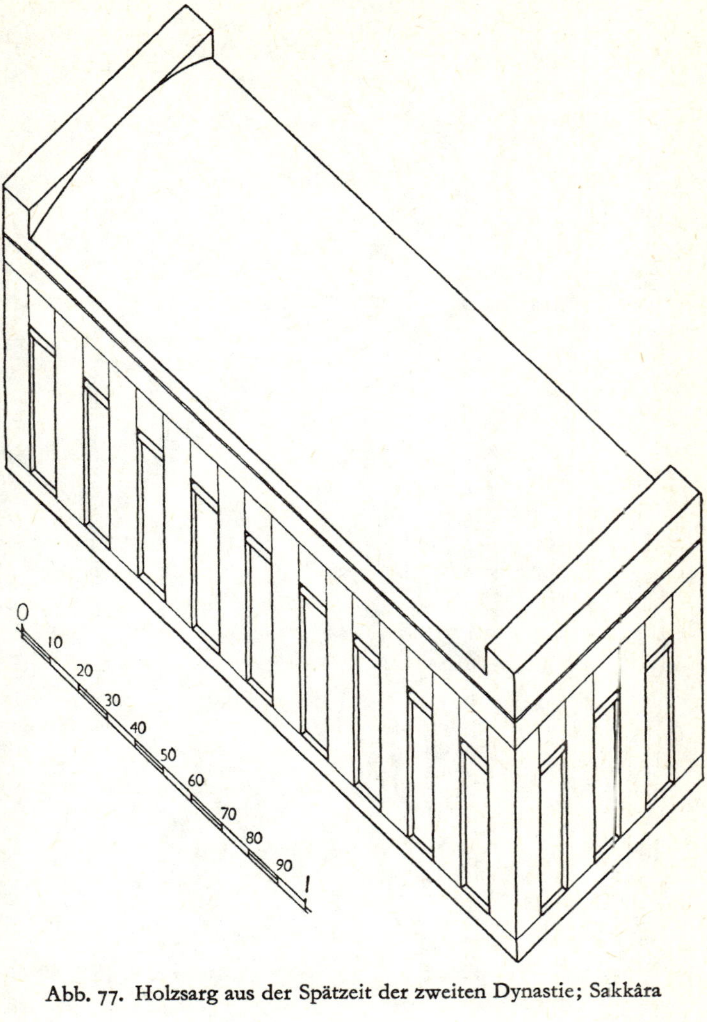

Abb. 77. Holzsarg aus der Spätzeit der zweiten Dynastie; Sakkâra

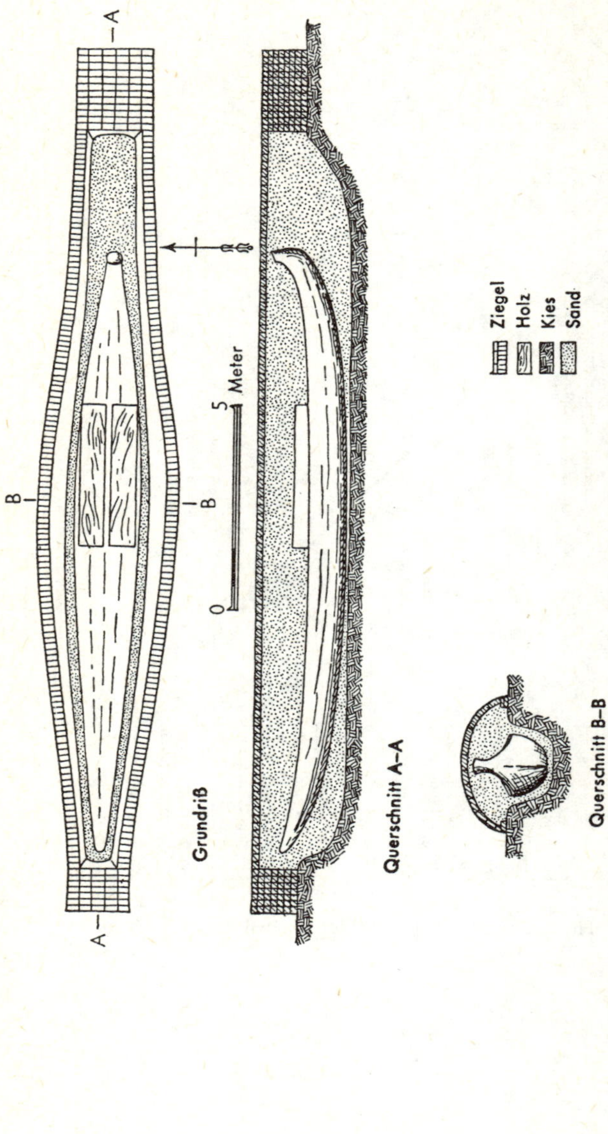

Abb. 78. Rekonstruktion eines Schiffsgrabes

aus Goldblech eingelegt. Der Fußboden war mit glatten, dünnen Planken ausgelegt.

Obwohl man in archaischer Zeit die Mumifizierung noch nicht kannte, wurde der Leichnam sorgfältig in Leinwand eingewickelt und in einen großen, wie ein Haus geformten hölzernen Sarkophag gebettet, der in der Mitte der Grabkammer stand. Wir haben nur eine einzige Edelmannsleiche in ihrer ursprünglichen Stellung aufgefunden – mit hochgezogenen Knien auf der linken Seite, den Kopf nach Norden gerichtet. Das mag die übliche Methode der Bestattung eines Adeligen gewesen sein, aber wir dürfen uns nicht auf die Beweiskraft eines einzigen Grabes verlassen, das teilweise der Aufmerksamkeit der Grabräuber entgangen war.

An der Ostseite des Sarkophags wurde auf Alabaster- und Tonschüsseln ein Mahl für die unmittelbaren Bedürfnisse der Seele des Abgeschiedenen bereitgestellt – während in der Nähe Vorräte an Lebensmitteln und Getränken angehäuft wurden. In der Grabkammer befanden sich außerdem Kisten und Truhen mit Gewändern, Schmuck, Brettspielen usw. und allerlei mit Elfenbein eingelegte Möbelstücke wie Stühle, Tischchen und Betten. Auch die anstoßenden Räume enthielten Möbel, Werkzeuge und Waffen, und in fast jedem einzelnen Falle war ein Raum ganz für die Aufbewahrung von Nahrung reserviert: große Braten auf Tonschüsseln, Brot in versiegelten kugelförmigen Tonkrügen, Käse in kleinen, röhrenartigen Gefäßen, weitere Tonschüsseln, Schalen und Krüge bildeten eine Art Reserveservice und waren in einer Ecke des Raumes griffbereit aufgestapelt. In anderen Kammern lagen reihenweise die Weinkrüge, jeder einzelne Krug mit einer Tonkapsel und einem Tonsiegel verschlossen. In den Vorratskammern des Überbaus lagerten weitere Ausrüstungsgegenstände. In den größeren Gräbern scheint jeder einzelne Raum für bestimmte Dinge reserviert gewesen zu sein, der eine für Werkzeuge und Waffen, der andere für Brettspiele, und vor allem zahlreiche Kammern abermals für Speisen und Getränke. Diese gewaltigen Schatzkammern konnten nicht lange der Aufmerksamkeit beutegieriger Plünderer entgehen, aber die Überreste genügen uns, um mit einiger Gewißheit den allgemeinen Aufbau der großen Gräber zu rekonstruieren (Abb. 79).

Die Gräber des niederen Adels waren ähnlich gebaut, wenn auch erheblich kleiner. Leider sind bei allen Gräbern dieser Klasse, die man bisher gefunden hat, die Überbauten völlig zerstört worden. Wir haben keine Anhaltspunkte, die uns verraten würden, ob auch diese Bauten

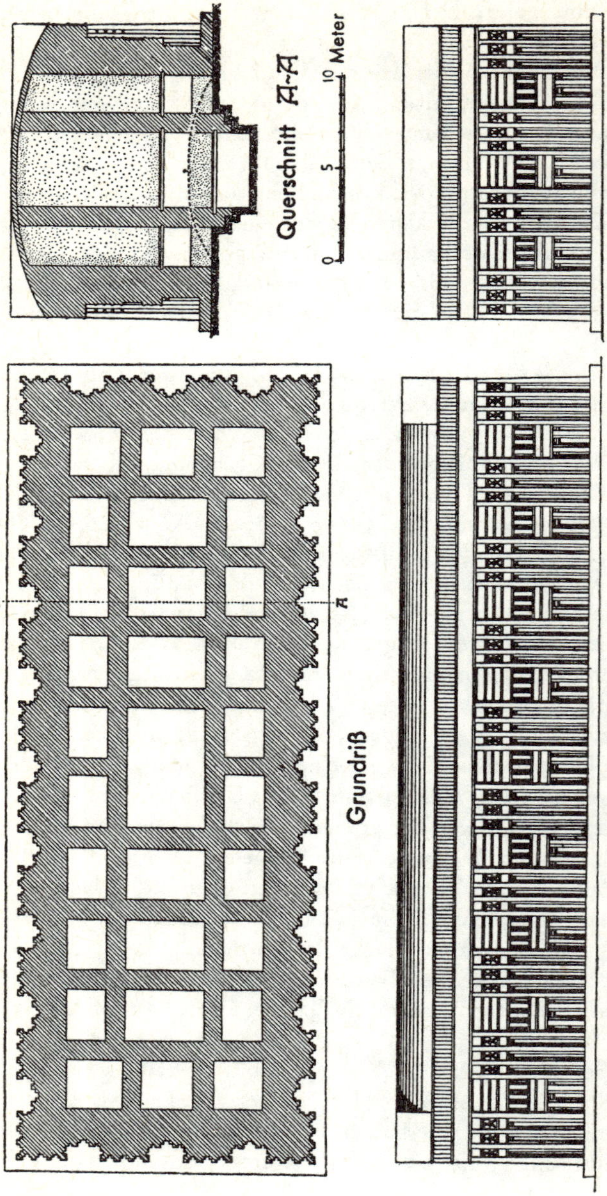

Abb. 79. Rekonstruktion der Außenseite eines Backsteinüberbaus

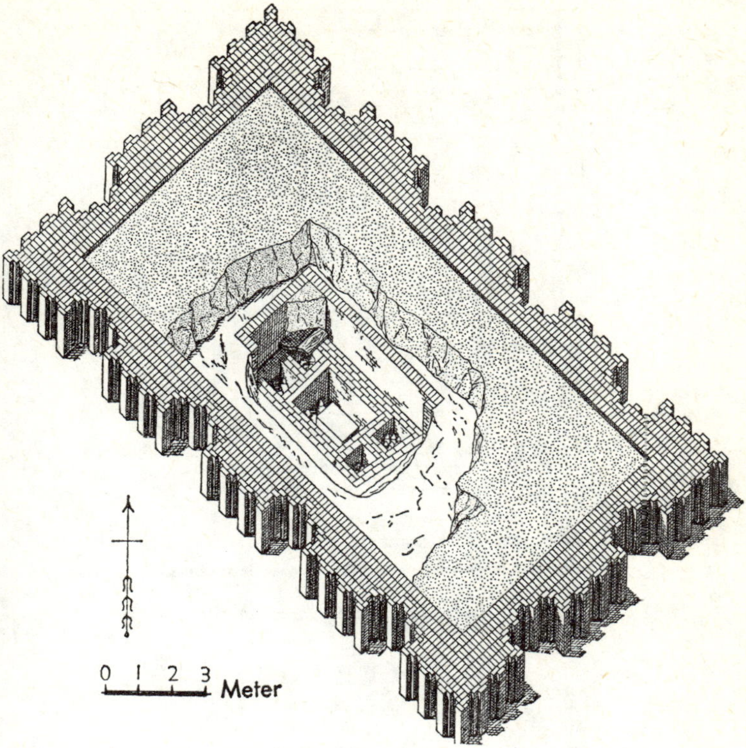

Abb. 80. Rekonstruktion des Grabes Nr. 1532 in Naga-ed-der

eine so kunstvolle Außentäfelung wie die großen Gräber besaßen, aber wir dürfen es vermuten. Die Nischen werden die gleichen Maße besessen haben, nur freilich geringer an Zahl gewesen sein. Bei einem Grab wie Nr. 1532 zu Naga-ed-der (restauriert Abb. 80) gab es vielleicht an den Schmalseiten zwei und an den Längsseiten vier Nischen. Aus anderen Hinweisen scheint hervorzugehen, daß der Überbau keine Vorratskammern enthielt. Die Grabkammer und die Nebenräume werden für den begrenzten Besitz des Kleinadels ausgereicht haben. Im allgemeinen folgen die Unterbauten dem üblichen Muster: ein zentral gelegener Raum für den Sarg, je zwei Räume an den Seiten für die Gerätschaften, die

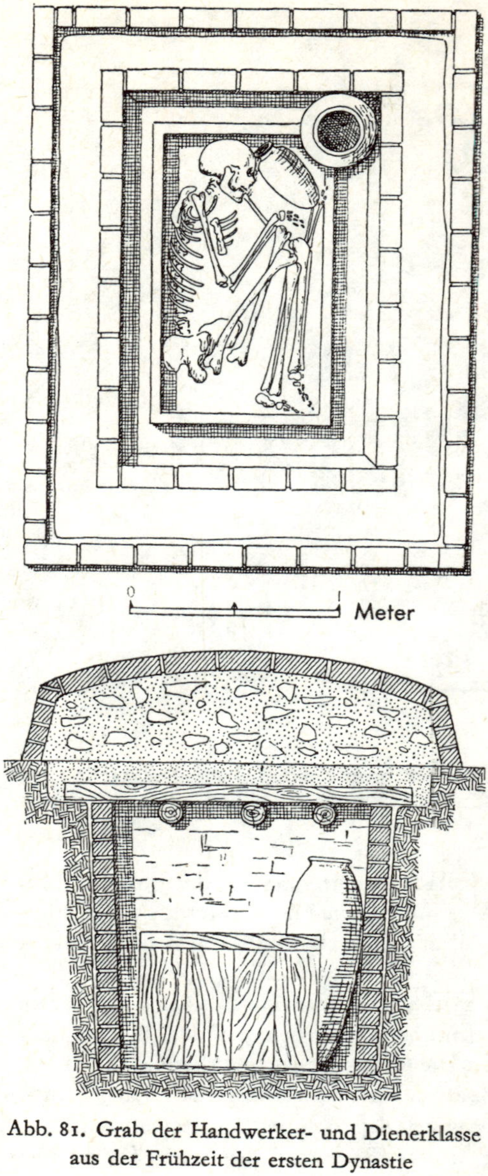

Abb. 81. Grab der Handwerker- und Dienerklasse aus der Frühzeit der ersten Dynastie

zumeist ähnlich beschaffen waren wie die der höheren Adelsschicht, wenn sie natürlich auch von geringerer Qualität waren.

Zur Klärung der Bestattungssitten der Handwerker und der dienenden Klasse, die ihren Herren in den Tod folgten, verfügen wir lediglich über die Beispiele der Gräber, welche die großen Monumentalbauten des Königs und des Hochadels umgeben. Diese Domestiken wurden geopfert (ob mit oder ohne ihre Zustimmung, entzieht sich unserer Kenntnis), aber nichts zwingt uns zu der Annahme, ihre Bestattung sei auf andere Weise erfolgt als die ihrer Klassengenossen, die eines natürlichen Todes starben. Das Grab besteht aus einer länglichen mit Balken überdachten Höhle. Auf den Balken ruht ein niedriger, rechteckiger Überbau mit abgerundetem Dach (Abb. 81). Der Tote lag für gewöhnlich gekrümmt auf der linken Seite mit dem Kopf gegen Norden, aber an der Himmelsrichtung wurde nicht sehr streng festgehalten. Der in Leinwand gewickelte Leichnam wurde in einen kleinen Holzsarg gebettet. Krüge mit Wein und Nahrung wurden ohne Ausnahme neben den Sarg gestellt, aber die Art der übrigen Gegenstände wechselte beträchtlich je nach dem Beruf und dem Geschlecht der Person. Die Gräber außerhalb der Gruft der Königin Merjet-nit in Sakkâra haben und eine Vielzahl an Gegenständen geliefert, wie sie den Bedürfnissen des einzelnen Insassen angepaßt waren: Kupfer- und Feuersteinwerkzeuge für den Handwerker, Farbtöpfe für den Maler, Schiffsmodelle für den Seemann, Messer und Fleisch für den Metzger, Toilettenutensilien für die Frau. Im Süden, zu Abydos, stößt man in den Gräbern dieser Klasse sehr oft auf kleine Steinstelen, in die der Name des Verblichenen eingemeißelt ist, aber da der Überbau restlos zerstört ist, wissen wir nicht, wo diese Stelen aufbewahrt wurden – wahrscheinlich über der Erde, vielleicht in den Überbau eingefügt (Abb. 25). In Sakkâra hat man keine Stelen gefunden, aber das mag daran liegen, daß in dieser Gegend fast alle Steine weggeschleppt wurden.

Die Gräber der Bauern unterscheiden sich wenig von den Typen aus der späten vordynastischen Zeit. Offensichtlich ließ sich in der Frühzeit der ersten Dynastie die Masse der Bevölkerung durch die Bestattungssitten der herrschenden Klasse kaum beeinflussen – einer Klasse, die, wie wir schon betont haben, aller Wahrscheinlichkeit nach rassisch von ihr verschieden war. Die Gräber bestehen im allgemeinen aus ovalen oder länglichen Gruben mit abgerundeten Ecken, in den Kies eingeschachtet und nach der Bestattung von einem kreisrunden, niedrigen Hügel gekrönt, der mit dem Füllsel aus der Grabhöhle gebaut wurde.

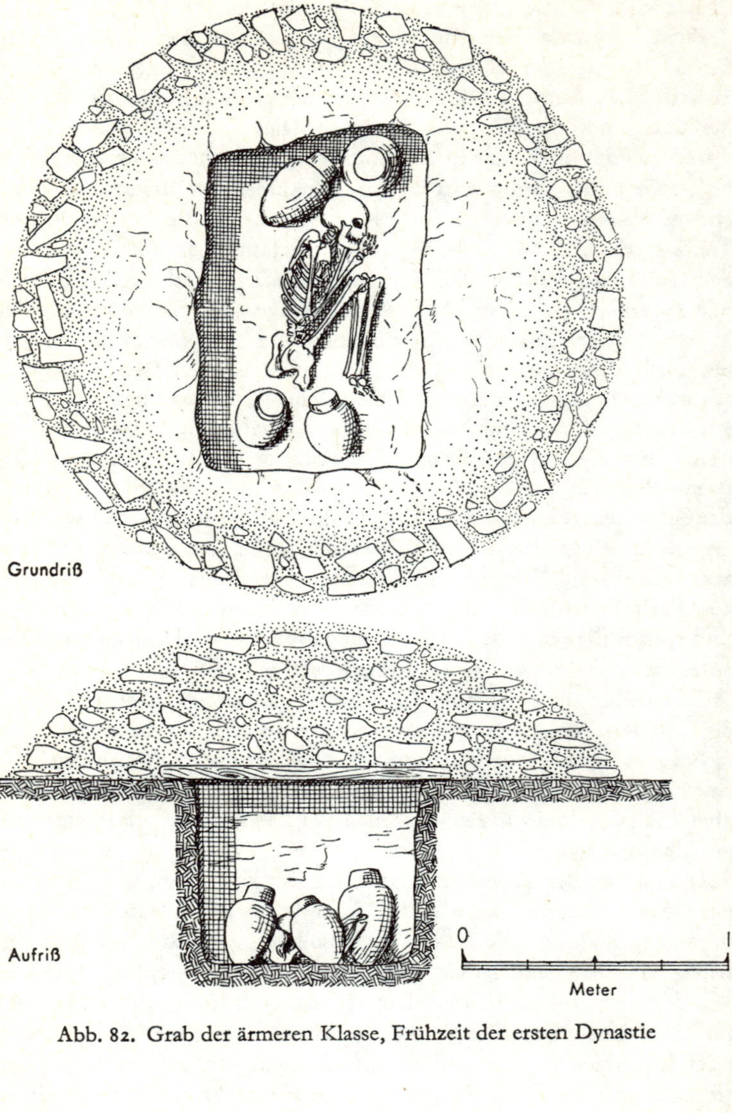

Abb. 82. Grab der ärmeren Klasse, Frühzeit der ersten Dynastie

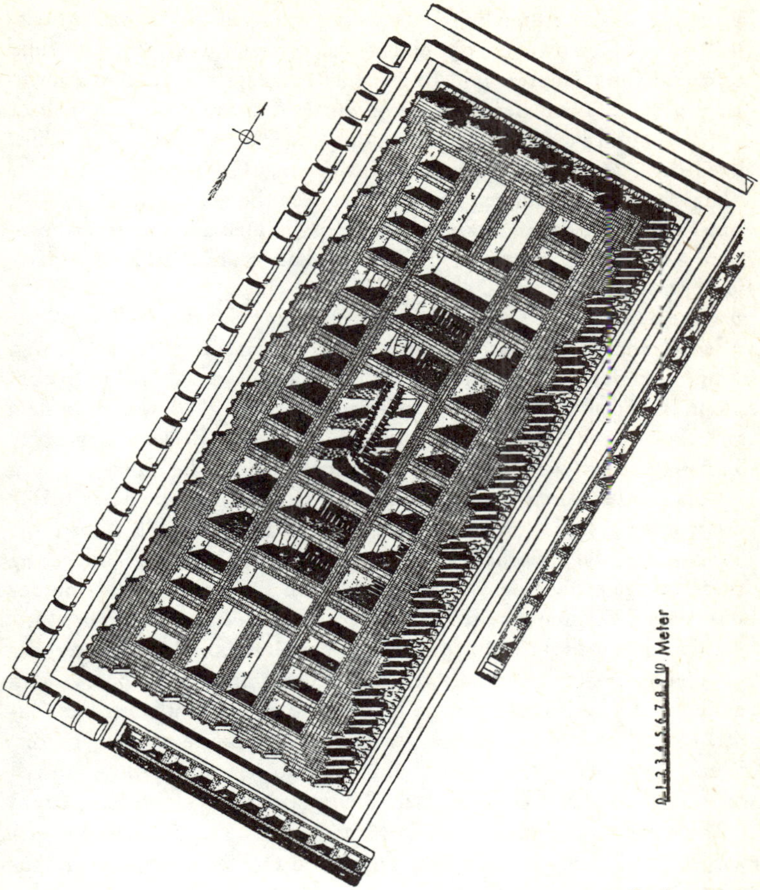

Abb. 83.
Axonometrische Skizze des
Grabes Nr. 3504 in Sakkâra

Der Leichnam lag in Hockstellung für gewöhnlich auf einer Schilfmatte, fast stets auf der rechten Seite, mit dem Kopf nach Süden. In reicheren Gräbern war er zuweilen von einem Plankenzaun umgeben. Ton- und Steingefäße mit Kupfer- und Feuersteinwerkzeugen wurden neben den Toten gestellt. Nach der Beisetzung wurde das Grab mit einem Dach aus Stäben und Flechtwerk versehen und das Dach mit Sand und Schutt zugedeckt. Abbildung 82 zeigt uns ein typisches Grab dieser Art.

Um die Mitte der ersten Dynastie wurden die großen Königsgräber immer umfangreicher und komplizierter. Nun hieß es einen einfacheren Zugang zur Grabkammer zu schaffen: Deshalb wurde während der Regierungszeit des Königs Udimu die Treppe eingeführt. Der Übergang von einem älteren Typ zu der neueren Variante zeigt sich in dem prunkvollen Grabmal, das aus der Zeit Uadschis, des Vorgängers Udimus, stammt und das wir 1953 in Sakkâra entdeckt haben (Abb. 83). Obwohl es kein Treppengrab ist, erhellt aus dem gewaltigen Umfang und dem stark erweiterten Überbau die Notwendigkeit, einen besseren Zugang zu schaffen als durch die Decke der Grabkammer, durch die bisher der Sarg und die Gerätschaften vor Errichtung des Überbaus in die Tiefe befördert worden waren. Am einfachsten ließ sich dieses Problem durch die Treppe lösen, die außerhalb des Überbaus beginnt und die Vollendung des gewaltigen, über dem Grab thronenden Bauwerks schon vor der Beisetzung des Toten gestattet. Die Treppe befand sich stets an der Ostseite des Überbaus und führte direkt in die Grabkammer hinunter, die – vielleicht, weil sie jetzt leichter zugänglich war – in größere Tiefen verlegt wurde. Aber die Treppe erleichterte auch Plünderern den Zutritt. Um ihnen das Handwerk zu legen, wurden Sperren angebracht, die zwar, wie wir heute wissen, nicht ausreichten, aber recht sinnreich waren. Es handelte sich um schwere Steinplatten, die gleich Fallgattern in Rillen liefen, die man in die Seitenwände des Treppenhauses eingemeißelt hatte (Abb. 84). Die meisten großen Gräber haben drei in Abständen angeordnete Fallgatter. Diese Sperrvorrichtung ist auch in den Pyramiden späterer Zeit erhalten geblieben. Die Struktur des Überbaus veränderte sich kaum. Genauso wie bei den Grabmälern älteren Typs wurde das Äußere mit Nischentäfelung geschmückt – an allen vier Seiten der wuchtigen, viereckigen Masse, in deren Innerem die Vorratskammern für die überschüssigen Grabgeräte lagen. Der Grundriß des Unterbaus aber wandelte sich ganz erheblich. Die Grabkammer lag jetzt nicht nur tiefer, sie wurde auch vergrößert, und man legte geringeren Wert auf die Nebenräume, die zuweilen in solcher Höhe errichtet wur-

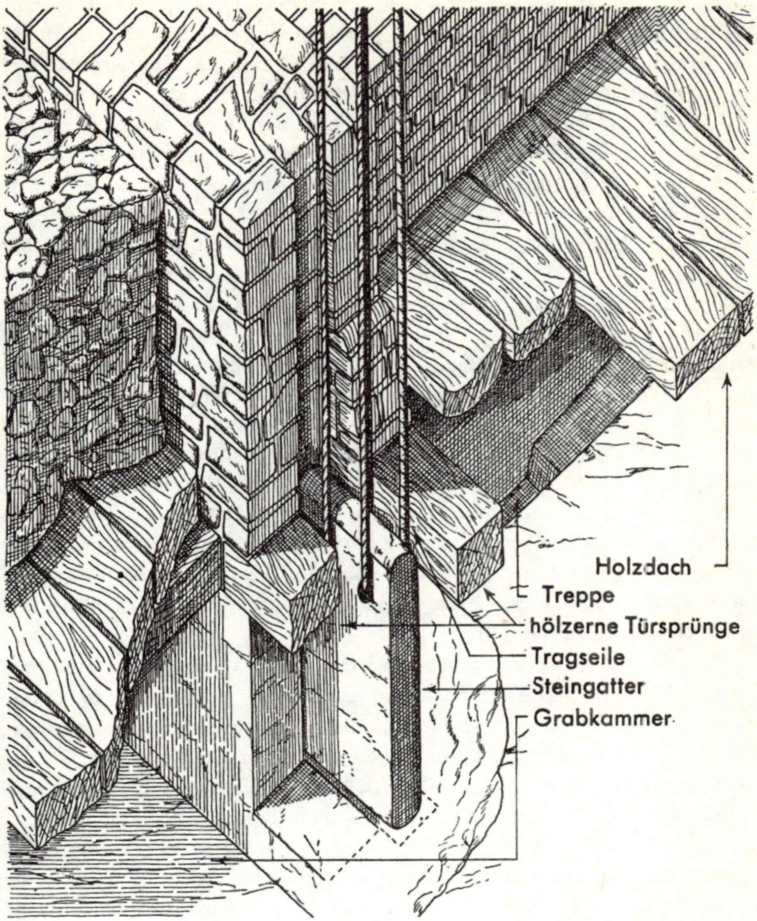

Abb. 84. Detail des Fallgatters, das die Treppe sperrt

den, daß sie nur durch schmale, dicht unter der Decke der Hauptkammer angebrachte Türen zu erreichen waren. Im südlichen Grabtyp des Udimu zu Abydos enthält der Unterbau überhaupt keine Nebenräume, sondern besteht nur aus der geräumigen Grabkammer.

Die großen Gräber aus der mittleren Zeit der Dynastie beweisen, daß das eine Ära bedeutsamer architektonischer Wandlungen und Experimente war – ganz abgesehen von der Einführung der Treppe. Jedes einzelne Monument hat seine Besonderheiten. Am bemerkenswertesten ist das Grab in Sakkâra, das aus der Regierungszeit des Königs Enezib datiert wird und durchaus seine letzte Ruhestätte sein könnte. Als es freigelegt wurde, wirkte es zuerst wie das typische Bauwerk jener Periode mit der Mastaba und der Nischentäfelung. Eine Treppe führte in eine von zwei höhergelegenen Nebenräumen flankierte Grabkammer hinab. Aber als wir das Innere des Mastaba-Überbaus säuberten, um nach den üblichen Vorratskammern zu suchen, fanden wir innerhalb des ersten Überbaus einen zweiten, der einen ganz anderen Charakter trug, nämlich den einer Stufenpyramide (Abb. 45). Obwohl wir nur in diesem einen Grab einen solchen Bau entdeckt haben, sind auch in anderen großen Gräbern aus jener Periode Fundamente freigelegt worden, die zu ähnlichen Bauten gehört haben könnten. Wir müssen mit der Möglichkeit rechnen, daß es sich um ein gemeinsames Merkmal aller Königsgräber in Sakkâra handelt.

Wie wir schon betont haben, war die ursprüngliche Form ein viereckiger Erdhügel mit einer Backsteinverschalung, wie bei dem Grab der Königin Her-nit. Der Hügel entwickelte sich später zur Stufenpyramide, die wir im Grab des Enezib vor uns sehen. Daß eine solche Entwicklung stattgefunden hat, läßt sich kaum noch bezweifeln, und nun erhebt sich die Frage, welchen Einfluß diese Besonderheit auf den Ursprung und die Entwicklung der Pyramidenbauten späterer Zeit ausgeübt hat. Vielleicht ist es verfrüht, in einer so wichtigen Frage eine Hypothese vorzubringen, bevor die Forschung durch weitere Funde neuen Beweisstoff ans Licht gebracht hat, aber zumindest der leise Versuch einer Deutung mag erlaubt sein.

Es hat den Anschein, daß der Überbau über den Königsgräbern Ober-Ägyptens ursprünglich aus dem mit Backsteinen verkleideten rechteckigen Grabhügel bestand, der sich zu der langgestreckten Pyramidenform entwickelte. In Unter-Ägypten nahm der Überbau die Form der Mastaba mit der getäfelten Fassade an. In Sakkâra wurden, besonders bei den Gräbern der Königin Her-nit und des Königs Enezib, die beiden

Formen zu einem einzigen Bauwerk verschmolzen: die Hügelpyramide unmittelbar über dem Grab, umgeben und überdeckt von den Wänden der Mastaba mit ihrer Palastfassade. Ein Vergleich der Grundrisse der Gräber der Königin Her-nit und des Königs Enezib mit dem der umzäunten Stufenpyramide des Königs Zoser aus der dritten Dynastie zeigt so große Ähnlichkeiten im Entwurf und in den Proportionen, daß wir ohne weiteres die Struktur der Zoser-Pyramide als eine Weiterentwicklung des Königsgrabes aus der Zeit der ersten Dynastie betrachten dürfen (Abb. 85).

Über die religiösen Gedankengänge und die Symbolik, die sich hinter den architektonischen Strukturen der Gräber aus ägyptischer Frühzeit verbergen, wissen wir so gut wie nichts. Aber im Hinblick auf eine rein architektonische Entwicklung ist es nicht unvernünftig, die Mastaba mit ihrer Palastfassade allmählich auf eine Nischenmauer reduziert zu sehen, welche die stark erweiterte und nach oben verlängerte Pyramide über der Grabkammer umgab.

Es ist unmöglich, im Rahmen des vorliegenden Buches näher auf diese interessante Frage einzugehen, aber es werden auch auf diesem Gebiet Fortschritte erzielt, und wir dürfen hoffen, daß künftige Ausgrabungen, besonders auf den Friedhöfen der zweiten Dynastie, Material zutage fördern werden, das für oder gegen eine recht nebelhafte Hypothese spricht.

Die Anordnung des Sarges und der Bestattungsgeräte blieb unverändert. Der große hölzerne Sarkophag wurde nach wie vor mit Speisen und Getränken und der kostbarsten Habe des Toten umgeben. Das Nahrungsbedürfnis der Seele des Verstorbenen wird vielleicht in den Gräbern dieser Periode stärker betont als in den früheren. Riesige Mengen Fleisch, Brot und Wein wurden in den Vorratskammern aufgehäuft, und in einem der Gräber haben wir eingebaute Kornkästen gefunden, damit der Besitzer im Notfall seinen Brotvorrat erneuern könne. Ein anderes Beispiel solcher klugen Vorsorge sind die unbearbeiteten Feuersteinbrocken, die zusammen mit den Feuersteinmessern begraben wurden, damit der Verstorbene neue Werkzeuge herstellen könne, wenn die alten zerbrechen sollten.

Die Gräber des niederen Adels sind einfach verkleinerte Auflagen der größeren Gräber, aber die Überbauten scheinen genauso wie in den früheren Phasen der Dynastie einen festen Kern aus Schutt oder Backstein und keinerlei Vorratskammern in ihrem Inneren gehabt zu haben. Beispiele mit Nischenfassaden, wie das Grab Nr. 1374 in Helwan (Abb 86),

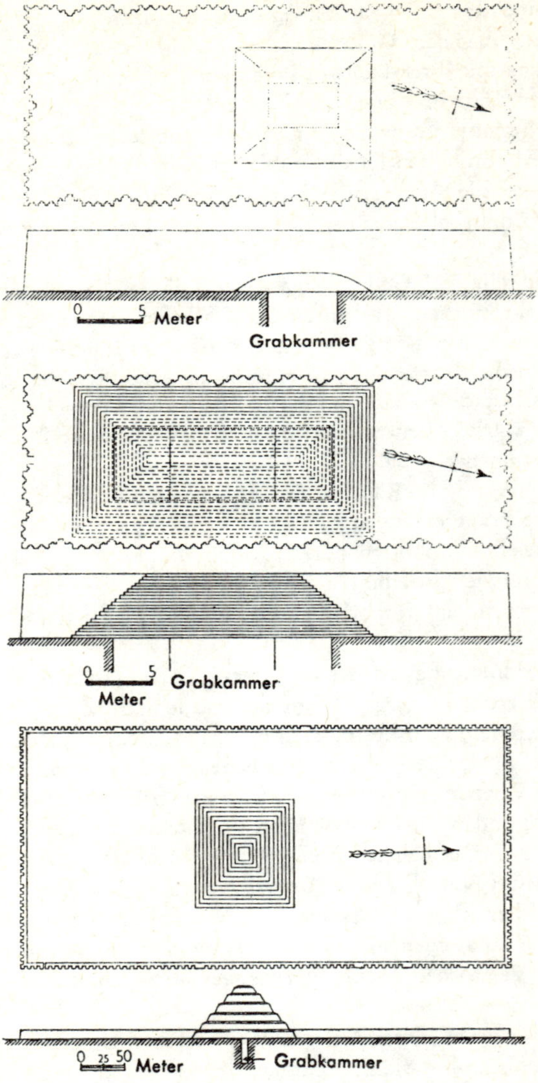

Abb. 85. Grundrißskizzen der Gräber der Königin Her-nit (Frühzeit der ersten Dynastie), des Königs Enezib (Spätzeit der ersten Dynastie) und des Königs Zoser (Frühzeit der dritten Dynastie)

sind für die Periode typisch, aber auch schlichte Fassaden sind üblich, besonders bei den kleineren Gräbern. Der Unterbau besteht aus einer Grabkammer mit zwei oder mehreren Nebenräumen, deren Fußböden höher liegen und die sämtlich mit Holzdächern versehen sind.

Die Gräber der Handwerkerklasse scheinen sich gegenüber den Typen aus der früheren Zeit der Dynastie nur wenig oder gar nicht verändert zu haben. Nur *ein* neues Merkmal scheint hinzugekommen zu sein, nämlich eine falsche Tür am südlichen Ende der Ostfassade des Überbaus (Abb. 87). Die Masse des einfachen Volkes bestattete nach wie vor ihre Toten in den Gruben der Vorväter und errichtete einen kreisrunden Überbau aus Schutt. Aber die Angeseheneren unter ihnen neigten allmählich dazu, einige der strukturellen Verfeinerungen der Oberschicht nachzuahmen. Es kam jetzt häufiger vor, daß man die länglichen Gruben mit Backsteinen auslegte und den gekrümmten Leichnam in einen primitiven Holzsarg legte. Abbildung 88 zeigt ein typisches Grab dieser Art.

In der Spätzeit der ersten Dynastie wandelte sich die architektonische Struktur der Gräber aller Bevölkerungsklassen beträchtlich, und wenn auch einige der großen Monumentalbauten im allgemeinen den Grundriß früherer Zeiten beibehalten haben, stößt man bei den Bauten aus der letzten Phase auf fundamental veränderte Entwürfe. Mit der bemerkenswerten Ausnahme des großen Grabes in Sakkâra, das aus der Zeit des Königs Ka'a stammt (Abb. 53), verschwindet die Nischentäfelung an den Außenwänden des Überbaus. Die glatten Flächen werden lediglich durch zwei falsche Türen am südlichen und am nördlichen Ende der Ostfassade belebt. Außerdem ist der Überbau nicht mehr hohl und mit Vorratskammern ausgefüllt, sondern hat einen festen Kern aus Schutt oder Ziegelwerk. Die gerade Treppe, die in den Unterbau hinunterführte, wird durch eine L-förmige Konstruktion ersetzt, die zwar an der Ostseite des Grabmals beginnt, aber die Grabkammer von Norden her erreicht. Mit dieser Neuerung verlagert sich die Achse von Ost-West nach Nord-Süd, und die Nebenräume sind der Grabkammer nicht mehr unmittelbar benachbart, sondern liegen zu beiden Seiten der Treppe, mit der sie durch Türen verbunden sind. Üblich ist jetzt die Nord-Süd-Achse, aber bei den größeren Bauten gibt es Ausnahmen: Sie haben die alte Ost-West-Achse und den gradlinigen Zugang von Osten her beibehalten. Die neue Anordnung der Nebenräume aber zu beiden Seiten der Treppe (bevor sie die Grabkammer erreicht hat) wurde auch dort übernommen, wo man die früher übliche Achse beibehalten hat. Die

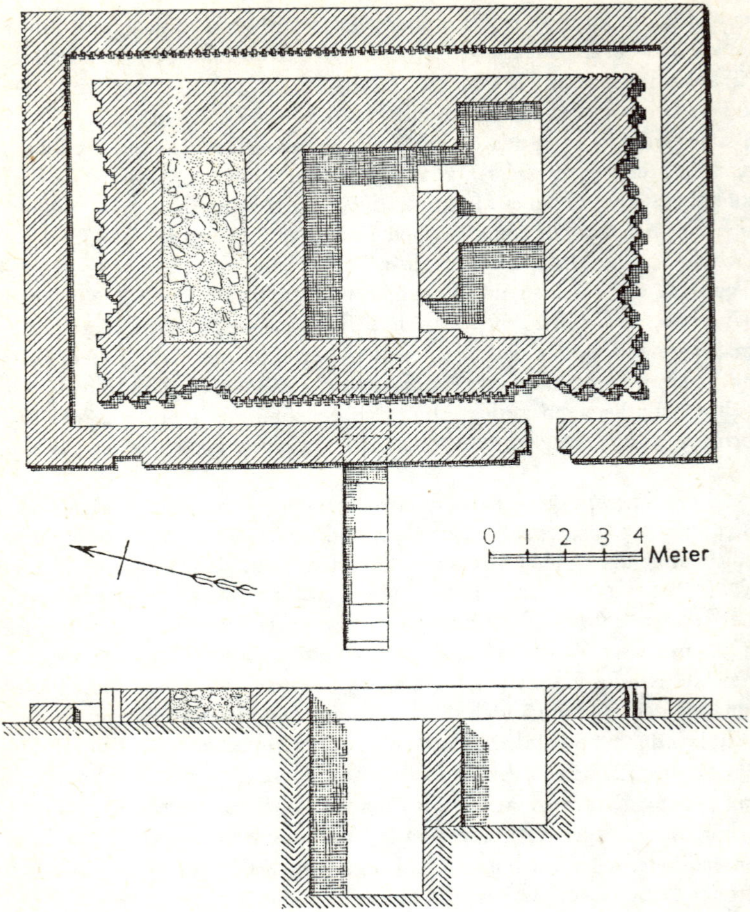

Abb. 86. Grundriß des Grabes Nr. 1374 in Helwan

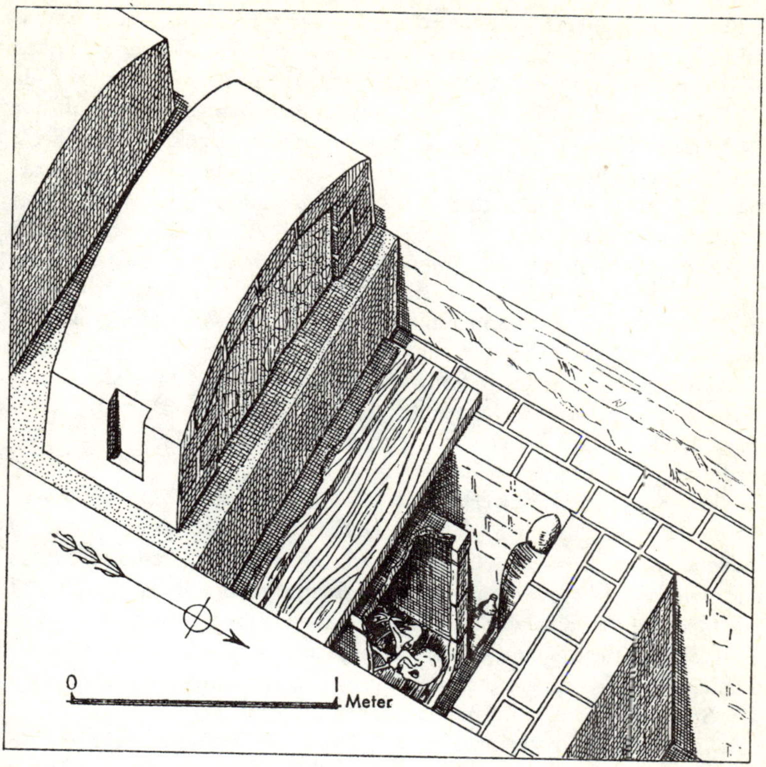

Abb. 87. Axonometrische Ansicht eines Nebengrabes aus der mittleren Zeit der ersten Dynastie

beiden großen Monumente des Ka'a in Abydos und Sakkâra weisen diese Besonderheit auf, aber im allgemeinen war die neue Struktur (siehe Abb. 89) des Unterbaus gegen Ende der Dynastie vorherrschend – der unmittelbare Vorläufer der unter der zweiten Dynastie üblichen Struktur und schließlich auch der Grundrisse aus viel späterer Zeit. Sie hat sogar die Felsengräber des Neuen Reichs überlebt, die erst 1500 Jahre später eingeführt wurden.

Die Wandlung des architektonischen Stils erstreckte sich nicht auf die Bestattungsweisen, die, soweit es sich feststellen läßt, die gleichen blieben. Eines aber muß angemerkt werden: Abgesehen von den Königsgräbern scheinen die Grabbeigaben weniger umfangreich gewesen zu sein als früher, vielleicht deshalb, weil die kunstvollere Bauart dem Besitzer größere Ausgaben verursachte. Jetzt scheint die Grabkammer als Aufbewahrungsort für die Geräte ausgereicht zu haben. Der Inhalt der Nebenräume beschränkte sich auf Speisen und Getränke für die Seele des Verblichenen. Die Sitte, Sklaven und Gefolgsleute rings um die Gräber der Könige und des Hochadels beizusetzen, scheint zwar im Süden fortbestanden zu haben, verschwand aber im Norden. Obwohl man zu Sakkâra innerhalb der Umzäunung eines großen Grabes aus jener Zeit Nebengräber gefunden hat, läßt ihr Aussehen nicht darauf schließen, daß die Insassen eines anderen als eines natürlichen Todes gestorben wären.

Neuere Ausgrabungen in Helwan haben zahlreiche Gräber des Kleinadels zutage gefördert, die aus der Spätzeit der ersten Dynastie stammen. Diese Gräber haben den gleichen Grundriß und die gleiche Anordnung wie die größeren Bauten in Sakkâra.

Die Gräber der Handwerker unterscheiden sich wenig von den älteren Typen, davon abgesehen, daß der Überbau etwas höher ist und zwei falsche Türen hat – am Nord- und am Südende der Ostfassade. Auch hier wieder sind wir, wenn wir unsere Kenntnisse erweitern wollen, auf die Nebengräber angewiesen, aber wir haben keinen Grund, zu bezweifeln, daß sie für die Grabstätten dieser Gesellschaftsklasse in der betreffenden Periode repräsentativ sind. Abb. 90 zeigt uns die Einzelheiten der Struktur und die allgemeine Bestattungsordnung.

Die Bauerngräber weisen in der Spätzeit der Dynastie keinerlei Veränderungen auf, es sei denn, daß man vielleicht häufiger die Sarggruben mit Backsteinen ausgelegt und Särge verwendet hat, wenn es sich um wohlhabendere Personen handelte.

Mit dem Beginn der zweiten Dynastie entwickelte sich die Struktur und Bautechnik sehr stark weiter. Schon um die Mitte der ersten Dynastie gibt es vereinzelte Beispiele dafür, daß die Grabkammer aus dem Fels ausgehauen und nicht durch eine höhlenartige Grube oder Vertiefung mit einem künstlichen Dach gebildet wurde. Dieser Brauch aber war verhältnismäßig selten, und erst gegen Ende der ersten Dynastie wurde das System der offenen Grube zugunsten des Felsenschachts aufgegeben (soweit es sich um die unterirdischen Teile des Bauwerks handelte) (Abb. 91).

Während der ersten Hälfte der zweiten Dynastie waren die Gräber des Hochadels genauso aufgegliedert, wie es gegen Ende der vorherge-

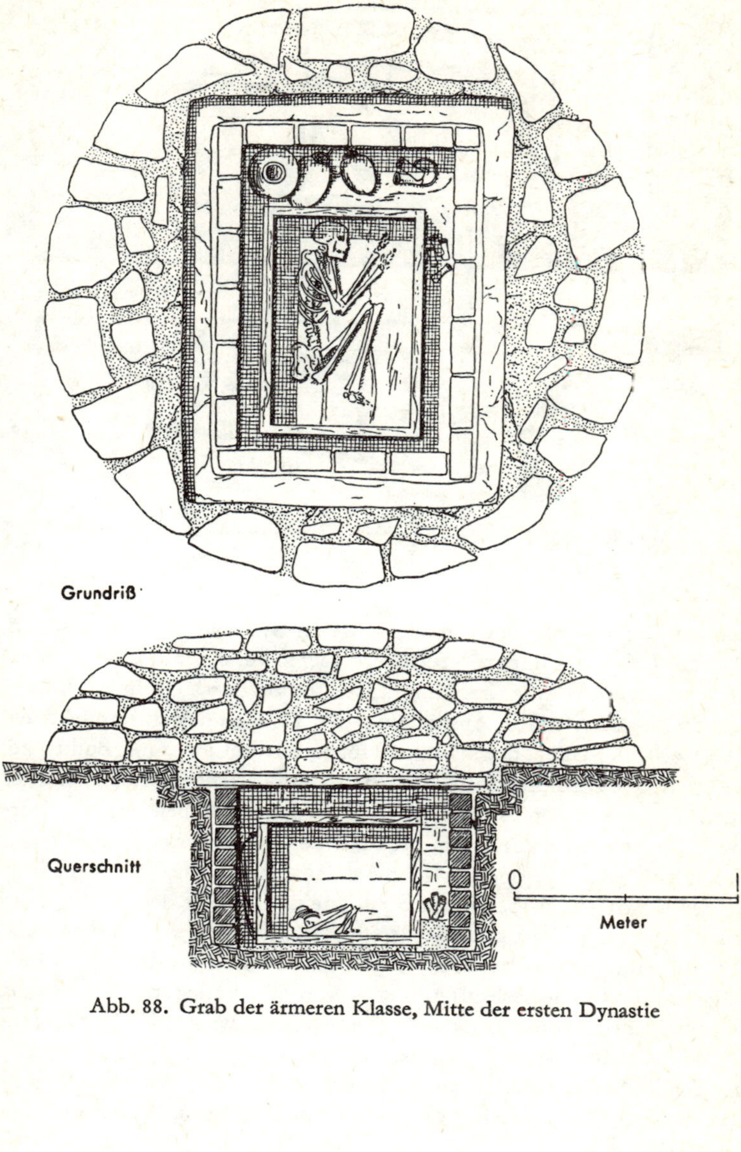

Abb. 88. Grab der ärmeren Klasse, Mitte der ersten Dynastie

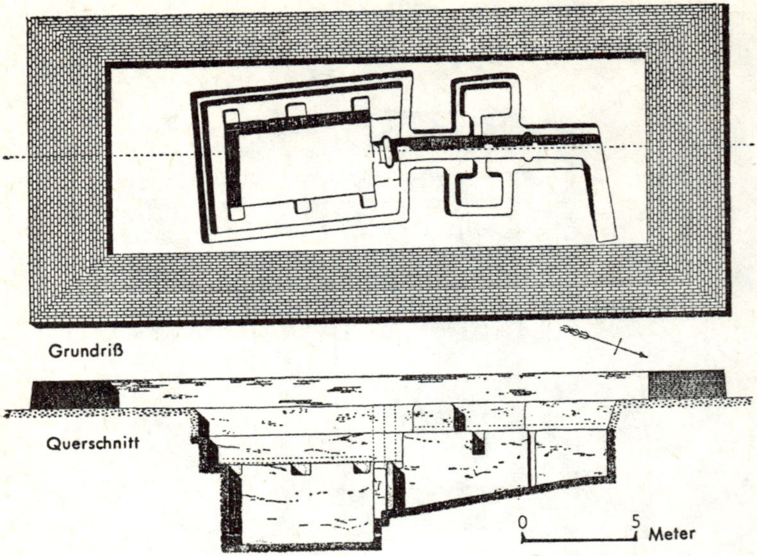

Abb. 89. Grundriß und Querschnitt des Grabes 3338 in Sakkâra

henden Dynastie allgemein üblich gewesen war, mit dem Unterschied, daß die L-förmige Treppe in größere Tiefen führte und daß die Vorratskammern sowie die Grabkammer selbst nicht durch offene Ausschachtungen, sondern durch Aushöhlung des Feldgesteins zustandekamen (Abb. 92). Der Gang, der ins Innere führt, ist nicht mehr mit Balken gedeckt: Große Steinplatten haben sich als praktischer erwiesen. Mit der aus dem Gestein herausgemeißelten Grabkammer haben wir den Vorläufer des unterirdischen »Hauses« aus der Spätzeit der Dynastie vor uns, denn sie ist in gesonderte Räume aufgeteilt, und die Grabnische liegt an der Westseite. Die Struktur aber folgte noch immer dem Vorbild der ersten Dynastie. Statt daß die verschiedenen Kammern aus dem Felsgestein herausgemeißelt waren, wurde das Gemach durch Ziegelwände in getrennte Räume zerlegt (Abb. 93). Von nun an liegt die Grabnische, die dem Schlafzimmer in dem Haus entspricht, das der Verstorbene zu seinen Lebzeiten bewohnt hat, stets an der Westseite des Komplexes der übrigen Teile des Wohngebäudes. In der Anfangszeit der ersten Dynastie stand der Holzsarg auf einer erhöhten Plattform, genauso wie zu

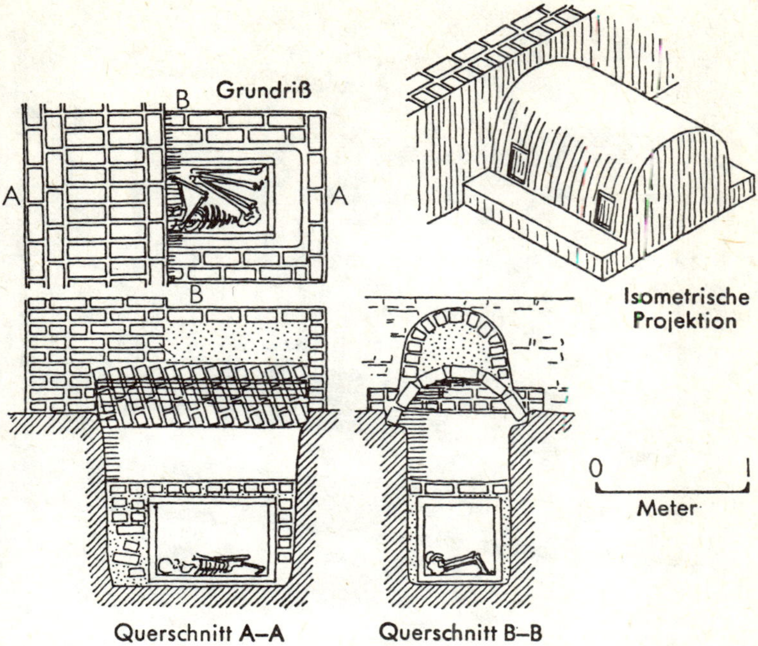

Abb. 90. Handwerker- oder Dienergrab aus der Spätzeit der ersten Dynastie

Lebzeiten das häusliche Bett. Es ist sehr bedauerlich, daß alle Gräber aus dieser Zeit so sehr ausgeplündert worden sind, daß man nicht mehr mit Sicherheit feststellen kann, wie die Möbelstücke angeordnet waren. Ganz verbürgt ist nur der Brauch, ein in Ton- und Steingutgefäßen serviertes Mahl an die Ostseite des Sarges zu stellen und in den äußeren Vorratskammern neben der Treppe Reservevorräte an Lebensmitteln zu verstauen. Der Überbau hatte einen festen Kern von Schutt oder Ziegeln und enthielt keine Vorratskammern. Die Sitte jedoch, innerhalb des Überbaus Opfergaben beizusetzen, war noch nicht ganz ausgestorben. Wir haben einige Gräber aus der Frühzeit der zweiten Dynastie entdeckt, in deren Schuttkern große Mengen von Tongefäßen verscharrt worden waren – aufs Geratewohl verteilt wie die Rosinen in einem Kuchen. Das ist aber nur ein Überbleibsel eines Brauches, der sogar schon in der Spätzeit der ersten Dynastie aus der Mode gekommen war, und

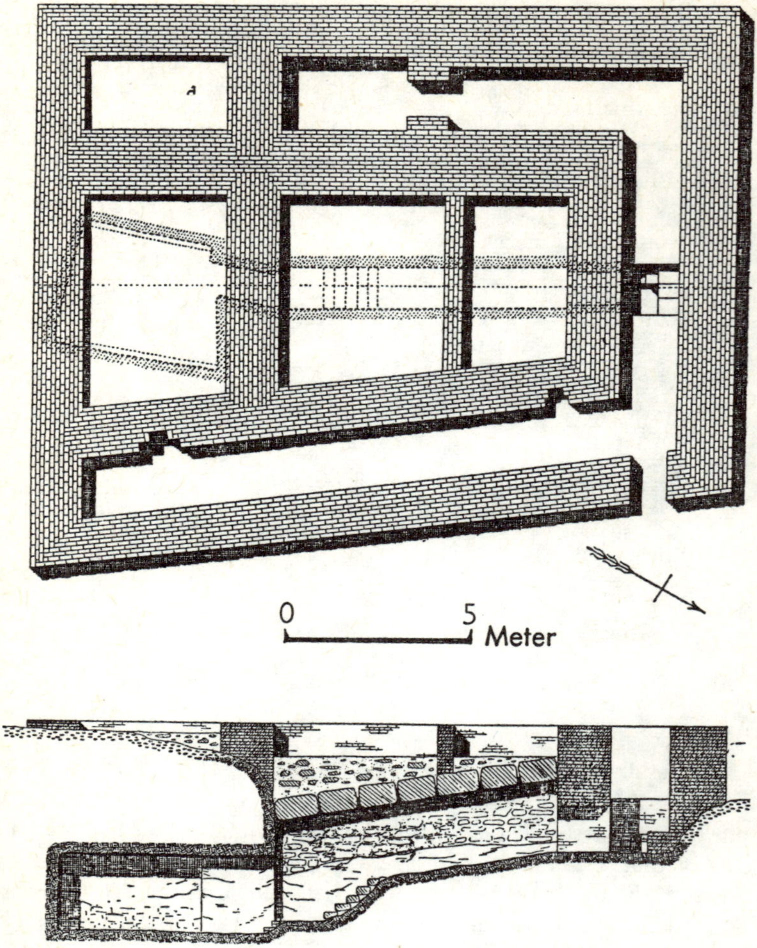

Abb. 91. Felsengrab aus der Spätzeit der ersten Dynastie

war nicht mehr allgemein üblich. Es kommt nur in vereinzelten Gräbern zu Sakkâra vor.

Der einzige Unterschied zwischen den großen Gräbern des Hochadels und den Gräbern des Kleinadels liegt im Umfang und der verminderten Anzahl der Räume in dem unterirdischen »Haus«, das meistens nur aus einer einzigen Kammer mit einem Nebengemach für den Sarg besteht (Abb. 94).

Da die Sitte, rund um die Gräber des Adels Dienstleute beizusetzen, erloschen war, besitzen wir keine Beispiele für die Struktur der Gräber, in denen die Angehörigen der Handwerkerklasse ihre letzte Ruhestätte fanden. Aber sie waren vermutlich genauso wie unter der früheren Dynastie Miniaturkopien der Gräber der Oberschicht (Abb. 95).

In der zweiten Hälfte der Dynastie scheint die Periode des Experimentierens in bezug auf den aus dem Fels gemeißelten Unterbau ein Ende genommen zu haben. Es hatte sich eine für alle Schichten gemeinsame Form entwickelt, die nur – je nach dem Reichtum des Insassen – an Zahl und Größe der Gemächer variierte. Das unterirdische »Haus« folgte einem stereotypen Muster, in dem sich wahrscheinlich die allgemeine Anordnung der damaligen Wohnbauten wiederspiegelte – mit der großen Empfangshalle, an deren beiden Seiten die Schlafzimmer für die Gäste usw. liegen (Abb. 96). Der innere Teil des »Hauses« war für den Haushalt reserviert. Das Schlafzimmer des Hausherrn (die Grabkammer) liegt an der Westseite des Wohnraums, der Harem an der gegenüberliegenden Seite. Harem und Schlafzimmer des Hausherrn haben Zugänge zu einem Badezimmer und einem Klosett. Die Vorratskammern, die zu beiden Seiten der Treppe liegen, bilden die Lagerräume außerhalb des Hauses, und es ist nur natürlich, daß in ihnen Lebensmittel, Wein und überschüssige Grabgerätschaften aufbewahrt wurden.

Man blockierte auch weiterhin die Treppe mit Fallgattern. Die Zahl dieser Sicherheitsvorrichtungen variiert zwischen einer und dreien, je nach dem Umfang des Grabes.

Der Ziegelüberbau war mit Schutt gefüllt, die Außenwände waren glatt und hatten zwei falsche Türen, die größere am südlichen und die kleinere am nördlichen Ende der Ostfassade. Allem Anschein nach wurde der Schuttkern des Überbaus erst nach der Bestattung angelegt, denn zum Unterschied von dem unter der ersten Dynastie vorherrschenden Brauch befand sich das obere Ende der Treppe nicht außerhalb des Überbaus, sondern lag unter ihm vergraben.

Die beiden einzigen Grabmäler aus der Zeit der zweiten Dynastie, die

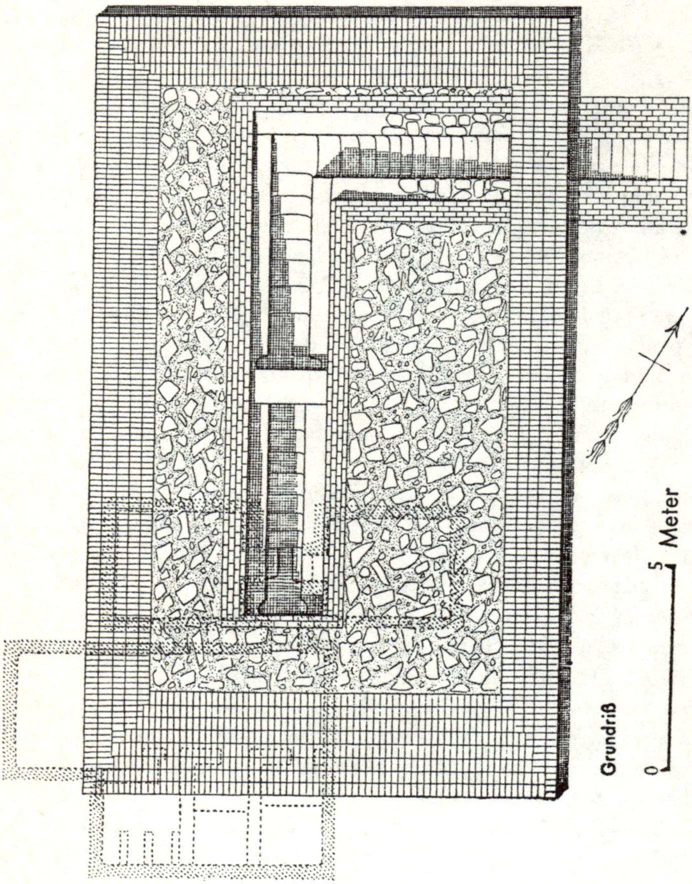

Abb. 92. Grundriß und Querschnitt eines Grabes aus der Frühzeit der zweiten Dynastie

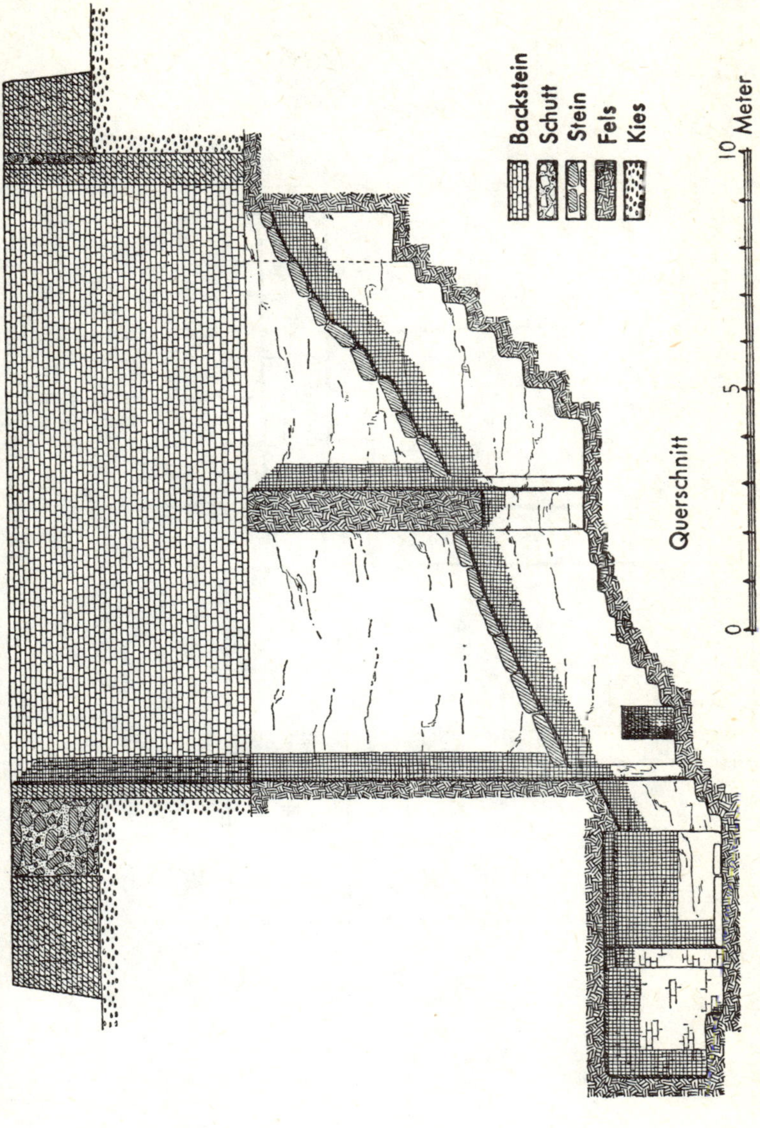
Backstein
Schutt
Stein
Fels
Kies
0
5
10
Meter
Querschnitt

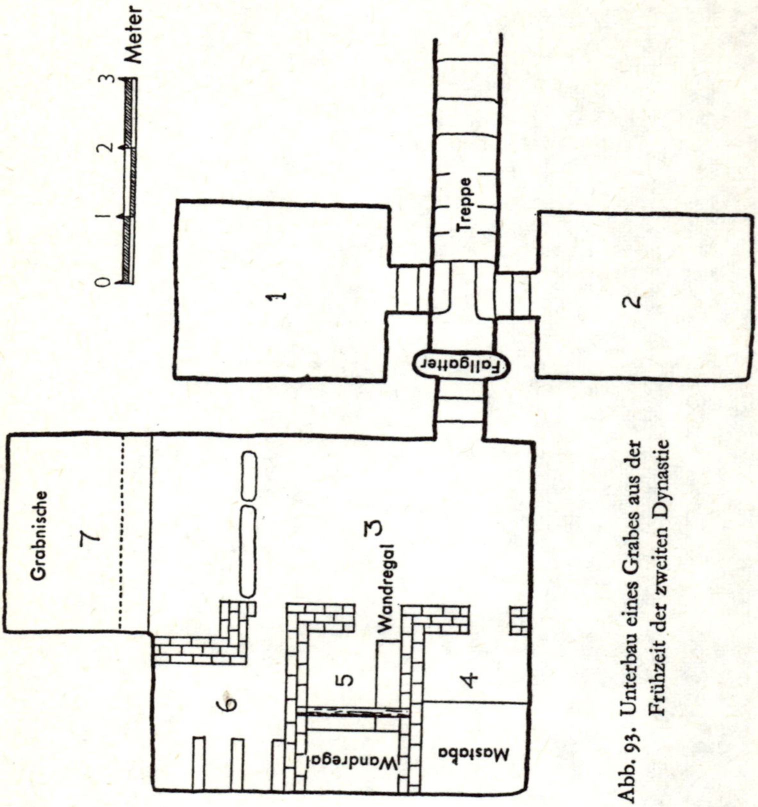

Abb. 93. Unterbau eines Grabes aus der Frühzeit der zweiten Dynastie

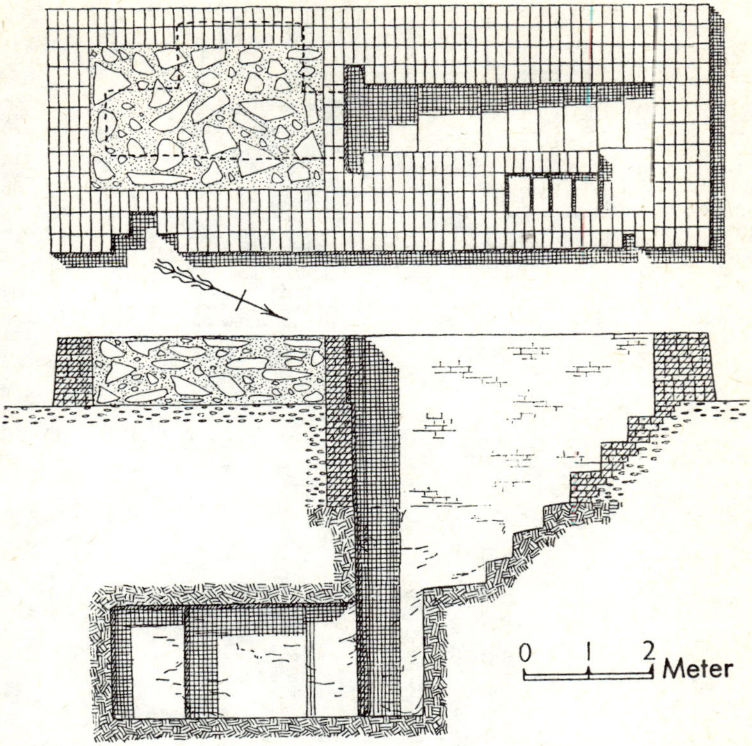

Abb. 94. Grundriß und Querschnitt eines Grabes der Mittelklasse; zweite Dynastie

eindeutig auf gekrönte Häupter zurückzuführen sind, sind die des Perabsen und des Cha-sechemui in Abydos (Abb. 60 und 66). Beide Gräber unterscheiden sich ihrer Struktur nach grundlegend von den nördlichen Gräbern aus derselben Periode. Das ist sonderbar, weil zwar die Überbauten der südlichen Gräber einen anderen Charakter gehabt haben dürften, die Unterbauten in Abydos jedoch der gleichen Entwicklung folgten wie die Grabbauten im Norden. Beide Stile sind dem allgemeinen Muster einer freistehenden, von Vorratskammern umgebenen Grabkammer angepaßt. Sämtliche Kammern liegen in einer ausgehobenen Grube. Der Unterschied in der architektonischen Planung aber ist so augenfällig, daß man sich versucht fühlt, in diesen eigenartigen Bauten

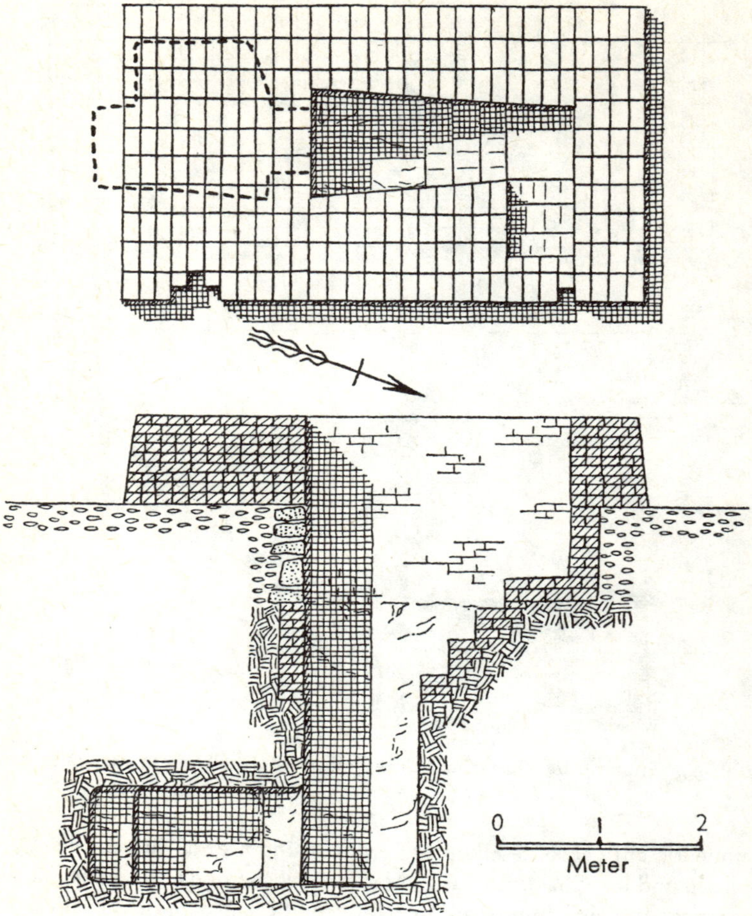

Abb. 95. Grundriß und Querschnitt eines Grabes der ärmeren Klasse; zweite Dynastie

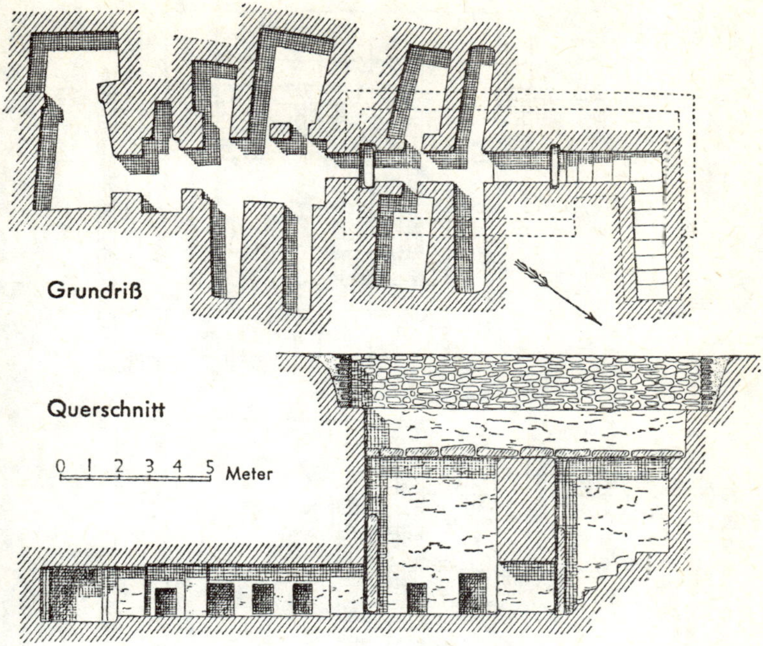

Abb. 96. Grundriß und Querschnitt des Unterbaus eines Grabes; Spätzeit der zweiten Dynastie

einen Zusammenhang mit der Übernahme des Set-Kultes durch Perabsen und seiner offenbaren Duldung unter Cha-sechemui zu sehen.

Die Gräber des Kleinadels folgen dem gleichen Muster, aber hier gibt es – mit wenigen Ausnahmen – keine Vorratskammern neben der Treppe. Das »Haus« besteht für gewöhnlich nur aus einer Halle und zwei Räumen, von denen der eine, nach Westen gelegene, die Grabkammer bildet.

Gegen Ende der Dynastie finden wir in Sakkâra zum erstenmal ganz schmale Schachtgräber mit Treppenattrappen, wie man sie nennen könnte. Ein typisches Beispiel zeigt uns die Abbildung 97. Diese kleinen Gräber müssen den ärmeren Klassen gehört haben und sind das erste sichere Zeichen dafür, daß die Masse der Bevölkerung endlich die Bestattungssitten der Oberschicht zu übernehmen begann. Der Inhalt dieser Gräber bezeugt die Armut des Toten. Obwohl der Leichnam in grobe Leinwand

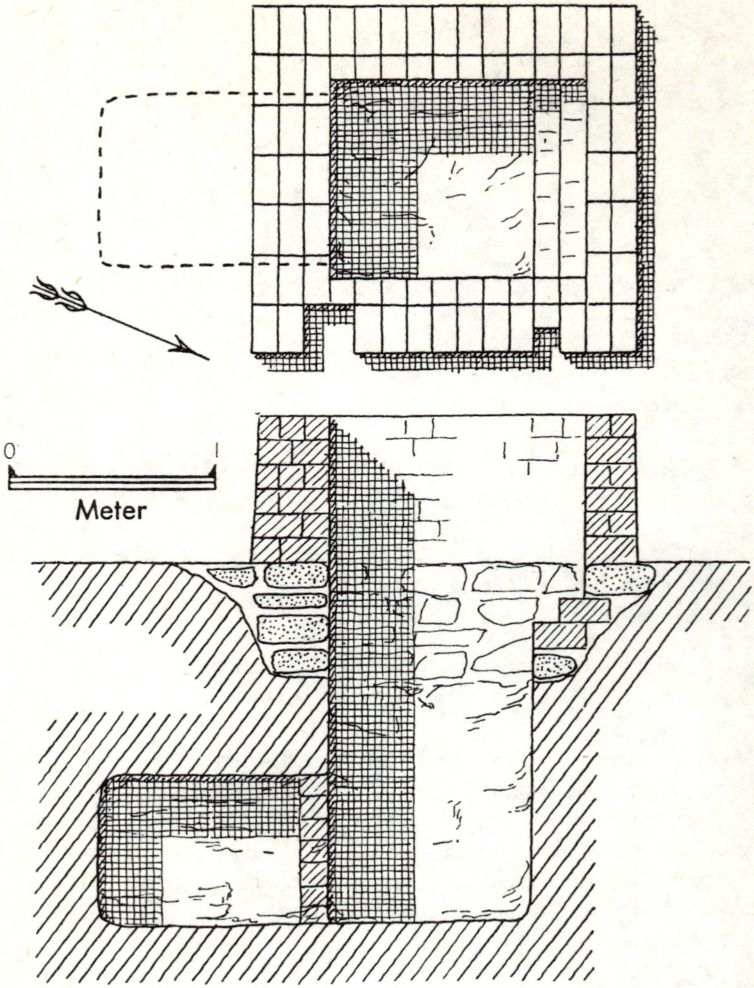

Abb. 97. Grundriß und Querschnitt eines Armengrabes; Spätzeit der zweiten Dynastie

eingehüllt ist, fehlt meistens der Sarg, und man gab ihm auch außer zwei Tongefäßen mit Speise und Trank keine Gaben mit.

Obwohl die Konservierung des Leichnams als wichtig galt, hatten die Ägypter der archaischen Periode die Methoden ihrer Nachkommen in der Kunst echter Mumifizierung noch nicht entdeckt. Trotzdem bemühten sie sich, den natürlichen Verwesungsprozeß aufzuhalten und wenigstens die äußeren Züge an dem eigentlichen Knochengerüst zu erhalten. Wir wissen, daß während der ersten Dynastie der Leichnam dick in Leinwand eingewickelt wurde, aber erst in den Gräbern der zweiten Dynastie finden wir klare Belege für die ersten Schritte auf dem Wege zur Mumifizierung: Man bewahrte die Erscheinung des Lebenden, indem man die Leinenbinden so modellierte, daß das Gesicht, der Oberkörper und die Glieder ihre Umrisse behielten, nachdem der Leichnam selber längst verwest und zu einem Gerippe geworden war. Anscheinend wurde das dadurch bewirkt, daß man die Leinwand in einen Klebstoff tauchte, und das Verfahren war so erfolgreich, daß solche »Mumien« aus der Zeit der zweiten Dynastie ein fast unheimlich lebendiges Aussehen haben. Die Züge des Gestorbenen sind mit allen Einzelheiten herausgearbeitet, ebenso auch die Geschlechtspartien, und bei Frauen werden die Brüste und Brustwarzen in vollendeter Form gezeigt. Diese Leichname liegen nicht mit verhüllten Gliedern ausgestreckt da wie die Mumien späterer Zeit, sondern in Hockstellung: Arme, Beine und sogar die Finger sind einzeln bandagiert und lebensähnlich modelliert.

Fünftes Kapitel

KUNST

Genauso wie die Baukunst machten auch die Bildhauerei, die Malerei und die Dekorationskunst mit der Ankunft der dynastischen Rasse radikale Wandlungen durch. Eine neue Kunst kam nach Ägypten, und obwohl viele Autoritäten sie als eine geradlinige Weiterentwicklung der prähistorischen Kunst betrachten (nach dem Beispiel der weißen Strichzeichnungen auf den Tongefäßen), sind meiner Meinung nach überzeugende Beweise dafür vorhanden, daß in der Periode unmittelbar vor der Einigung etwas völlig Neues ins Niltal eingedrungen ist.

Reliefkunst

Zum ersten Mal begegnen wir einer Kunst, die zweifellos als Vorläuferin der Kunst des pharaonischen Ägypten zu gelten hat – Skulptur- und Zierformen, die mehr als 3000 Jahre bestehen sollten. Sicherlich gab es Verbindungsglieder zu der Kunst der prädynastischen Periode. Es ist nicht verwunderlich, daß der schaffende Künstler in seiner neuen Umgebung aus dem Werk seiner Vorgänger gewisse charakteristische Züge übernahm. In allem Wesentlichen aber handelte es sich um die Frucht einer neuen Kultur. Die neue Kunst verdankte zweifellos sehr viel dem mesopotamischen Einfluß. Dessen Hauptzüge hat der verstorbene Dr. Henri Frankfort so zusammengestellt: 1. Tierische Mischformen, wie zum Beispiel geflügelte Greife und Katzentiere mit Schlangenköpfen, auf Paletten und Messergriffen. 2. Gruppe mit einem Helden, der zwei Löwen besiegt. 3. Paarweise verstrickte Tiere auf Messergriffen und der Narmer-Palette. Dieser mesopotamische Einfluß aber, ob direkt oder indirekt, war vorübergehend. Er verschwand nach der Einigung, und die rein ägyptischen Kunstnormen traten hervor. Unsere Kenntnis der Reliefskulptur in der Periode vor der Einigung beschränkt sich fast ausschließlich auf die zeremoniellen Steinpaletten und Keulenknäufe, die zumeist in Hierakonpolis gefunden wurden. Sowohl Entwurf als auch Technik dieser Kunstgegenstände variieren erheblich, von den rohesten Produkten bis zu vollendeten Meisterwerken, wie sie weiter unten beschrieben sind. Doch ungeachtet dieser Qualitätsunterschiede muß eine recht lange Entwicklungsperiode dahinterstecken, wenn wir auch bisher in Ägypten keine zufriedenstellenden Belege finden konnten.

Einen hohen Rang unter den Votivpaletten nimmt das berühmte Exemplar ein, auf dem Narmers Siege verzeichnet sind. Beide Seiten sind gut durchkomponiert, und die für die spätere Kunst Ägyptens so wichtige Ausgewogenheit der Teile ist sichtbar (Abb. 4). Wir sehen, daß der Künstler bereits mit Selbstvertrauen alle die konventionellen Stellungen der Menschen- und Tierfiguren entworfen hat, die in späterer Zeit so stereotyp werden sollten. So wertvoll aber die Narmer-Palette als ein Beispiel historischer Kontinuität und künstlerischer Leistung sein mag, so basiert doch ihre Berühmtheit vor allem darauf, daß sie dank einem glücklichen Zufall einer der wenigen bedeutsamen Votivgegenstände ist, die unversehrt und vollständig aufgefunden wurden. Der künstlerische Wert anderer Paletten ist weit höher, aber von ihnen hat man bisher leider nur Bruchstücke geborgen. So muß zum Beispiel das Fragment im Louvre von einer Palette herrühren, die der des Narmer an künstlerischer Vollendung weit überlegen war. Die Figur des Stiers, der auf dem hingestreckten Feind herumtrampelt, ist ein Meisterwerk, wie es auf keinem anderen Beispiel archaischer Kunst Ägyptens je übertroffen wurde. Wie der Huf des Tieres die rechte Wade des Mannes gegen die Erde drückt, ist großartig durchgeführt, ebenso großartig wie die Ausführung der erhobenen Hand des Gefallenen. Abgesehen von dieser technischen Vollendung ist die Komposition an sich bewundernswert, besonders wenn man bedenkt, daß der obere Teil des Stiers die Umrisse des Palettenrandes bildet und wahrscheinlich auf der linken Seite des Gegenstandes ein umgekehrtes Pendant hatte.

Ein weiteres hervorragendes Beispiel für dekorative Komposition und überlegene Technik sind die Bruchstücke einer Palette, die sich teils im British Museum, teils im Ashmolean Museum zu Oxford befinden. Auf der Vorderseite sehen wir ein Schlachtenbild. Ein Löwe und einige Geier attackieren die Leichname der Gefallenen. Über ihnen sind Gefangene an die Banner des Horus und des Thot gefesselt, und ihnen gegenüber wird abermals ein besiegter Feind allem Anschein nach von einem Manne in einem langen Fransengewand festgehalten, das wir mit mesopotamischer Mode in Verbindung bringen. Auf der Rückseite befinden sich zwei Giraffen, die an den Blättern einer Palme knabbern, die zwischen ihnen steht. (Petrie, *Ceremonial Slate Palettes,* Tafeln D und E).

Die sogenannte Jäger-Palette, deren Teile sich im British Museum und im Louvre befinden, ist einzigartig in der Darstellung gehäufter Menschengestalten und den natürlichen Stellungen einiger dieser Figuren, besonders der laufenden: Einer hat mit seiner Wurfschlinge eine Gazelle eingefangen, während der andere der Aufmerksamkeit eines verwundeten Löwen zu entgehen trachtet. Das gejagte Wild – Löwe, Gazelle, Reh, Fuchs, Kaninchen und Strauß (?) – bildet die Achse der Palette und wird von den Reihen der Jäger flankiert. Am oberen Rand der Palette befindet sich ein Altar und daneben ein Doppelstier.

Die Katzentiere mit Schlangenhälsen, die für die mesopotamische Kunst repräsentativ sind, zeigt uns eine andere Palette, die gleichfalls im Ashmolean Museum aufbewahrt wird. In dem Wirrwarr des Naturlebens entdecken wir mythologische Figuren wie den geflügelten Greif, einen Löwen mit einem Schlangenhals und eine aufrechte, zweibeinige Gestalt mit einem Kopf, der an den Kopf des geheimnisvollen Set-Tieres erinnert. Auch hier wieder herrscht vollendete Ausgewogenheit und Raumgestaltung. Diese Paletten, die aus Schiefer angefertigt sind, wurden mit einem kupfernen Schabmesser oder Grabstichel bearbeitet.

Die Behandlung der Tier- und Menschengestalten auf den Paletten findet man auch auf anderen Gegenständen, so zum Beispiel auf den Elfenbeingriffen der Feuersteinmesser (siehe die einzigartigen Exemplare, die man bei Dschebel-el-Arak – Abb. 1 und Tafel 1a – gefunden hat) und auf dem mit getriebenem Goldblech eingelegten Keulenschaft aus dem nördlichen Nubien (Abb. 72).

In der Komposition der bildlichen Darstellungen auf den großen Votivknäufen fehlt die Symmetrie späterer Zeiten, und die »Raumgestaltung« ist oft sehr fehlerhaft, aber die Verwendung der Rahmen oder Abschnitte, die jeweils einzelne Gruppen darstellen, war bereits in einem frühen Stadium als Kunstgriff eingeführt worden, vor allem in bezug auf die Stellungen der Tier- und Menschengestalten. Die schönsten Beispiele solcher Gegenstände sind die Keulenknäufe des Skorpionkönigs und des Königs Narmer. Beide wurden in Hierakonpolis gefunden und befinden sich heute im Ashmolean Museum zu Oxford (Abb. 3 und 5).

Die ersten Beispiele einer Reliefskulptur in großem Maßstab sind die königlichen Stelen zu Abydos. Sie zeigen uns eine erstaunliche Vielfalt in Entwurf und Technik, unbegreiflich auch dann, wenn wir berücksichtigen, daß die künstlerische Gestaltung auf Monumenten von so beträchtlichem Umfang sich gerade zu entwickeln begann und daß die Künstler noch viel experimentierten. Das hervorragendste Meisterwerk ist die Stele des Königs Uadschi, ein Monument, dessen schöne Schlichtheit nie übertroffen worden ist, nicht einmal in den kunstvollen Entwürfen späterer Perioden. Hier haben wir es wirklich mit dem Werk eines Genies zu tun, und obwohl die übrigen königlichen Stelen einen ähnlichen Stil zeigen, bleiben sie in jeder Beziehung hinter diesem Werk zurück. Manche sind plump und primitiv, sowohl im Entwurf wie in der Ausführung, so zum Beispiel die der Königin Merjet-nit, während andere, wie die des Königs Ka'a, zwar technisch befriedigend sind, aber in der meist viel zu wuchtigen Komposition die nötige Ausgewogenheit vermissen lassen.

Nur bei zwei privaten Stelen aus der Zeit der ersten Dynastie kann man von einer gewissen künstlerischen Vollendung sprechen. Es mag sich ohne weiteres um Werke *eines* Künstlers handeln. Die Stele des Edelmannes Sabef wurde im Grab des Ka'a zu Abydos gefunden, die Stele des Merka in einem großen Grab zu Sakkâra, das wahrscheinlich die nördliche Grabstätte des Königs Ka'a ist. Beide Gegenstände stammen also aus der gleichen Periode, und obwohl die Fundstätten so weit von einander entfernt sind, deuten die handwerkliche Vollendung und der allgemeine Stil darauf hin, daß sie durchaus von gleicher Hand geschaffen sein können. Die Komposition ist zwar unbeholfen ausgeführt, aber voll entfaltet: Die stehenden und sitzenden Gestalten blicken nach rechts, und die Titel sind in horizontalen Linien angeordnet. Beide Stelen wirken unvollendet. Deshalb zeigt sich auch so deutlich, was für eine Technik angewendet wurde. Der Stein wurde glatt geschliffen, der Entwurf mit schwarzem Pigment auf die glatte Fläche aufgetragen, dann der Hintergrund durch Hammerschläge eingetrieben, so daß die Figuren und die Hieroglyphen sich glatt von einem zernarbten Grunde abheben. Es ist fast sicher, daß auch der rauhe Hintergrund mit Hilfe eines Kupfermeißels und eines Schleifsteins geglättet worden wäre; die vorspringenden Teile der Gestalten wären vielleicht abgeschliffen worden. Aber wir können nichts Endgültiges darüber sagen. Der Löwenfries auf dem steinernen Fenstersprung im Grab der Königin Her-nit ist zwar recht primitiv ausgeführt, aber von großem Interesse, denn er ist das älteste Beispiel baulicher Skulptur, das man bisher in Ägypten gefunden hat. Er gehört mit Sicherheit in die Mitte der ersten Dynastie. Am Ende der zweiten Dynastie hatten die Monumentalreliefs bereits ihren archaischen Charakter verloren. Die mit bildlichen Darstellungen verzierten granitenen Türpfosten des Cha-sechemui zeichnen sich trotz der etwas groben Ausführung durch die gleiche Symmetrie aus wie die Werke der Pyramidenzeit.

Künstlerisch reizvoll ist auch die gelbe Kalksteinstele aus Sakkâra (Tafel 21). Die interessante Reihe der in Zaki Saad bei Helwan gefundenen Stelen (mögen sie auch handwerklich recht primitiv sein) beweist uns ebenfalls, daß bereits unter der zweiten Dynastie die üblichen Stilmuster späterer Zeiten festgelegt waren.

Unter den Reliefskulpturen kleineren Formats ist das hervorragendste Meisterwerk die schwarze Specksteinscheibe, die neben vielen anderen im Grab Nr. 3035 zu Sakkâra gefunden wurde. Diese Scheiben mögen zu einem Brettspiel gehört haben, und obwohl viele von ihnen mit Intarsien und Reliefs geschmückt sind, kann keine sich mit dem Exemplar vergleichen, das wir auf der Tafel 31 b sehen. Hier wird eine Jagdszene mit zwei Hunden geschildert: Der eine hetzt eine Gazelle, der andere hat eine Gazelle am Hals gepackt und wirft sie zu Boden. Der schwarze Hund ist aus der Scheibenfläche herausziseliert, mit Ausnahme des weißen Bauchs, der aus eingelegtem Alabaster besteht. Auch die schwarzen Hörner und Hufe der Gazellen gehören zum Scheibengrund, während die restlichen Teile der Gazellen und der zweite Hund aus rosarotem und braunem Alabaster bestehen.

Plastik

Mit dem Beginn der dynastischen Zeit setzt die Entwicklung der plastischen Bildhauerei ein. Dabei handelt es sich nicht nur um kleine Figurinen, sondern um Stein- und Holzstatuen großen Formats. Leider sind große Monumente der Zerstörungslust der Barbaren preisgegeben, weil sie zum Unterschied von kleinen Kunstgegenständen selten verborgen werden. Infolgedessen ist nur wenig auf uns gekommen, das es uns ermöglicht, die Leistungen des archaischen Ägyptens in diesem Kunstzweig vollauf zu würdigen. Immerhin genügt das Erhaltene, um uns zu beweisen, daß solche Monumentalstatuen tatsächlich existiert haben und daß – zumindest in manchen Fällen – das Niveau sehr hoch war.

Die frühesten erhaltenen Werke großer Plastik sind drei rohgemeißelte Min-Statuen, die Petrie in Koptos gefunden hat. Diese etwa vier Meter hohen kopflosen Figuren zeigen den Gott in seiner charakteristischen Haltung. An ihrer Identität kann kaum ein Zweifel bestehen, um so weniger, als in den Torso Min-Embleme eingraviert sind. Aber diese Kolosse sind eigentlich sehr primitiv, und es fragt sich, ob sie wirklich schon der neuen Kunst des dynastischen Volkes zuzurechnen sind. Sie haben nicht ihresgleichen und ähneln mehr den Figurinen aus der prädynastischen Zeit.

Von lebensgroßen oder nahezu lebensgroßen Statuen sind uns vier Bruchstücke erhalten. Sie stammen aus den Regierungszeiten der Könige Zer, Udimu und Ka'a (erste Dynastie) und sind aus Holz. Obwohl es nur Bruchstücke sind, lassen sie erkennen, daß es die in späteren Zeiten üblichen Formen schon damals gab. Das Fragment, das aus der Regierungszeit des Zer stammt (man hat es in Abydos gefunden), ist ein Teil der Brust einer Frauenstatue mit ausgemalten Halsbändern in Schwarz und Rot. Das Udimu-Fragment scheint ein Teil der Perücke einer lebensgroßen Figur zu sein (Fundort gleichfalls Abydos). Die beiden anderen Bruchstücke bestehen aus den Füßen, Fußgelenken und Waden nebst rechteckigen Piedestalen zweier beinahe lebensgroßer Statuen, die man im Grabtempel des Grabmals des Ka'a zu Sakkâra gefunden hat. Die Gestalten – wahrscheinlich männliche – stehen aufrecht, den linken Fuß verschoben.

Die Steinplastik kleineren Formats ist am besten durch fünf Statuetten vertreten – eine ist in Berlin, eine in New York, die beiden anderen sind in Kairo und Oxford. Das Berliner Exemplar ist eine sitzende Kalksteinfigur, die wahrscheinlich aus der Frühzeit der zweiten Dynastie stammt. Das New Yorker Exemplar wurde in Abydos gefunden und gilt allgemein als ein Werk aus der Zeit der zweiten Dynastie. Es ist eine sitzende Frau, die ein langes, schlichtes Gewand und eine wuchtige Perücke trägt. Die Hände ruhen mit den Flächen nach unten auf den Knien: Auch das ist eine Stellung, wie sie auch in späterer Zeit üblich war. In Kairo haben wir die kniende Gestalt eines Beamten, und diese Statue läßt sich einwandfrei aus der mittleren Periode der zweiten Dynastie datieren, weil auf ihren Schultern die Namen der ersten drei Könige eingraviert sind. Sie ist aus Granit gehauen; das beweist uns, daß diese frühen Bildhauer auch das widerspenstigste Material zu meistern wußten. Außerdem enthält die Michailides-Sammlung in Kairo eine interessante Statuette des Königs Neteren aus der Frühzeit der zweiten Dynastie. Aus Alabaster verfertigt, 13,5 Zentimeter hoch, zeigt sie den König, wie er, angetan mit dem Gewand des Sed-Festes und der Weißen Krone, auf einem Thron sitzt.

Die schönsten Beispiele archaischer Skulptur jedoch sind die beiden sitzenden Statuen des Cha-sechem, die eine aus Schiefer, die andere aus Kalkstein. Beide wurden in Hierakonpolis gefunden. Die eine befindet sich in Kairo, die andere in Oxford. Diese Statuen zeigen eine vollendete Beherrschung der Bildhauerkunst. Sie schildern den König mit der Krone Ober-Ägyptens und dem schief gewickelten Gewand des Sed-Festes. Rund um den Sockel jeder Statue sind die gekrümmten Leichen erschlagener Gegner zu sehen, nebst der Inschrift: »Nördliche Feinde 47 209.«

Tierskulpturen in großem Format kamen recht häufig vor: Sitzende Löwen, ein Affe und ein Nilpferd dienten dem Steinbildhauer als Modelle. Aber die Exemplare, die man in Koptos, in Hierakonpolis und in Abydos angetroffen hat, sind enttäuschend und lassen sich nicht mit den hübschen Tierporträts vergleichen, wie sie auf den kleinen, geschnitzten Brettspielfiguren aus Elfenbein zu sehen sind, die man im Grab der Nithotep zu Nagadeh gefunden hat. Die damaligen Künstler waren wirklich Meister der Elfenbeinschnitzerei, und zahlreiche der kleinen Figurinen — von Hierakonpolis bis Abydos — sind prachtvoll. Am hervorragendsten ist die Figur eines betagten Königs, der die Krone Ober-Ägyptens trägt und in ein besticktes Ḥeb-Sed-Gewand eingehüllt ist. Dieses kleine Meisterwerk hat man bisher noch keinem bestimmten Monarchen zuordnen können, aber man ist sich darüber einig, daß es aus der Frühzeit der ersten Dynastie stammt (Tafel 19).

Malerei

Die rein dekorative Kunst der archaischen Periode läßt sich in zwei Kategorien einteilen: die Wandmalerei und die gravierten Darstellungen auf Bein-, Elfenbein- und Holzgegenständen, vor allem Möbelstücken. Es ist bezeichnend, daß man die Hauptmotive der an den Hauswänden angebrachten Malereien von den geflochtenen Schilfmatten bezogen hat. Wenn es sich um Möbel handelt, kommt am häufigsten das Schilfbündel vor. Das erhellt am deutlichsten aus den in Abb. 98 und in Abb. 99 wiedergegebenen Ornamenten, die für den Stil unter der ersten und der zweiten Dynastie bezeichnend sind.

Während das Schilfbündelmuster, das auf Elfenbein und Holz verwendet wurde, in späteren Zeiten verhältnismäßig selten wurde, haben sich alle bunten Wandornamente bis ans Ende der langen Geschichte Ägyptens behauptet, sogar in der Reihenfolge der Farben.

Beispiele freihändiger Pinselarbeit sind ungewöhnlich, kommen aber

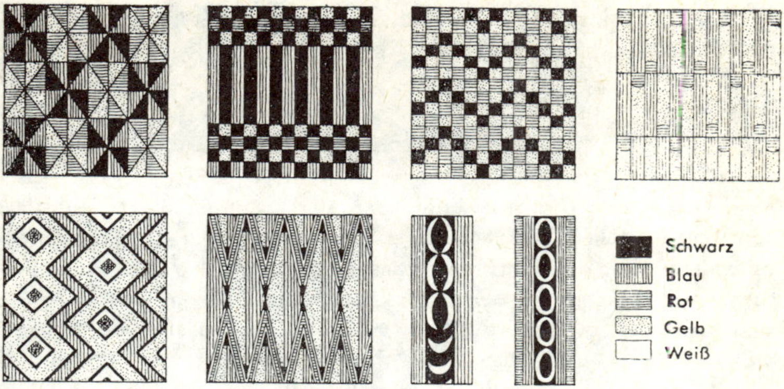

Abb. 98. Beispiele dekorativer Wandmalerei

Abb. 99. Beispiele dekorativer Stilmuster auf Holz, Bein und Elfenbein

vor. Das bemerkenswerteste ist eine rohgeformte rechteckige Kalksteinplakette aus Sakkâra, auf der ein Stier und ein Affe abgebildet sind.

Ziermuster

Es gab neben dem Bildhauer und dem Maler auch noch andere Künstler, zum Beispiel den Handwerker, der die schönen Steingutgefäße anfertigte, die für den altägyptischen Haushalt so wertvoll waren. Manchmal gab er sich nicht mit den einfachen, wenn auch schönen Gebrauchsformen zufrieden, sondern schuf kunstvolle und phantasiereiche Produkte, die – mögen sie auch gelegentlich ästhetisch mißglückt sein – erstaunlich sind durch die Fülle handwerklicher Einfälle. Die auf den Tafeln 25 und 26 wiedergegebenen Beispiele sind nicht unerfreulich. Mit Ausnahme der blattförmigen Schüssel, die aus der Regierungszeit des Udimu zu datieren ist, stammen sie aus der Zeit der zweiten Dynastie. Aber das bedeutendste unter den Werken der Keramik ist die große Schüssel aus Sabu. Dieses Schiefergefäß, das aus der Mitte der ersten Dynastie stammt, ahmt offenbar eine metallene Form nach: drei in regelmäßigen Abständen angeordnete und gegen ein Loch in der Mitte hin gekrümmte Seitenteile. Diese wunderliche Form läßt vermuten, daß die Schüssel auf einen Sockel gestellt werden sollte.

Was uns von der Kunst der beiden ersten Dynastien erhalten geblieben ist, liefert reichliche Belege für das hohe Niveau, das man damals schon hatte. Kühnes, kraftvolles Schnitzwerk, Originalität im Entwurf und die handwerkliche Geschicklichkeit beim Verarbeiten harten Materials kündigten die künstlerische Meisterschaft an, durch die in der Pharaonenzeit die Ägypter in ganz Westasien mit Recht berühmt geworden sind.

Sechstes Kapitel

ARCHITEKTUR

Unser Wissen über die Baukunst im archaischen Ägypten beruht fast ganz auf den Grabmonumenten. Zum Glück aber waren diese Totenhäuser in beträchtlichem Ausmaß getreue Kopien der Häuser, in denen die Lebenden wohnten, also können wir uns doch einen ungefähren Begriff von den Wohnbauten machen.

Bauweise

Im vierten Kapitel haben wir die Kunst des Gräberbaus und ihre Entwicklung unter der ersten und der zweiten Dynastie skizziert. Untersuchen wir sie jetzt im Zusammenhang mit den bildlichen Darstellungen der Tempel und sonstigen Gebäude, die uns durch Künstler jener Zeit überliefert worden sind. Diese Belege sind wenig befriedigend, weil sie aus winzigen Zeichnungen auf kleinen Holz- und Elfenbeintäfelchen bestehen, die wegen ihrer Belanglosigkeit keinerlei Sorgfalt und Genauigkeit des Zeichners erforderten. Manche heilige Schreine sind auf Siegelabdrücken dargestellt, aber auch hier ist der Maßstab so klein, daß sich die genaue Struktur des Bauwerks kaum erahnen läßt. Manche Forscher neigen dazu, sich die auf den Täfelchen und Siegeln abgebildeten Tempel und Altäre als lose Bauten aus Flechtwerk und Lehm vorzustellen. Dabei lassen sie sich zweifellos durch die auf den Zeichnungen verwendeten Kreuz- und Quer-Linien beeinflussen, übersehen aber, daß das nur eine für alle Gravüren aus jener Periode charakteristische Schraffiermethode war. Freilich wurden in der ganzen Geschichte Ägyptens die Häuser der Lebenden aus weniger stabilem Material hergestellt als die Grabmäler, aber ich bezweifle, daß das auch auf die Tempel und Paläste zutrifft, die meiner Meinung nach von Anfang an aus dem gleichen dauerhaften Material gebaut wurden wie die großen Gräber. Freilich haben alle archaischen Backsteinstile die Urform der Holzkonstruktionen nachgeahmt, aber zu der Zeit, als die erste Dynastie gegründet wurde, florierte bereits eine vollentwickelte und kunstreiche Ziegelarchitektur, und man darf fast mit Sicherheit annehmen, daß die üblichen hölzernen Tempel und Paläste aus der Mode gekommen waren und vielleicht nur noch in den Häusern unbedeutenderer Mitbürger ihre Spuren hinterlassen hatten. Nachdem erst einmal die Baumeister die Probleme der Backsteinkonstruktion bewältigt hatten, muß die massenhafte Herstellung des neuen Materials erheblich einfacher gewesen sein als die Beschaffung von Bauholz in dem spärlich bewaldeten Ägypten. Wir wissen ja, daß alle schweren Balken, aus denen die Dächer der unterirdischen Grabgewölbe gebaut waren, eingeführt worden waren.

Es läßt sich nachweisen, daß die auf den Täfelchen abgebildeten Tempelstile und die großen, getäfelten Backsteinkonstruktionen der Gräber aus dem gleichen architektonischen Entwurf abgeleitet sind: Im wesentlichen handelt es sich um ein rechteckiges Gebäude mit länglichem Grundriß, einem niedrigen, faßförmig gewölbten Dach und geraden Schmalwänden, in mancher Hinsicht ähnlich dem Sarg, den die Abbildung 77 zeigt. Obwohl sich an allen vier Seiten Türen befanden, lag anscheinend der Haupteingang in einer der schmaleren Endwände. Licht fiel durch kleine Fenster oberhalb der Türen ins Innere des Hauses. Dieser Stil ist wahrscheinlich in Unter-Ägypten entstanden. Wir erkennen ihn in den Überbauten der nördlichen Gräber während der gesamten archaischen Periode. In der Struktur der Särge und Sarkophage ist er bis zum Aufstieg des Christentums erhalten geblieben. Wir haben schon darauf hingewiesen, daß diese Bauten wahrscheinlich in der Periode der beiden ersten Dynastien aus Backsteinen gebaut waren; ihr allgemeines Aussehen erweckt jedoch den Eindruck, daß es sich ursprünglich um Fachwerkkonstruktionen mit Zeltdach und Flechtwänden handelte. Dieser Eindruck wird durch die konventionellen Malereien an den getäfelten Wänden verstärkt: Sie erinnern an bunte, durch Stricke festgehaltene Matten und an hölzerne Pfosten, die das Fachwerk tragen, an dem die Matten hängen. In der Periode aber, mit der wir uns beschäftigen, war der Backstein das Material, aus dem diese Bauten hergestellt wurden, und die komplizierten Details der Nischentäfelung, die das Äußere schmückte, lassen sich nicht gut als ein direktes Überbleibsel des Zeltgerüstes erklären. Wir wissen nur, daß mit der Ankunft der dynastischen Rasse diese Form der Monumentalarchitektur zum ersten Mal in Erscheinung tritt, und gerade in diesem Baustil macht sich der Zusammenhang mit Mesopotamien am stärksten geltend. Die schlagende Ähnlichkeit der mit Nischenfassaden versehenen Ziegelbauten in den beiden Gebieten ist zu offenkundig, als daß man sie außer acht lassen dürfte, besonders dann, wenn wir bedenken, daß es in Ägypten allem Anschein nach weder Hintergründe noch Entwicklungsphasen dieser gewaltigen und komplizierten Konstruktionen gab. Aber auch Unterschiede sind zu erkennen: obwohl die ägyptischen Baumeister fast gleiche Fassaden schufen, erzielten sie dieses Ergebnis mit Hilfe eines Backsteins von durchaus anderen Proportionen. (Ziegelgrößen aus der Jemdet-Nasr-Periode in Mesopotamien: 20 x 8,50 x 8 cm und 23 x 9,00 x 6,50 cm. Ziegelgrößen aus der Zeit der ersten Dynastie in Ägypten: 24 x 10 x 5 cm und 23 x 12 x 7 cm.) Wir gewinnen den Eindruck, daß es sich um indirekte Zusammenhänge und vielleicht sogar um einen dritten Partner handelte, dessen Einfluß sich sowohl auf den Euphrat als auch auf den Nil erstreckte. Im jetzigen Stadium unseres Wissens aber dürften alle derartigen Spekulationen müßig sein. Wir müssen zugeben, daß diese – direkten oder indirekten – Zusammenhänge zweifellos existiert haben, können jedoch nicht darüber hinausgehen.

Das viereckige Giebelende der Bauten dieses Typs hat als Vorbild des *serech*-Rahmens gedient, in dem der sogenannte Horus-Name des Königs stand (s. das zweite Kapitel). Der *serech*-Rahmen repräsentierte die getäfelte Fassade des königlichen Palastes, eines Bauwerks, dessen Äußeres den Überbauten der Königsgräber ähnelte. Das schönste Beispiel eines *serech*-Rahmens finden wir auf der berühmten Grabstele des Königs Uadschi: Die in der unteren Hälfte abgebildete Täfelung ist eine genaue Reproduktion des Backsteingefüges der großen Gräber in Sakkâra (Abb. 100).

Die frühesten Darstellungen der *serech*-Palaststruktur – zum Beispiel auf der Narmer-Palette – beweisen, daß es solche Bauten schon vor der Einigung Ägyptens gab, und es ist wichtig festzustellen, daß die Thinitenkönige diesen Stil übernommen haben: Damit wird die Theorie in Frage gestellt, nach der er ausschließlich für Unter-Ägypten kennzeichnend sei.

Es gab auch noch andere Baustile, wie wir aus den Modellbauten ersehen, die zu den Grabanlagen des Hor-aha in Sakkâra gehören (Abb. 101). Zweifellos waren die Überbauten der Königsgräber in Abydos völlig anders konstruiert. Sie hatten fast sicher die Form eines rechtwinkeligen mit Backsteinen verkleideten Tumulus, der sich gegen Ende der ersten Dynastie zu einer Art niedriger Stufenpyramide entwickelte – siehe Grab Nr. 3038 zu Sakkâra (Abb. 43).

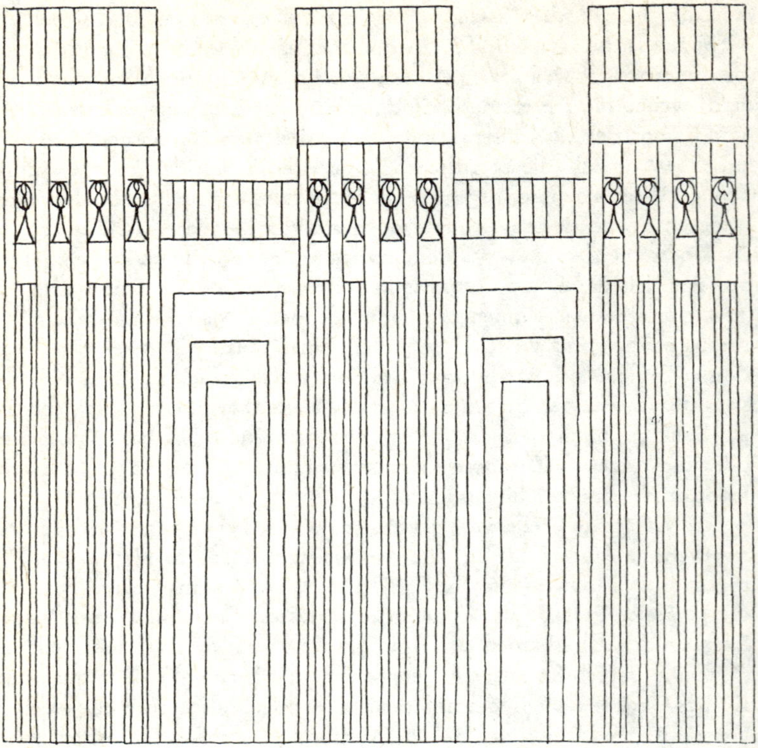

Abb. 100. Palastfassade auf der Stele des Uadschi

Holz wurde wahrscheinlich auch weiterhin beim Bau der Tempel verwendet, deren Stil wir auf dem Täfelchen des Udimu aus Abydos (Abb. 36) studieren können. Dieser Stil blieb beim Allerheiligsten späterer Tempelbauten erhalten, in dem das Götterbild untergebracht war.

Die aus der Abbildung 102 ersichtlichen zwei traditionellen Strukturen lebten als Hieroglyphen weiter und wurden in späterer Zeit als die uralten autochthonen Heiligtümer Unter- und Ober-Ägyptens anerkannt. Ob das auch schon in archaischer Zeit der Fall war, ist ungewiß.

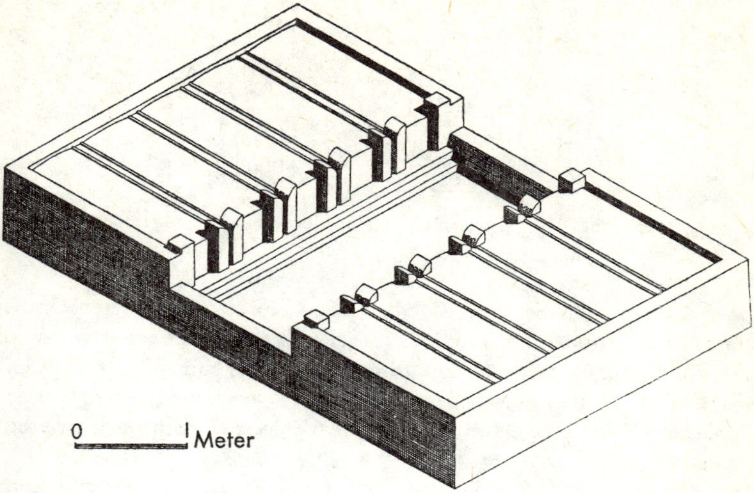

Abb. 101. Isometrische Ansicht eines Modellbaus

Baustoffe

Betrachten wir nun die Bauweise bei den großen Monumentalbauten aus archaischer Zeit. Das Grundelement war der Backstein. Holz und Stein dienten als Hilfsstoffe. In der Sonne getrocknete Ziegel wurden aus dem Alluviallehm des Nils verfertigt und der Lehm mit Häcksel vermischt, damit sich der Backstein beim Erhärten nicht übermäßig zusammenzog. Wenn kein Stroh verfügbar war, fügte man Sand hinzu, aber in der Periode, mit der wir es zu tun haben, sind Ziegel ohne Häcksel selten, obwohl die Qualität des Lehms sogar in ein und derselben Gegend stark variiert und die Färbung von dunkelgrau bis hellgelb reicht.

Gebrannte Ziegel wurden in Ägypten natürlich erst zur Römerzeit verwendet, aber es ist interessant festzustellen, daß den alten Baumeistern das Geheimnis der gebrannten Ziegel bekannt gewesen sein muß: Es wurden ja so viele große Gräber der ersten Dynastie durch Feuer zerstört. Zahlreiche Überbauten der großen Gräber zu Sakkâra wurden durch die Feuersbrünste in Ziegelöfen verwandelt, und nach dem Sakrileg waren Unmengen richtiger roter Backsteine zu sehen. Wir haben

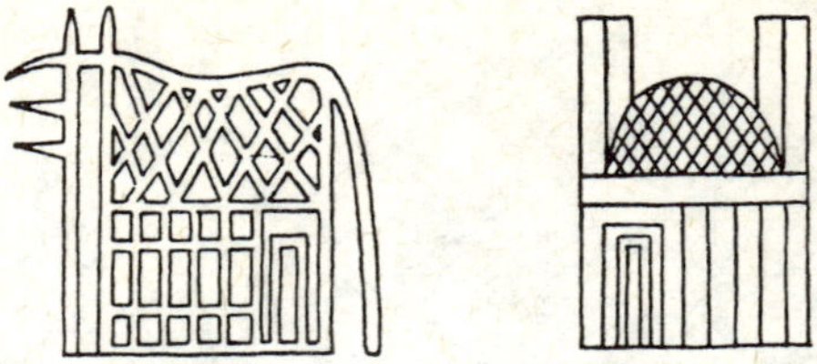

Abb. 102. Die Nationalheiligtümer Ober- und Unterägyptens

Belege dafür, daß bei dem Wiederaufbau einiger verwüsteter Grabmäler rotgebrannte ursprüngliche Ziegel aufs neue verwendet wurden. Trotzdem begnügte sich der ägyptische Baumeister mit luftgetrockneten Ziegeln, und er hatte recht, denn noch heute, nach 5000 Jahren, weisen diese Ziegel eine Härte auf, die fast mit weichem Gestein konkurrieren kann.

Die Ziegel aus der archaischen Zeit variieren an Umfang zwischen 23 x 12 x 7 und 26 x 13 x 9 cm. In der Spätzeit der zweiten Dynastie wurden die größeren Formate bevorzugt. Besonders kleine Ziegel wurden zuweilen für den Bau der zarten Nischentäfelung an den Monumenten der ersten Dynastie benützt. Sie hatten stets die gleichen Maße: 17 x 5 x 5 cm. Es ist wichtig festzustellen, daß in dem Podium oder Altar des Eyetempels zu Brak in Nord-Syrien Miniaturziegel im Format 13,5 x 4,5 x 4,5 cm gefunden wurden. Sie stammen aus der Zeit kurz vor dem Jahr 3000. (»Iraq«, IX., Tafel I, S. 55. Jemdet-Nasr-Periode.) Luftgetrockneter Alluviallehm wurde auch für den Bau der Gesimse (zum Beispiel der vertikalen Rundstäbe oberhalb der getäfelten Fassade), der Walzen über den kleineren Nischen der Täfelung und der vierkantigen Fensterstürze verwendet, die vielleicht in den Fenstertafeln oberhalb der Nischen angebracht wurden (Abb. 103). Dieses Material ist außerordentlich schwer und kräftig: Wahrscheinlich hat man den Lehm mit kleinen Streifen aus Flachsleinwand verstärkt und ihn unter Druck trocknen lassen. Wie dieser Druck ausgeübt wurde, wissen wir noch nicht. Aber wir können uns einen Begriff von der Härte und Widerstandsfähigkeit dieses Materials machen, wenn wir bedenken, daß ein in Sakkâra gefundener Fenstersturz in zerbrochenem Zustand 63 x 18 x 10 cm mißt – ungewöhnliche Dimensionen für einen aus luftgetrocknetem Alluviallehm hergestellten Gegenstand.

Steine wurden damals nicht oft verwendet, aber es sind reichliche Belege dafür vorhanden, daß die Baumeister sich ihrer Vorzüge als Baustoff durchaus bewußt waren und auch bei größeren Bauten damit zu arbeiten vermochten. Wir wissen, daß Steine bei Stützmauern, Balkenfüllungen, Fußböden, Dachkonstruktionen, Wandbekleidungen, Fallgattern und Toren benutzt wurden (Tafel 12 und 13). Die am häufigsten benutzte Steinart war der Kalkstein, aber auch den Granit wußte man zu schätzen. Rohbehauene Granitblöcke dienten im Grab des Udimu zu Abydos als Bodenbelag.

Holz wurde in beträchtlichen Mengen für Dächer, Fußböden und Wandbekleidungen in den Räumen selbst benützt. Ägypten war seit jeher spärlich bewaldet. Obwohl man hier und dort auch Holz aus Waldbestand in der Umgebung verwendet haben mag, so wurden doch die großen Balken und Planken für die Dachkonstruktionen aus dem Libanon eingeführt. Es muß zwar eine gewisse Menge Palmholz verfügbar gewesen sein, aber für die in den großen unterirdischen Gemächern der Königsgräber erforderlichen Spannweiten war nur das Holz der Zeder geeignet.

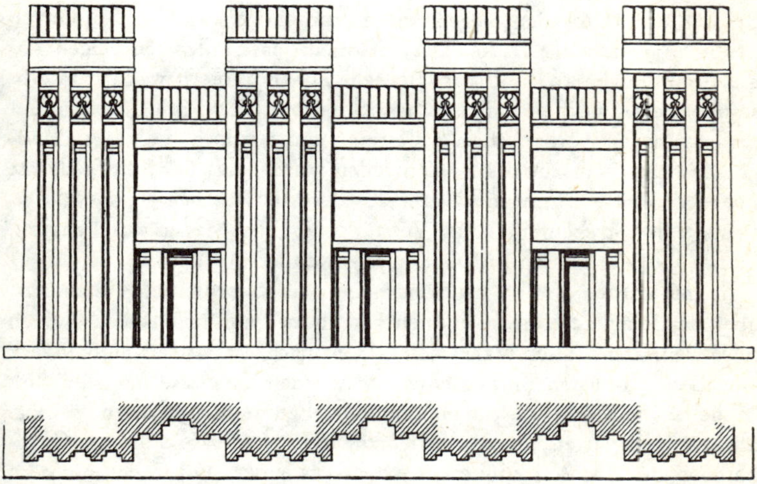

Abb. 103. Rekonstruktion einer Palastfassade; Frühzeit der ersten Dynastie

Abb. 104. Beispiele für Mauerverbände

Baukonstruktion

Bei der Errichtung der Ziegelmauern wurden verschiedene Bindungen benützt, je nach der Dicke. Die verschiedenen Bindearten zeigen uns die Abbildungen 104 und 105. Bei sehr hohen Mauern wurden in Abständen, die zwischen fünf und acht Schichten lagen, Schilfmatten eingefügt, um die Konstruktion zu festigen und durch ihr Leitungsvermögen das Innere auszutrocknen. Zuweilen wurde statt der Schilfgeflechte über jede dritte Schicht ein Gitter aus dünnen Stäbchen eingelegt. Das Prinzip des Strebepfeilers zur Verstärkung einer Mauer war bekannt, wurde aber nur an den Innenseiten angewendet.

Steine wurden also oft bei Stützmauern und Verkleidungen benutzt, aber da derartige Konstruktionen fast immer nur provisorisch waren oder wenigstens (aller Wahrscheinlichkeit nach) in das fertige Bauwerk eingebettet und den Blicken entzogen wurden, benützte man lediglich rohbehauene Blöcke, die durch Lehmmörtel zusammengehalten wurden. Sorgfältig geglättete Steine wurden zur inneren Verkleidung der Grabkammer des Cha-sechemui zu Abydos verwendet, und in den Gräbern des Kleinadels zu Helwan bestehen die Wände der unterirdischen Räume aus großen, schön geglätteten Kalksteinplatten. Einige dieser Steinplatten sind zwei Meter lang, zwei Meter hoch und vierzig Zentimeter dick.

Die gebräuchlichste Dachkonstruktion bestand aus dicht aneinander gereihten runden Holzpfosten und darübergelegten Planken, wie aus der Abbildung 106 hervorgeht. Aber bei größeren Flächen wurden die Pfosten selbst durch Querbalken gestützt, nach einer Methode, die uns die Abbildung 107 zeigt.

Für eine weitere, recht merkwürdige Form der Dachkonstruktion gibt es nur ein einziges Beispiel aus einem großen Grab in Sakkâra; sie ist vielleicht eher als Decke und Fußboden zwischen zwei Stockwerken anzusehen. In diesem Falle bilden die Holzplanken eine Decke unter-

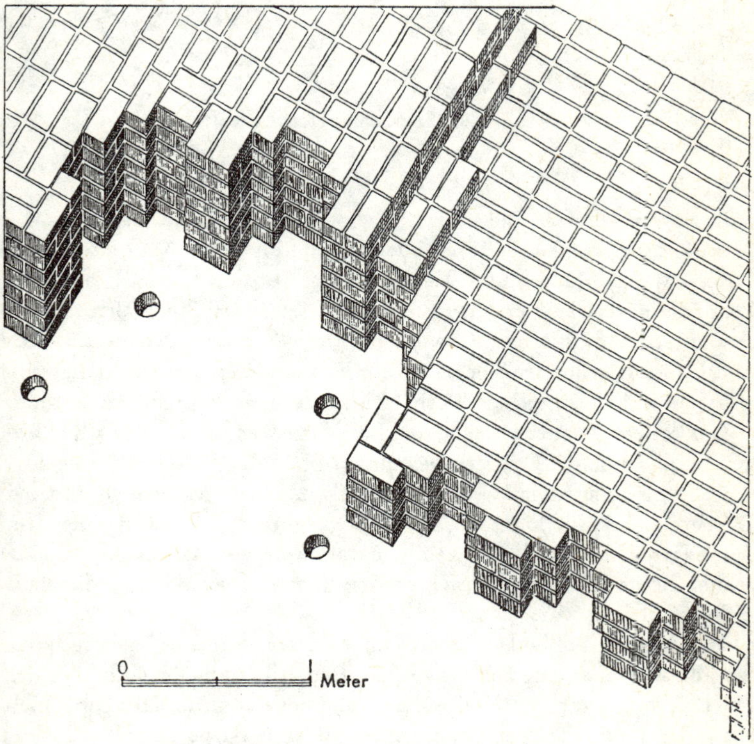

Abb. 105. Detail einer Ziegelkonstruktion

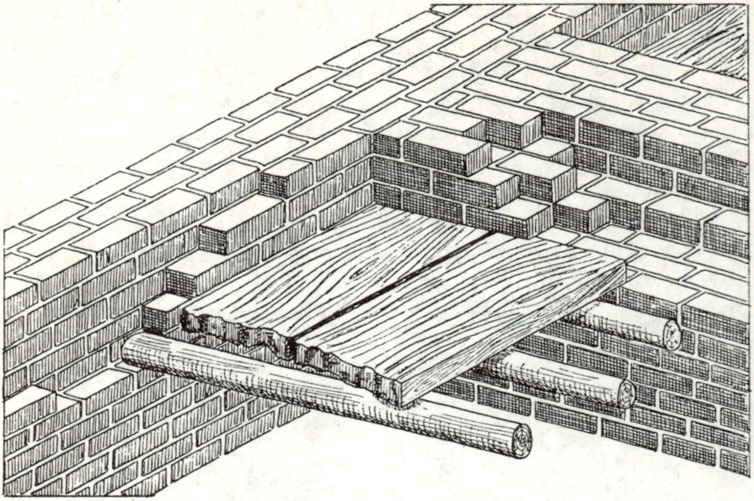

Abb. 106. Detail eines Holzdaches

halb der Rundhölzer, die so dicht aneinandergefügt sind, daß die Zwischenräume durch Ziegel ausgefüllt werden können (s. Abb. 108). Enge Räume wie Korridore und Treppenhäuser wurden zuweilen mit Balkendächern versehen, eine Konstruktion, die bei den Steinbauten in der Pyramidenzeit allgemein Verwendung fand (Abb. 109). Kleinere Räume und Gänge wurden manchmal auch mit Steinfliesen gedeckt, deren Gewicht oft in keinem rechten Verhältnis zu der überdachten Fläche stand.

Das schiefe Tonnengewölbe aus Backstein war mindestens schon gegen Ende der ersten Dynastie bekannt (Abb. 90). Obwohl die freigelegten Gewölbe nur kleine Gräber überdecken, scheint aus den gerundeten Dächern der Modellbauten und den Deckeln der Holzsärge, die dem damaligen Hausbaustil nachgebildet waren, hervorzugehen, daß diesen frühen Baumeistern das Ziegelgewölbe in größerem Maßstab durchaus nicht unbekannt war.

Verschiedene Fußbodenkonstruktionen waren allgemein gebräuchlich, die üblichste aber eine Schicht gestampften Alluviallehms, die nach der Härtung mit einem dicken Gipsbelag überzogen wurde. Der Gips blieb entweder weiß oder wurde mit einer anderen Farbe bemalt. Fliesenbelag hat man in Abydos und auch in Sakkâra gefunden, aber er war

Abb. 107. Detail einer Dachkonstruktion

nicht üblich und wurde offenbar für bedeutende Bauten reserviert, wie zum Beispiel für die Grabkammer des Udimu in Abydos und einen der Räume im Grabtempel des dem König Ka'a zugeschriebenen Grabes in Sakkâra. In Abydos besteht der Bodenbelag aus rohgemeißelten Granitplatten, in Sakkâra aus rechteckigen, harten Kalksteinplatten in einem Format von etwa 90 mal 8 Zentimetern, sorgfältig auf einer Erdunter-

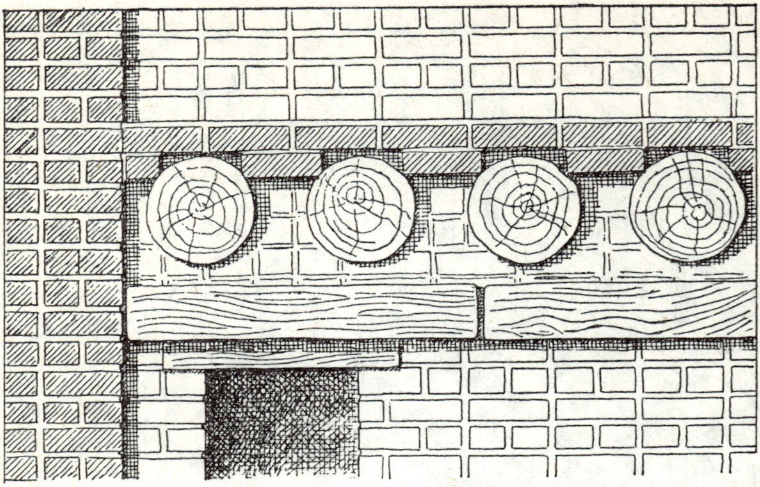

Abb. 108. Detail einer Balkendachkonstruktion

lage zusammengefügt. Viele der Grabkammern in den Königsgräbern sowohl im Norden wie im Süden haben Bretterböden, die auf Stützpfosten ruhen, und niedrige Sockelleisten.

Die Treppe reicht mindestens bis in die Mitte der ersten Dynastie zurück, aber diese frühen Beispiele, ob aus Ziegeln oder Steinen gebaut oder in den lebenden Fels eingemeißelt, tragen alle noch den Charakter des Vorbilds – der Rampe. Die Setzstufe ist senkrecht, aber recht flach, die Trittstufe ziemlich steil und schräg. Gegen Ende der zweiten Dynastie wird die Trittstufe allmählich waagrechter, aber die Schräge verschwindet nie ganz. Nur selten haben die Stufenterrassen im Inneren des Überbaus (Nr. 3038 – S. 92/93) vollkommen vertikale Setzstufen und horizontale Trittstufen. Bisher hat man noch keine Freitreppe aus archaischer Zeit gefunden.

Obwohl uns keine Türen erhalten geblieben sind, hat man in hölzernen Schwellen die Zapfenlöcher gefunden, und es ist offensichtlich, daß die Ein- und Ausgänge der einzelnen Räume auf diese übliche Art geschützt waren. Mit anderen Worten: Schon unter der ersten Dynastie war eine auf Drehbolzen pendelnde Barriere erfunden worden. Wahrscheinlich ähnelte sie in allen wesentlichen Einzelheiten den Holztüren der Pyramidenzeit, die aus ein oder zwei durch waagrechte Latten verstärkten Brettern besteht.

Fenster: Auch hier wieder hat man keine Exemplare gefunden, aber es ist mit ziemlicher Sicherheit anzunehmen, daß das Innere der Bauten durch schmale, hoch über dem oberen Rande der Nischentäfelung angebrachte Fenster erhellt wurde. Im unteren Teil des *serech* auf der Grabstele des Königs Uadschi sind diese Fenster mit ihrem zarten Muster zweier miteinander verknüpfter Lotosblumen deutlich zu sehen (Abb. 103). Fenster dieses Stils kommen auf allen detaillierten Darstellungen damaliger Fassaden vor, und – um zu der Frage nach den mesopotamischen Querverbindungen zurückzukehren – es ist wichtig festzustel-

Abb. 109. Detail einer Dachkonstruktion

Abb. 110. Fassade eines Gebäudes aus der Jemdet-Nasr-Periode

len, daß ähnliche Blumenornamente auf den Abbildungen gewisser Bauten aus der Jemdet-Nasr-Periode am Euphrat zu finden sind – und zwar dort, wo anscheinend die Fensternischen eingebaut waren (Abb. 110).

Hoch oben an den Wänden eingesetzte Fenster sind auch an dem Modell eines Hauses aus der Zeit der ersten Dynastie, das man in El Amra gefunden hat, deutlich zu sehen. Bei der dekorativen Ausschmükkung ihrer Bauten zeigen diese frühen »Architekten« einen Geschmack und einen Grad der Verfeinerung, die erstaunlich sind. Bei der Fertigstellung des Bauwerkes wurde die Außenwand zuerst mit einer etwa zwei Zentimeter dicken Lehmschicht überzogen, die man trocken werden ließ. Dann wurde der Lehm mit einer dicken Gipsschicht und die Gipsschicht selbst mit weißer Kalktünche bestrichen. Diesen Grund bedeckte der Maler mit komplizierten Ornamenten: Nachbildungen hängender Matten, schwarz, rot, gelb, blau und grün. Zuerst aber wurden die Umrisse mit roter Farbe auf den weißen Grund der Wandfläche gezeichnet, und es ist wichtig festzustellen, daß die Richtlinien und die Proportionsquadrate genau wie heute dadurch hergestellt wurden, daß man an einer in Farbe getauchten und quer über die Fläche gespannten Schnur zupfte.

Die Innenwände der Gänge waren für gewöhnlich einfach weiß oder gelb gestrichen, hatten aber oft ein zuweilen rot, zuweilen schwarz gestrichenes Postament. Die Farben wurden alle aus pulverisierten, mit Wasser und wahrscheinlich auch mit Gummi angerührten Mineralstoffen hergestellt. Eigentlich handelte es sich, wie man betont hat, um Temperafarben. Die Pinsel wurden aus dünnen Schilfstengeln angefertigt: Das eine Ende des Stengels wurde mit einem Hammer bearbeitet, bis sich die Fasern zu Borsten entfalteten.

An den Wänden wichtiger Räume klebten oft nach Art heutiger Tapeten bunt gefärbte Schilfmatten. In anderen Fällen waren die Wände mit flachen holzverschalten Pfeilern geschmückt, und zumindest in einem Falle waren in die Holzverschalung Goldblechstreifen eingelegt, verziert mit dem üblichen Schilfbündelmuster.

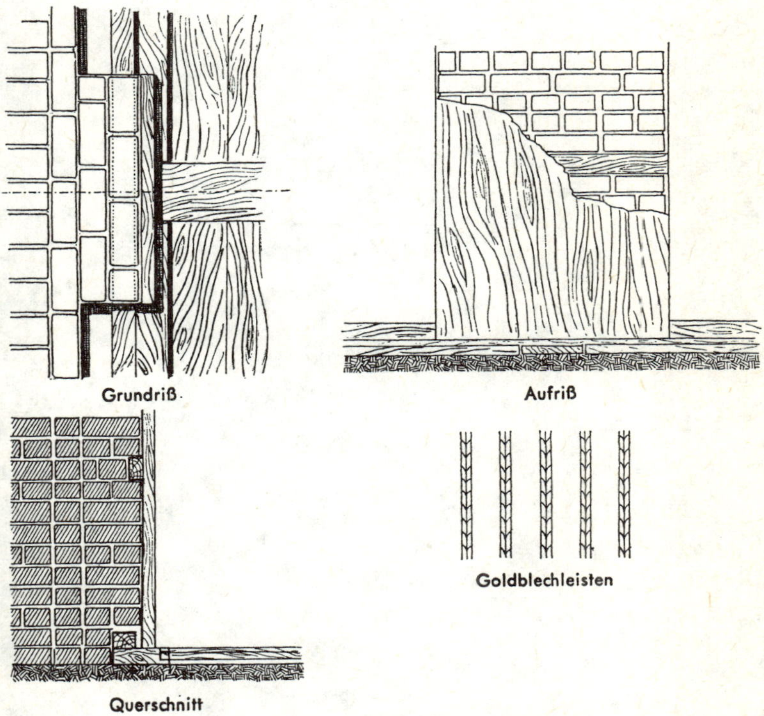

Abb. 111. Detail holzverschalter Pfeiler

ARCHITEKTUR

Obwohl die ägyptische Architektur der archaischen Zeit von ausgeprägter Eigenart ist, die man nirgendwo anders findet, sind das Entwicklungstempo und gewisse Stilelemente mit Fortschritten vergleichbar, die zur selben Zeit – in der Jemdet-Nasr-Periode – in Mesopotamien erzielt wurden. Mit dem anfänglichen Gebrauch behauener Steine war Ägypten dem Euphrat-Tal voraus, aber bemalte und mit Nischen geschmückte Hauswände und die Verwendung von Holz an den Fassaden sind bis zu einem gewissen Grade vergleichbar und hatten zweifellos einen gemeinsamen Ursprung.

Siebentes Kapitel

SPRACHE

Unsere Kenntnis der Sprache im archaischen Ägypten läßt sich nur als rudimentär bezeichnen; bis jetzt ist das dem Philologen zur Verfügung stehende Studienmaterial äußerst gering. Dennoch sorgen die Archäologen Jahr für Jahr für neue Zeugnisse, und es gibt bereits Beweise dafür, daß selbst zu Beginn der ersten Dynastie die Schriftsprache keineswegs in den Kinderschuhen steckte.

Auch die ältesten Texte zeigen uns, daß die Schriftsprache über die Verwendung reiner Wortzeichen – bildmäßiger Darstellungen von Gegenständen oder Handlungen – schon hinausgegangen war. Es gab auch Zeichen, die nur Laute repräsentierten. Ebenso hatte man ein Ziffernsystem entwickelt. Abgesehen davon, daß die Hieroglyphen stilisiert und schablonisiert worden waren, war auch schon eine Kursivschrift im Gebrauch. Das alles zeigt uns, daß die Schriftsprache eine ziemlich lange Entwicklungsperiode hinter sich gehabt haben muß, deren Spuren wir bis heute in Ägypten nicht gefunden haben. Manche Gelehrte weisen darauf hin, daß eine Schriftsprache, wenn sie einen genügend kräftigen Antrieb erhält, sich sehr schnell weiterentwickeln könne. Trotzdem erwartet man eigentlich, daß irgendwelche Hinweise auf diese Entwicklung zu finden sein müßten, auch wenn sie sich in einem begrenzten Zeitraum vollzogen hat. Es ist natürlich möglich, daß sich die Schrift in Unter-Ägypten entwickelt hat, das für uns, wie wir schon betont haben, in bezug auf die archaische Zeit ein Buch mit sieben Siegeln ist. Aber auch hier wieder würden wir erwarten, im Süden Zeugnisse aus der prädynastischen Zeit zu entdecken. Solange wir also kein Material haben, das das Gegenteil beweist, müssen wir annehmen, daß gleichzeitig mit einer hochentwickelten Monumentalbaukunst auch eine voll entwickelte Schrift in Erscheinung tritt.

Untersuchen wir jetzt die Quellen und die Arten der Gegenstände, auf denen Inschriften zu finden sind.

Inschriften

Inschriften lassen sich in drei Kategorien einteilen: Inschriften an Königsstelen, an privaten Stelen und an Bauwerken. Die Königsstelen wurden alle in Abydos gefunden, und alle haben die gleiche Form: eine Steinplatte, zuweilen mit einem Rahmen, in dem der Name des Königs steht (Abb. 48). Die kleinen privaten Stelen, die in den Nebengräbern rings um die Königsgräber zu Abydos gefunden wurden, sind zwar handwerklich plumper, aber viel aufschlußreicher. Hier werden uns außer dem Namen oft auch die Titel des Verstorbenen mitgeteilt. Abb. 25 zeigt einige typische Beispiele.

Nur zwei Stelen von Mitgliedern des Hochadels unter der ersten Dynastie hat man entdeckt, die eine in Abydos, die andere in Sakkâra. Beide stammen aus der Regierungszeit des Ka'a, des letzten Herrschers der Dynastie. Die Abydos-Stele gehört Sabef, einem Palastbeamten – die aus Sakkâra einem Sem-Priester namens Merka (Tafel 18). Die Texte auf diesen beiden Monumenten sind die bestentwickelten, die man bis jetzt kennt, und wir finden hier zum erstenmal sprachliche Formeln, die in späterer Zeit stets wiederkehren.

Unter der zweiten Dynastie entwickelten sich die privaten Stelen in üblichen Formen. Sie sind reich an schriftlichem Material (Tafel 21a), und gegen Ende dieser Periode, unter Cha-sechemui, weisen gravierte Steinblöcke und ein Türpfosten, die man zu Hierakonpolis und El Kab gefunden hat, hieroglyphische Formen auf, die sich von denen der folgenden Pyramidenzeit kaum unterscheiden lassen.

Abb. 112. Holz- und Elfenbeintäfelchen

Täfelchen

Die wichtigsten Quellen für Schriftmaterial sind, für die erste Dynastie, kleine Holz- und Elfenbeintäfelchen, die an den Gegenständen und Vorräten in den Gräbern befestigt waren. Die Täfelchen, deren Format zwischen 1 x 1,2 und 7,5 x 9,5 cm variiert, sind manchmal ziseliert und manchmal mit schwarzer oder roter Schrift versehen. Stets aber beziehen sich die Texte auf die Ware, an der das Täfelchen befestigt ist — eine Art Etikett mit dem Namen und der Menge. Vor allem aber sind auf den größeren Täfelchen oft auch die wichtigsten Ereignisse aus einem Regierungsjahr des Königs verzeichnet: Das war die allgemein übliche Art, ein Datum festzulegen. Genauso wie die Annalen auf dem Palermo-Stein stellen auch viele der Täfelchen, besonders die aus der späteren Hälfte der ersten Dynastie, dem Text das Jahreszeichen voraus. Obwohl diese historischen Texte noch nicht mit Gewißheit entziffert werden können, läßt sich in vielen Fällen der ungefähre Sinn feststellen. Andere Täfelchen nennen uns nur die Bezeichnung und das Quantum der Ware, an der sie befestigt waren, aber auch diese kurzen Texte sind unschätzbares Studienmaterial. Abb. 112 zeigt typische Beispiele für diese Etikett-Täfelchen.

Krugsiegel

Die reichste Quelle an schriftlichem Material aber enthalten die Siegelabdrücke auf den Tonbrocken, mit denen die Öffnungen der Wein- und Speisenkrüge verschlossen sind (Abb. 113, 114 und 115). Diese Abdrücke wurden mit Hilfe von beschrifteten Holz- oder Steinzylindern hergestellt, die man über den feuchten Ton wälzte, so daß das Muster sich immer aufs neue wiederholt. Genauso wie bei den Täfelchen trotzen auch hier in vielen Fällen die Texte jedem Versuch der Entzifferung, aber da sie sich hauptsächlich auf Namen und Titel beziehen, haben sie unsere Kenntnisse sehr vermehrt, besonders im Hinblick auf die Kalligraphie: Bei der Beschriftung dieser wichtigen Gegenstände wurde mehr Sorgfalt aufgeboten als bei den Täfelchen. Infolgedessen sind die Zeichen meistens schön geformt und gegliedert, so daß man sie unschwer als die Vorformen der üblichen Hieroglyphen späterer Zeit erkennen kann.

Schon in dieser frühen Periode hatte der ägyptische Handwerker sich

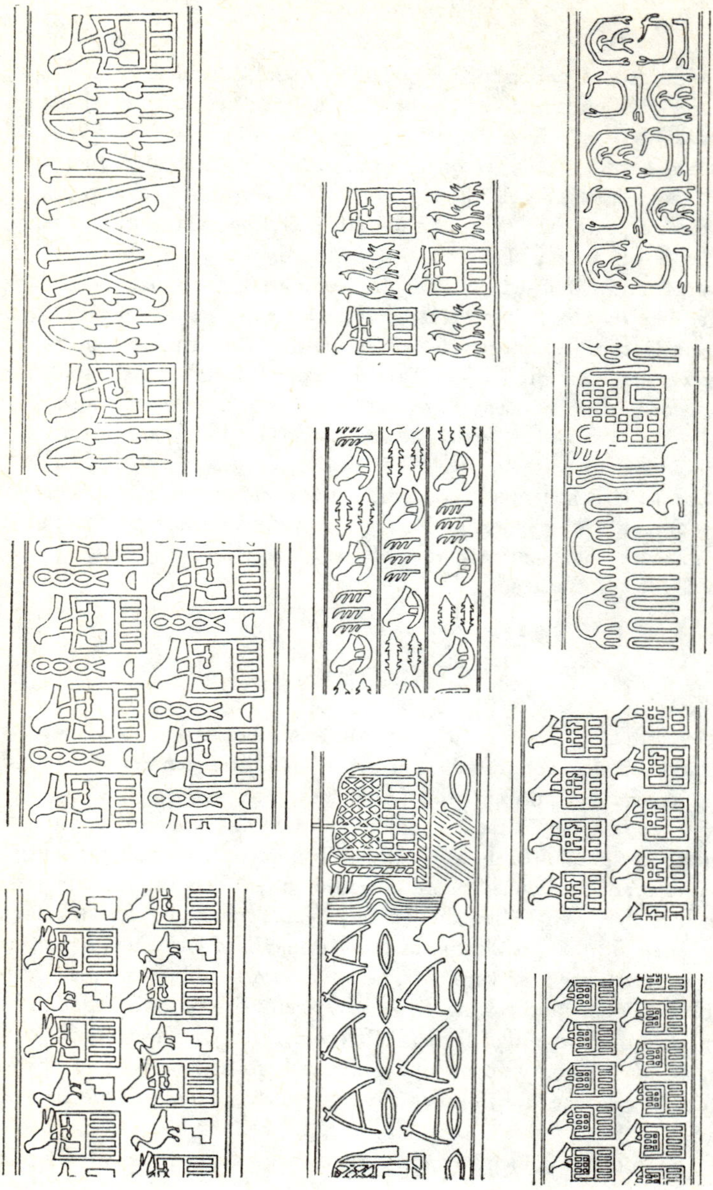

Abb. 113. Krugsiegel; Frühzeit der ersten Dynastie

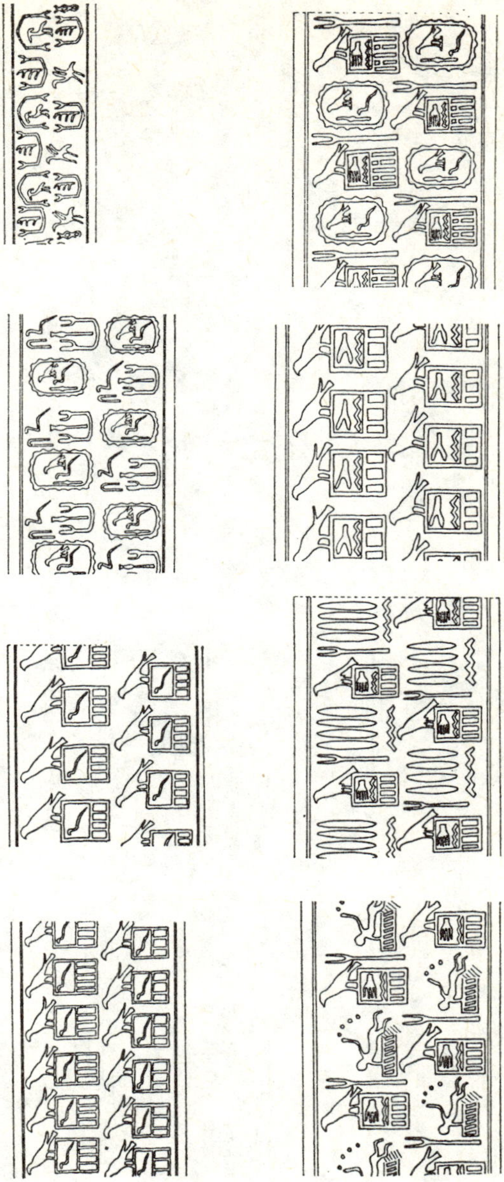

Abb. 114. Krugsiegel; mittlere Zeit der ersten Dynastie

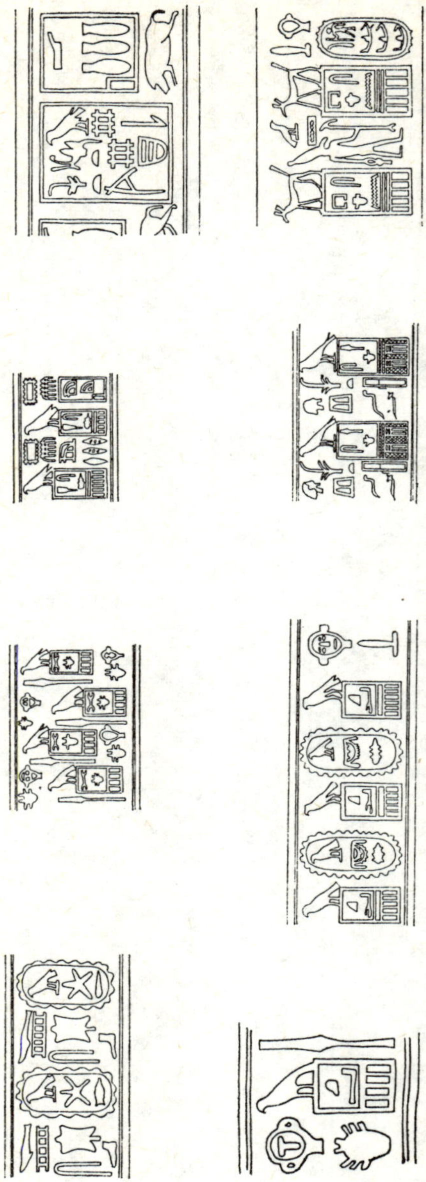

Abb. 115. Krugsiegel; Spätzeit der ersten und zweiten Dynastie

die Regel zu eigen gemacht, daß die Reihenfolge der Zeichen der Symmetrie des Musters unterzuordnen sei. Auf dem unter Abb. 116 abgebildeten Siegel zum Beispiel wird der Name des Wesirs abwechselnd H-ma-ka und Ka-h-ma geschrieben, um ein angenehmes Schriftbild zu erzielen. Die üblichsten Formen der Siegeltexte sind die, in denen der Horus-Name des Königs in zwei Reihen dauernd wiederholt wird – oder in einer einzelnen Reihe mit Titeln zwischen den *serechs*. Diese Form behauptet sich während der gesamten archaischen Periode. Ein weiteres übliches Muster aus der Frühzeit der ersten Dynastie hat die Form eines aus Gitterwerk gebauten Heiligtums mit einer Löwin und einer sich mehrmals wiederholenden Zeichengruppe.

Während der zweiten Dynastie scheint der Brauch, die Tonstöpsel der Speisen- und Weinkrüge mit Abdrücken zu versehen, nachgelassen zu haben – infolgedessen ist diese Periode weniger reich an derartigem Schriftmaterial als die der ersten Dynastie. Die Siegelabdrücke aber, die wir gefunden haben, sind den früheren an Struktur und Ausführung überlegen und ähneln immer mehr der in späterer Zeit üblichen Gruppierung der Schriftzeichen.

Inschriften aus Steingut- und Tongefäßen

Weitere wichtige Schrift-Quellen sind die Texte, die wir auf Steingut- und Tongefäßen finden. Sie lassen sich wie folgt summarisch einteilen:

1. *Eingravierte Texte auf Steingutgefäßen* (Abb. 117)

Sie beziehen sich fast immer auf Namen und Titel und weit seltener auf ein Ereignis wie das Sed-Fest oder eine Örtlichkeit wie ein Königsgrab oder einen Königspalast. Im allgemeinen scheinen Texte dieser Art dazu bestimmt gewesen zu sein, den Besitzer des Gefäßes oder den Aufbewahrungsort zu bezeichnen.

Diese Erklärung ist aber nicht ganz zufriedenstellend. Wir besitzen zum Beispiel ein Exemplar mit zwei oder drei Königsnamen in der gleichen Handschrift. In der Frühzeit der ersten Dynastie sind die Inschriften ungeschickt ausgeführt und recht kurz, aber der Brauch, Steingutgefäße auf diese Weise zu kennzeichnen, wurde immer beliebter, und zur Zeit der zweiten Dynastie begegnen wir Texten, die sorgfältig in schön geformten Zeichen geschrieben sind.

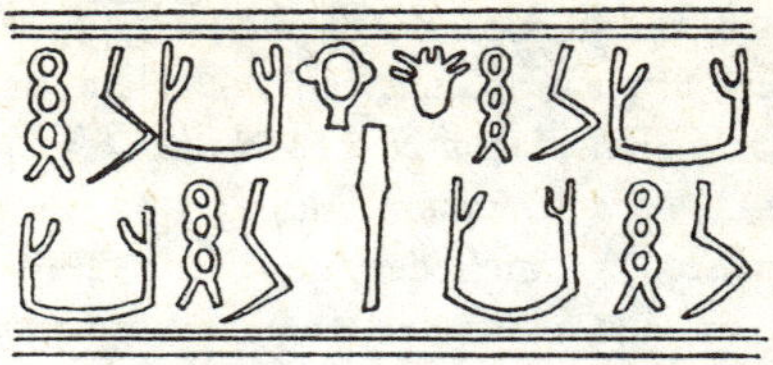

Abb. 116. Krugsiegel des Wesirs Hemaka

2. *Gemalte Texte auf Steingutgefäßen* (Abb. 118)

Sie sind nicht so häufig wie die eingravierten Texte und für gewöhnlich mit schwarzer Tinte und einem ziemlich dicken Pinsel ausgeführt. Auch sie bestehen der Hauptsache nach aus Namen und Titeln, die den Eigentümer kennzeichnen. Ihr Kursivcharakter zeugt von einer langjährigen Vertrautheit mit einem Schnellschriftsystem.

3. *Eingravierte Texte auf Tongefäßen – vor dem Brennen angebracht* (Abb. 119)

Sie dürfen nicht mit den Töpferzeichen verwechselt werden, mit denen wir uns weiter unten beschäftigen. Es handelt sich um echte, wenn auch plump geformte Hieroglyphen. Man hat Hunderte von Exemplaren geborgen; sie stammen fast alle aus der Regierungszeit der beiden Herrscher Enezib und Semerchet, also aus der Zeit der ersten Dynastie. Die des Enezib zeigen das Treppenmuster, das eine Zeichengruppe umschließt – die des Semerchet den Horus-Namen innerhalb eines gezackten Ovals oder einer befestigten Umzäunung. Anscheinend handelte es sich um Ortsnamen: Der Töpfer wollte das Gebäude, den Palast, das Grab bezeichnen, also die Örtlichkeit, für die das Gefäß bestimmt war.

4. *Gemalte Texte auf Tongefäßen* (Abb. 120)

Diese mit Kursivhieroglyphen geschriebenen Texte nennen meistens den Namen des Eigentümers und den Inhalt des Kruges. Aus dieser Kategorie wurden Proben gefunden, die aus prädynastischer Zeit stammen, aus der Regierungszeit des Ka'a und Narmer. Während der ersten Dynastie verwendete man immer nur schwarze Tinte, während der zweiten Dynastie aber zumeist weiße Farbe.

Abb. 117. Eingravierte Texte
auf Steingutgefäßen

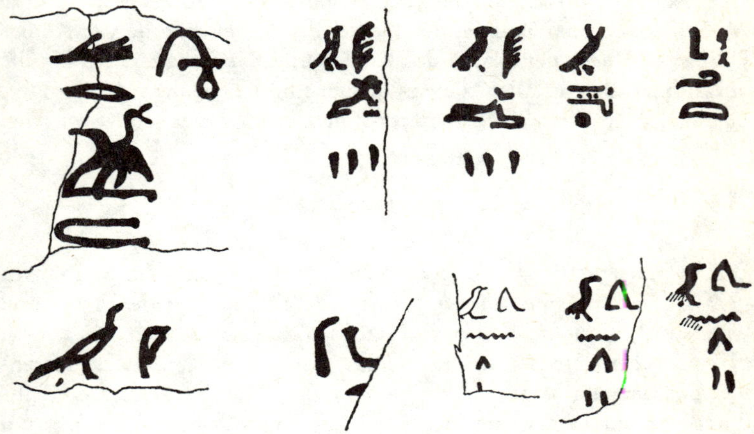

Abb. 118. Gemalte Inschriften
auf Steingutgefäßen

Abb. 119. Eingravierte Inschrift
auf einem Tongefäß

Abb. 120. Gemalte Inschriften auf Tongefäßen

Inschriften auf anderen Gegenständen

Abgesehen von dem Schriftmaterial auf Steinmonumenten, Täfelchen, Krugsiegeln, Ton- und Steingutgefäßen, tragen zuweilen auch andere Gegenstände wie Toilettesachen, Brettspielfiguren, Werkzeuge usw. kurze Inschriften, so zum Beispiel der Deckel der Siegelschatulle des Königs Udimu, auf dem der Name des Königs und der Inhalt der Schatulle verzeichnet ist. Aus allen diesen Quellen sind uns heute 203 Hieroglyphen bekannt, die auch in späterer Zeit allgemein verwendet wurden.

Töpferzeichen

Wir kommen jetzt zu den Töpferzeichen, die man zutreffend Signaturen genannt hat. Sie sind auf den großen Weinkrügen aus der ersten und zweiten Dynastie zu finden und haben nichts mit den uns bekannten Hieroglyphen zu tun (Abb. 121). Diese Zeichen wurden vor dem Brennen mit einem scharfen Instrument in die Töpfe eingeritzt, und ihr Zweck ist immer noch umstritten. Es handelt sich bestimmt nicht um zufällige Kritzeleien, sondern um systematische Gruppierungen. Sie wurden verschiedenartig beschrieben – als Eigentümerzeichen, Töpfersignaturen, Hinweise auf den künftigen Inhalt des Gefäßes –, aber keine dieser Erklärungen wirkt ganz überzeugend. Es können keine Eigentümerzeichen und auch keine Töpfersignaturen sein, weil man die gleichen Zeichengruppen auf Töpfen gefunden hat, deren Herstellungsdaten durch eine Zeitspanne von mehr als hundert Jahren voneinander getrennt sind. Möglicherweise bezeichneten die Markierungen die Werkstatt, in der das Tongefäß angefertigt worden war, aber auch das ist nicht sehr wahrscheinlich, weil wir verschiedene Zeichengruppen auf Gefäßen finden, die bestimmt den gleichen Ursprung haben, wie aus der Identität der Formen und der Struktur des Tons zu ersehen ist.

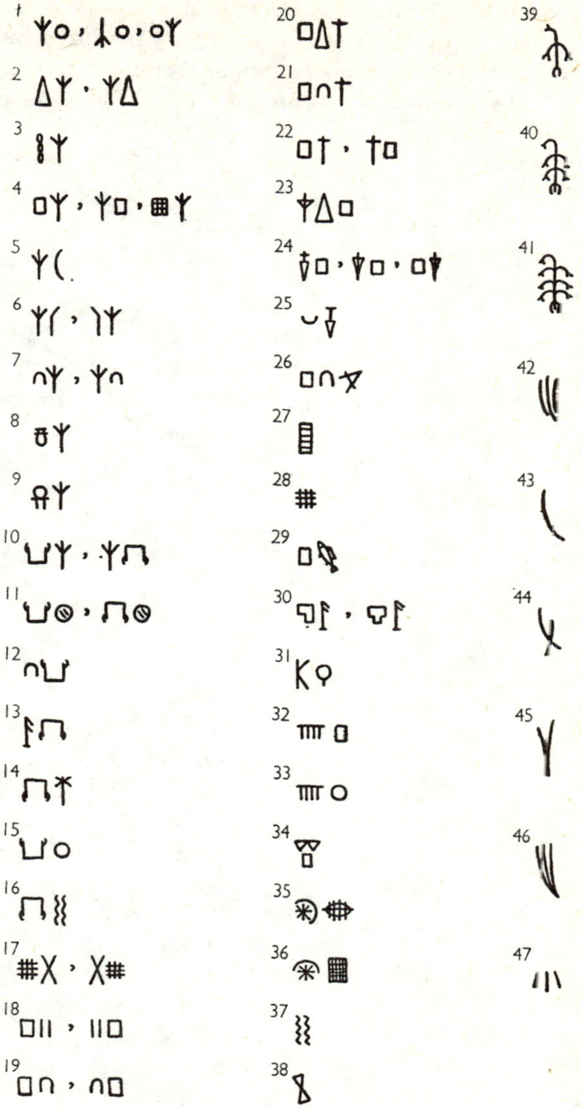

Abb. 121. Töpferzeichen

Eines ist sicher: Das Kennzeichnungssystem war nicht auf eine bestimmte Gegend beschränkt, sondern wurde in ganz Ägypten verwendet. Außerdem war es nicht auf eine gewisse Periode begrenzt, weil die gleichen Gruppen in einem Zeitraum von mehr als dreihundert Jahren benutzt wurden.

17 Totenmahl, entdeckt in einem unversehrten Grab aus der zweiten Dynastie in Sakkâra. Es war allgemein üblich, an der Ostseite des Sarges für die unmittelbaren Bedürfnisse der Seele des Toten ein Mahl zu servieren. Auch Gewänder, Schmuck, Spiele und Möbel gab man den Toten bei.

18 Stele des Sem-Priesters Merka, Sakkâra. Erste Dynastie. Das Grab Merkas liegt im Bereich der Grabstätte des Königs Ka'a. Die Stele fand sich in der Nähe seines Grabes. Eine lange Liste von Titeln ist darauf eingraviert in einer Schrift, die sich schon weit über die archaischen Formen hinaus entwickelt hat.

19 Elfenbeinstatuette aus Abydos, Frühzeit der ersten Dynastie. Es ist die Figur eines betagten Königs, der die Krone Oberägyptens trägt und in ein besticktes Heb-Sed-Gewand gehüllt ist. Bei der Statuette handelt es sich um das hervorragendste Beispiel der Elfenbeinbearbeitung im archaischen Ägypten.

20 Schieferstatue des Königs Cha-sechem. Hierakonpolis. Ende der zweiten Dynastie. Cha-sechem sitzt auf einem Thron, er trägt die Krone Oberägyptens und ist in ein schiefgewickeltes Gewand gekleidet, das nur beim Fest zu Ehren des Gottes Sed angelegt wurde. Rund um den Sockel sind Darstellungen von getöteten Feinden angebracht. Die Statue ist von großem künstlerischem Wert.

21a Grabstele der zweiten Dynastie, Sakkâra. Gelber Kalkstein. In dem Hieroglyphentext rechts erscheinen zum erstenmal sprachliche Formeln, die in späterer Zeit immer wiederkehren.

21b Teil eines Kalkstein-Fenstersturzes mit einem Löwenfries aus der Grabkammer der Königin Her-nit, Sakkâra. Erste Dynastie. Dieser Löwenfries ist das älteste bisher in Ägypten entdeckte Beispiel baulicher Skulptur.

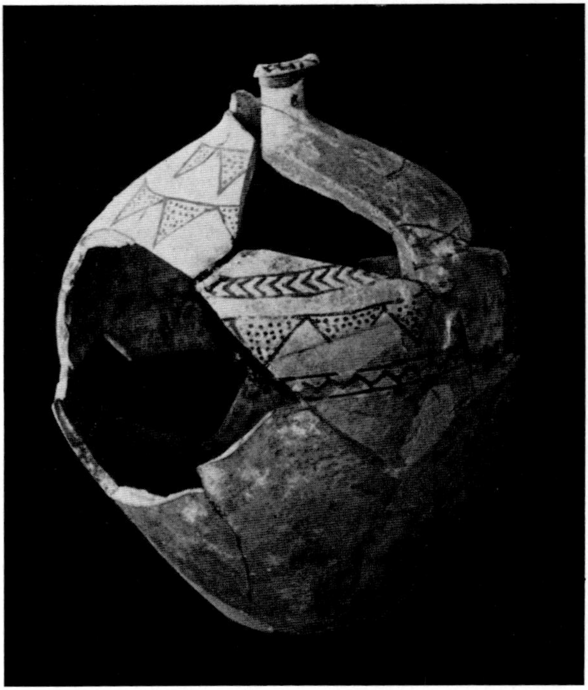

22a Ausländischer Tonkrug aus der Spätzeit der ersten Dynastie. Der Krug ist ein Beleg dafür, daß es bereits im archaischen Ägypten einen umfangreichen Güteraustausch mit den Nachbarländern gegeben hat.

22b Kleine Alabasterschale mit Blumenmuster. Die Steingefäße des archaischen Ägypten gehören zu den stärksten künstlerischen Ausdrucksmitteln, und die Gegenstände sind von hoher Vollendung.

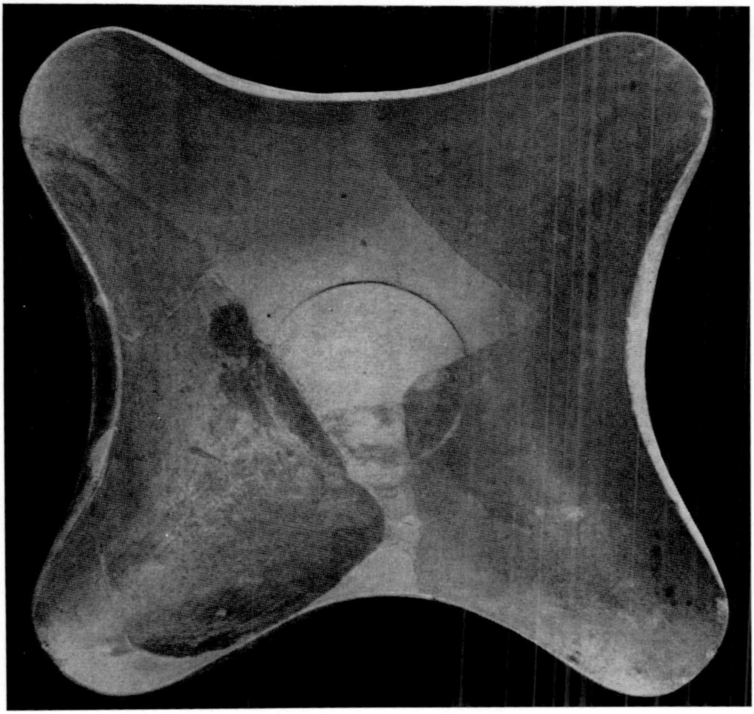

23a Gelbe Kalksteinschale. Erste Dynastie, Sakkâra.

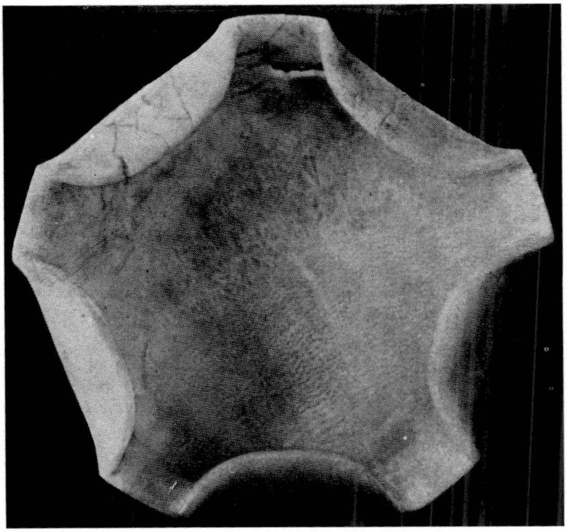

23b Alabasterschale. Zweite Dynastie, Sakkâra. Rätselhaft bleibt die erstaunliche Genauigkeit, mit der die Gegenstände auf das sauberste geschliffen wurden.

24 Alabastergefäße aus dem Grab des Hor-aha. Sakkâra. Frühzeit der ersten Dynastie. Die Gefäße zeigen keine Abweichung vom vollendeten Kreis, sie sind schön in ihren Formen und wurden in ungeheuren Mengen hergestellt. Leider ist bisher noch keine archaische Töpfer- und Steinvasenmacher-Werkstatt entdeckt worden, die Aufschluß über die verwendeten Arbeitsmethoden geben könnte. Kein Stein war zu hart, um Verwendung zu finden, Schiefer, Marmor, Kalkstein, Porphyr, Jaspis, Bergkristalle u. a. m. wurden gebraucht.

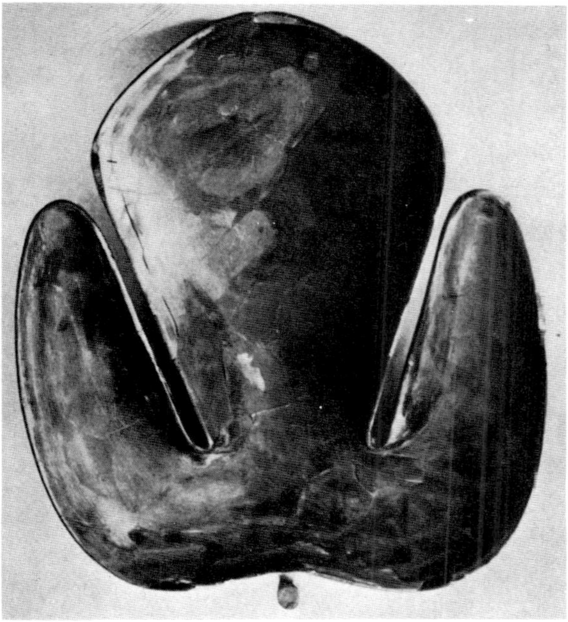

25 a Blattförmige Schüssel aus Schiefer. Mitte der ersten Dynastie.

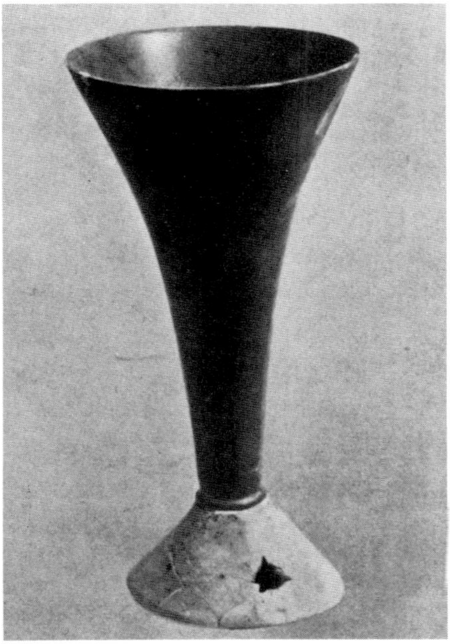

25 b Becher aus Schiefer und rosa Kalkstein. Aus dem Grab der Königin Her-nit, Sakkâra. Er zeigt die Geschicklichkeit in der Verarbeitung harten Materials.

26a Bruchstücke einer blattförmigen Schüssel aus Schiefer und ein Schieferlöffel. Mitte der ersten Dynastie. Sie sind Beweis für das hohe Niveau des damaligen Kunsthandwerks.

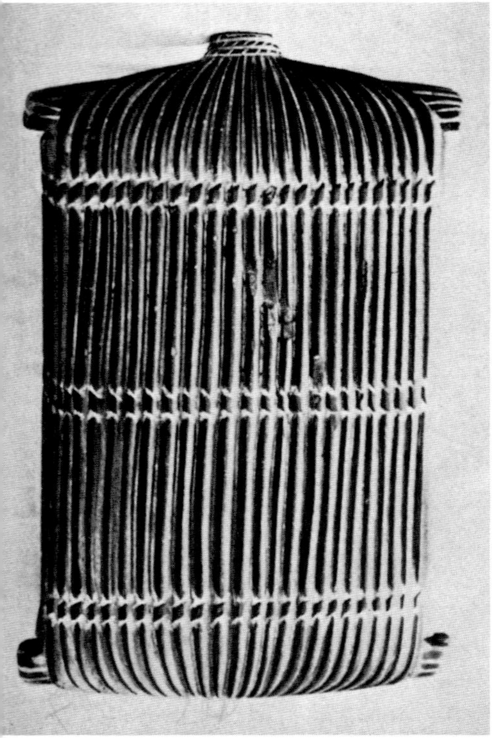

26b Schieferschüssel in Form eines Schilfkorbes. Zweite Dynastie.

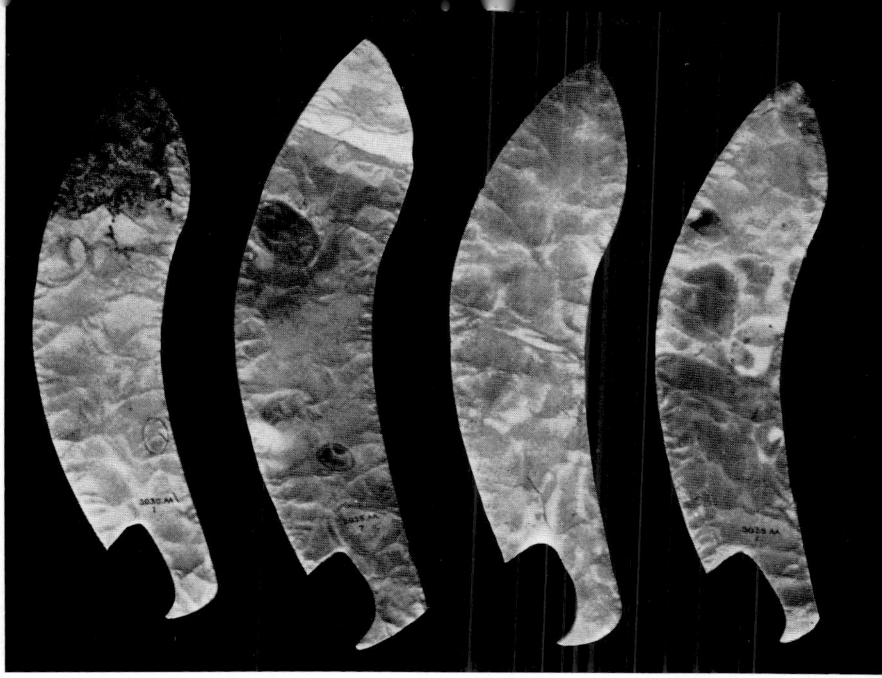

27a Feuersteinmesser. Mitte der ersten Dynastie. Den Feuerstein hat man als Material nicht aufgegeben, wenn auch Werkzeuge und Waffen aus Kupfer allgemein gebräuchlich waren.

27b Holzsichel mit eingesetzter Schneide aus Feuerstein. Mitte der ersten Dynastie. Bis in die zwölfte Dynastie blieb die Feuersteinbearbeitung als lebendes Gewerbe, und man fertigte Messer, Schaber, Sichelklingen und Hackblätter daraus an.

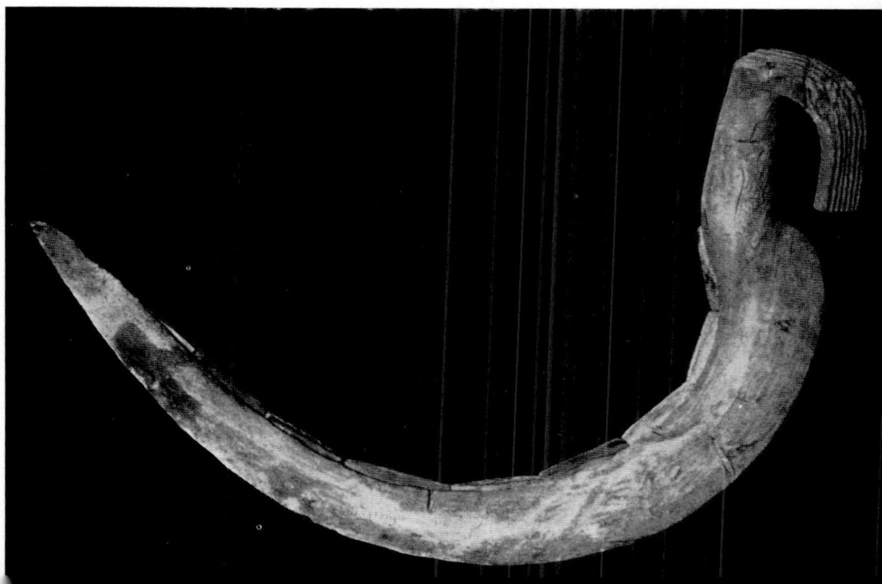

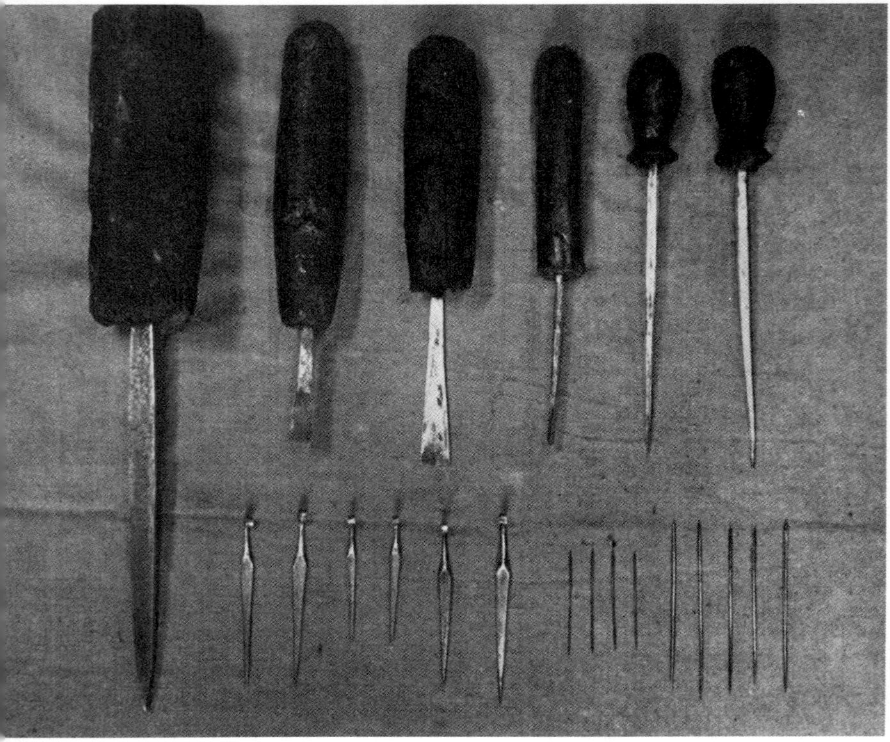

28a Meißel, Pfrieme und Nadeln aus Kupfer. Grab des Königs Zer, Frühzeit der ersten Dynastie. Sakkâra.

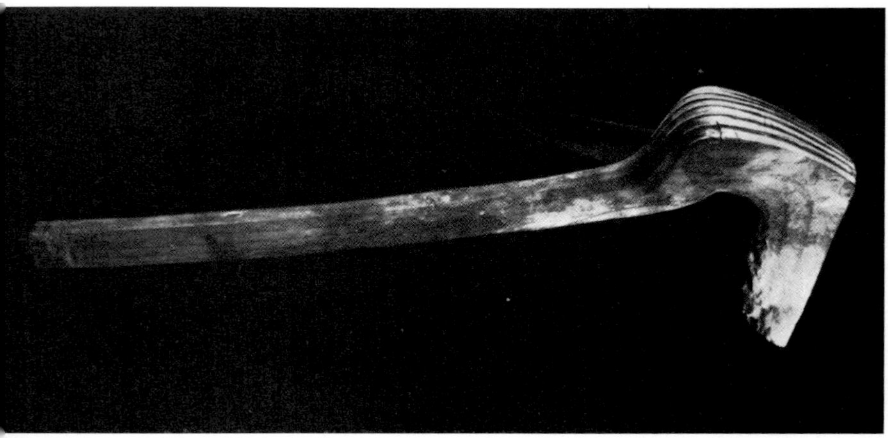

28b Geschnitzter Holzstiel einer Hacke. Erste Dynastie. Durch das Handwerkszeug aus Kupfer war eine genaue Holzbearbeitung in allen Techniken möglich.

29 Kupfergefäße aus dem Grab des Königs Zer. Sakkâra. Frühzeit der ersten Dynastie. Kupfer war neben Gold das einzige Metall, das das archaische Ägypten kannte. Es wurde zur Herstellung von Gefäßen, Waffen und Werkzeugen aller Art benutzt. Entweder wurde es in gehämmerter Form, wie zumeist in der ersten Dynastie, oder gegossen verwendet, wie seit der zweiten Dynastie. Die Schalen, Kannen, Krüge und Teller dieses Grabes sind sämtlich aus gehämmertem Kupfer hergestellt. Die Tüllen der Kannen, die Griffe und Kanten wurden mit Kupfernieten befestigt. Auch Drahtbindungen wurden gemacht; man verstand also, Metalldrähte zu ziehen.

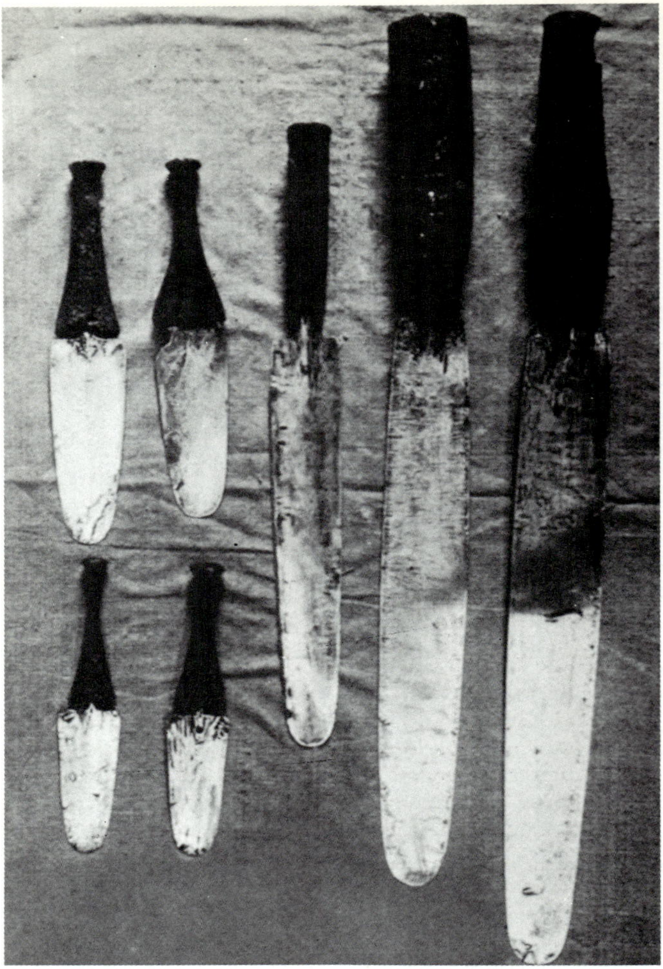

30a Säge und Messer aus Kupfer. Mitte der ersten Dynastie. Gebrauchsgegenstände wurden nach Schwere und Art der Verwendung entweder kalt oder heiß gehämmert oder gegossen.

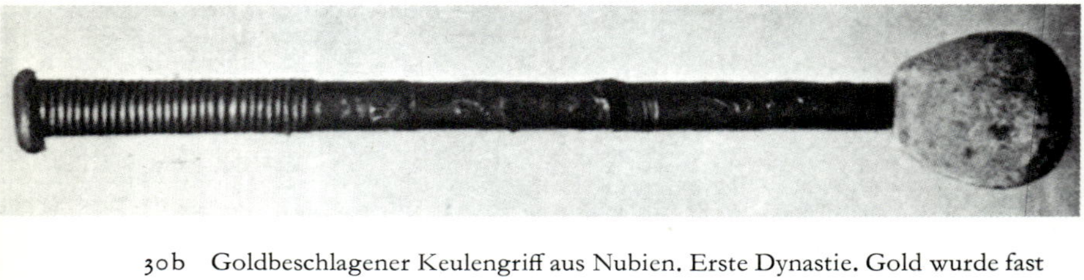

30b Goldbeschlagener Keulengriff aus Nubien. Erste Dynastie. Gold wurde fast ausschließlich für Schmuckstücke und seltener für architektonischen Zierat verwendet, und zwar gegossen, gehämmert, ziseliert, geschliffen oder getrieben.

31 a Tonlöwe. Hierakonpolis. Zweite Dynastie.

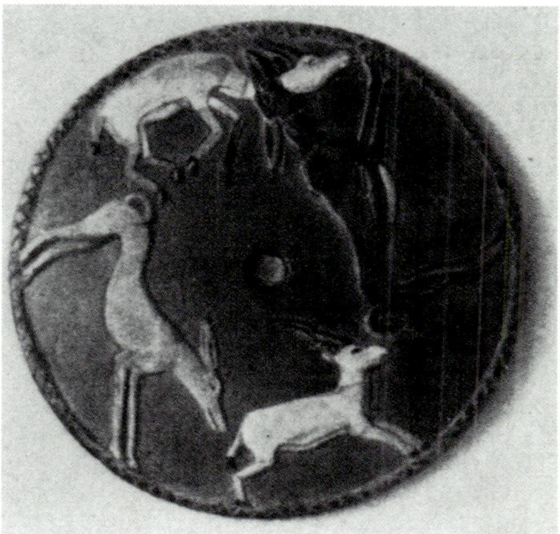

31 b Brettspielscheiben aus schwarzem Speckstein, mit Alabaster eingelegt. Dargestellt ist eine Jagdszene mit zwei Hunden. Der schwarze Hund ist aus der Scheibe herausgearbeitet; der weiße Bauch besteht aus eingelegtem Alabaster. Die Gazellen sind aus rosarotem und braunem Alabaster gefertigt.

32 Brettspielgarnituren aus Elfenbein. Grab des Uadschi. Sakkâra. Erste Dynastie. Bei der Herstellung der Brettspielsteine konnte der Elfenbeinschnitzer seine künstlerische Fähigkeit voll zur Geltung bringen, vor allem, wenn es sich um die Löwen und Wurfstäbchen handelt.

Achtes Kapitel

HANDEL

Einfuhr

Es gibt reichliche Hinweise auf einen gut organisierten Binnenhandel im archaischen Ägypten, und eine Untersuchung nicht-ägyptischen Materials zeigt uns, daß auch schon in frühesten Zeiten der Güteraustausch mit den Nachbarländern recht umfangreich war.

Wir erhalten einen Begriff von den Verzweigungen des Binnenhandels, wenn wir die Herkunft der Naturstoffe berücksichtigen, die man an so weit auseinanderliegenden Orten wie Sakkâra, Abydos und Hierakonpolis gefunden hat. So stammte zum Beispiel der für die Steingutmanufaktur so wichtige Alabaster aus Hat-nub in der östlichen Wüste und aus einem Gebiet dicht hinter Helwan – der Basalt aus Faijûm – der Diorit aus Assuan in der östlichen Wüste, und eine besondere Spielart der Hornblende aus einem Gebiet 60 Kilometer nordwestlich von Abu Simbel in Nubien – Brockenstein aus Gebieten in der westlichen Wüste zwischen Minia und Esna – Dolomit aus der östlichen Wüste – Schiefer und vulkanische Asche aus dem Wadi-el-Hammamat – Marmor und porphyrhaltiges Gestein aus dem Küstengebiet des Roten Meers – purpurner Porphyr aus Dschebel Dochan in der östlichen Wüste, Serpentin und Bergkristall aus der östlichen Wüste.

Das ausgedehnte Verteilungsnetz der keramischen Erzeugnisse wird durch die Töpferzeichen bezeugt, gleiche Zeichen, die von der gleichen Hand herrühren und an verschiedenen archaischen Siedlungsstätten im ganzen Land entdeckt wurden. Obwohl es im Bauwesen üblich war, örtlich vorhandene Steinarten zu verwenden, war die Einfuhr aus entlegenen Gebieten keineswegs unbekannt. So wurde zum Beispiel für das Grab des Udimu in Abydos Granit aus Assuan verwendet. Assuan-Granit wurde in den Ruinen der archaischen Periode zu Sakkâra gefunden. Zur Beförderung der Produkte der Steinbrüche über Land müssen die Ägypter Schlitten benützt haben. Der Karren war ihnen damals noch nicht bekannt, obwohl ihre Zeitgenossen in Mesopotamien ihn schon verwendeten. War das Gestein erst einmal an den Ufern des Nils angelangt, konnte es mühelos an seinen Bestimmungsort transportiert werden, da sämtliche bedeutende Zentren vom Fluß aus leicht zu erreichen waren.

Unter den Gebieten außerhalb des eigentlichen Ägyptens war die Sinaihalbinsel ein Quell verschiedener Rohstoffe. Die wichtigsten waren Kupfer, Malachit und Türkis. In dieser Frühzeit waren Einfuhren aus dem Ausland, wenn auch quantitativ begrenzt, unentbehrlich, besonders Bauholz. Zweifellos florierte bereits unter der ersten Dynastie ein lebhafter Holzhandel. Die Baumeister und Schiffsbauer waren auf den Import beträchtlicher Mengen von Zedern- und Zypressenholz aus dem Libanon und aus Syrien angewiesen. Auch das Ebenholz, das zur Verzierung der Möbelstücke verwendet wurde, kam aus dem fernen Süden, der außerdem eine bestimmte Menge Elfenbein lieferte. Weitere wichtige Stoffe ausländischer Herkunft waren Obsidian und Lapislazuli aus Westasien und Harz aus dem fernen Süden.

Ein weiteres für den Archäologen besonders interessantes Einfuhrgut war eine gewisse Sorte von Tongefäßen zweifellos ausländischer Herkunft, die in der zweiten Hälfte der ersten Dynastie allgemein im Gebrauch waren. Diese flaschenförmigen Gefäße stammen wahrscheinlich aus dem nördlichen Syrien und sind vielleicht als Behälter für Olivenöl oder andere Exportwaren nach Ägypten gelangt. Man hat sie in Byblos, dem syrischen Ausfuhrhafen für Lieferungen nach Ägypten, gefunden, aber da dort zugleich auch ägyptische Töpferwaren aus der gleichen Periode geborgen wurden, könnten sie selber in Syrien eingeführt worden sein. Alles in allem dürfte Syrien ihr Ursprungsland gewesen sein.

Ausfuhr

Wir wissen nur wenig über Ägyptens Export, aber ägyptische Steingutgefäße haben ihren Weg nach Byblos, Palästina, Kreta und sogar nach dem griechischen Festland, nach Mykene und Asine, gefunden. Also exportierte Ägypten zur Zeit der zweiten Dynastie nicht nur Rohstoffe, sondern auch die Erzeugnisse seiner Handwerker in ferne Länder. Die Handelsrouten waren vermutlich die gleichen wie zu späterer Zeit: auf dem Seewege nach Byblos (Syrien) – auf der El-Auja-Straße quer über den nördlichen Teil der Sinaihalbinsel (Palästina) – durch das Wadi-el-

Tumilat nach dem südlichen Teil der Sinai-Halbinsel – durch das Wadi-el-Hammamat ans Rote Meer und von dort aus südwärts nach Somaliland und an die arabischen Küsten – und schließlich auf dem Nil nach dem Sudan.

Verkehr

Wir wissen nicht, ob der Verkehr zur See durch ägyptische Schiffe oder von ausländischen Händlern besorgt wurde, aber da im Binnenhandel offensichtlich große Fahrzeuge den Nil befuhren, besteht kein Grund zu der Annahme, die Ägypter seien nicht fähig gewesen, seetüchtige Schiffe zu bauen und zu navigieren.

Neuntes Kapitel

GEWERBE

Töpferei

Einer der wichtigsten Handwerkszweige war die Herstellung von Töpferwaren. Aber zum Unterschiede von dem Handwerk späterer Zeiten bot sie der künstlerischen Gestaltung keinen Raum; sie war rein zweckgebunden. Während der gesamten Periode war die Aufmerksamkeit des Künstlers auf die Steingutgefäße gerichtet, und erst mit dem Verfall dieses Gewerbes in der Pyramidenzeit gewann die Töpferei ästhetischen Wert. Unbewußt aber machte sich das ästhetische Genie des Ägypters auch bei der massenhaft erzeugten Töpferware geltend. Die Formen mancher irdener Gefäße sind in ihrer Einfachheit und Ausgewogenheit wirklich bezaubernd. Daß der Künstler das gelegentlich selber erkannte, ist daran zu erkennen, daß man einfache Töpferstile in Gefäßen aus Alabaster, Schiefer und Lava nachgebildet hat.

Zur Zeit der Einigung hatte das Töpfergewerbe bereits eine lange Vergangenheit hinter sich, aber obwohl gewisse Stilmuster erhalten blieben, trat kurz vor Beginn der ersten Dynastie eine neue und eigenartige Töpferei ans Licht. Die mit schwarzem Oberteil versehenen, gravierten und bemalten Ziertöpfe aus der vordynastischen Spätzeit verschwanden, und auch der gewellte Griff behauptete sich nur noch kurze Zeit. Es ist bezeichnend, daß die schwarzrandigen, gravierten Töpferwaren in Nubien viele Jahrhunderte lang weiterhin im Gebrauch waren, während nördlich der natürlichen Grenze des ersten Katarakts sich neue Stile und neue Methoden durchsetzten, zur gleichen Zeit wie die Monumentalbaukunst.

Ägypten ist reich an Tonerde, die sich in zwei verschiedene Spielarten einteilen läßt: eine schwärzliche, die beim Brennen braun oder rot wird, und eine bräunlichgrauc, die sich graubraun verfärbt. Die zweite Sorte ist auf bestimmte Gebiete in Ober-Ägypten beschränkt und wurde von den Töpfern während der archaischen Periode nicht verwendet: Die überwiegende Mehrzahl irdener Gefäße aller Arten sind bräunlichrot. Die kategorische Behauptung mancher Experten, die Töpferscheibe sei unter der ersten und zweiten Dynastie nicht bekannt gewesen, stimmt nicht. Obwohl sie durchaus nicht allgemein verwendet wurde, kam sie doch öfters vor, und die mit einer langsamen, handgetriebenen Drehscheibe angefertigten Gefäße sind gar nicht selten.

Was das Brennen betrifft, so haben wir keine Beweise für die Existenz von Brennöfen, aber es mag sie gegeben haben. Sonst muß man wohl die primitive Methode angewandt haben, Töpfe und Brennstoff zusammen zu erhitzen. Bedenkt man aber die gewaltige Menge an Töpferwaren, die damals erzeugt wurden, so erscheinen einem so primitive Methoden als unzulänglich: Sicherlich kannte man eine einfache Methode, das Brenngut vom Brennstoff zu trennen.

Abbildung 122 zeigt uns eine repräsentative Gruppe verschiedener Töpfereisorten, wie sie unter der ersten und zweiten Dynastie allgemein gebräuchlich waren, und obwohl wir bei manchen nicht genau wissen, welchem Zweck sie dienten, können wir im allgemeinen zwischen Vorrats- und Eßgefäßen unterscheiden. Bei den ersteren wissen wir sogar in vielen Fällen, was in ihnen aufbewahrt werden sollte. Dieses Wissen haben wir vor allem durch die neuesten Ausgrabungen in Sakkâra erlangt. Dort sind die Nahrungsmittel und sonstigen Stoffe bemerkenswert gut erhalten geblieben.

Die großen Krüge der Kategorie 1 enthielten Wein und waren in beträchtlicher Menge in den Vorratskammern sämtlicher großen Gräber aufgestapelt (siehe Tafel 14). Ihre Größe wechselte je nach der Periode. Die höheren und bauchigeren Typen aus der Frühzeit der ersten Dynastie werden niedriger und schlanker, bis sie die Form der Kategorie 2 angenommen haben. Um diese großen Weinkrüge zu versiegeln, stülpte man einen runden tellerförmigen Deckel über die Öffnung. Ein großer, kegelförmiger gelber Tonklumpen umschloß den Deckel und reichte bis an die Seitenwände des Gefäßes herab (siehe Abb. 123). Über diese Tonkapsel wälzte man einen hölzernen oder steinernen Siegelzylinder, an der einen Seite nach oben, an der anderen nach unten. Zuweilen wurde ein zweites Siegel in rechtem Winkel zu dem ersten angebracht, so daß beide Abdrücke sich in der Nähe des höchsten Punktes kreuzten. Wie im siebenten Kapitel erklärt wurde, sind wir in hohem Grade auf die Weinkrugsiegel angewiesen, wenn wir die Identität des Besitzers dieses oder jenes großen Grabes feststellen wollen. Aber diese Versiegelungsmethode gilt nur für die erste Dynastie.

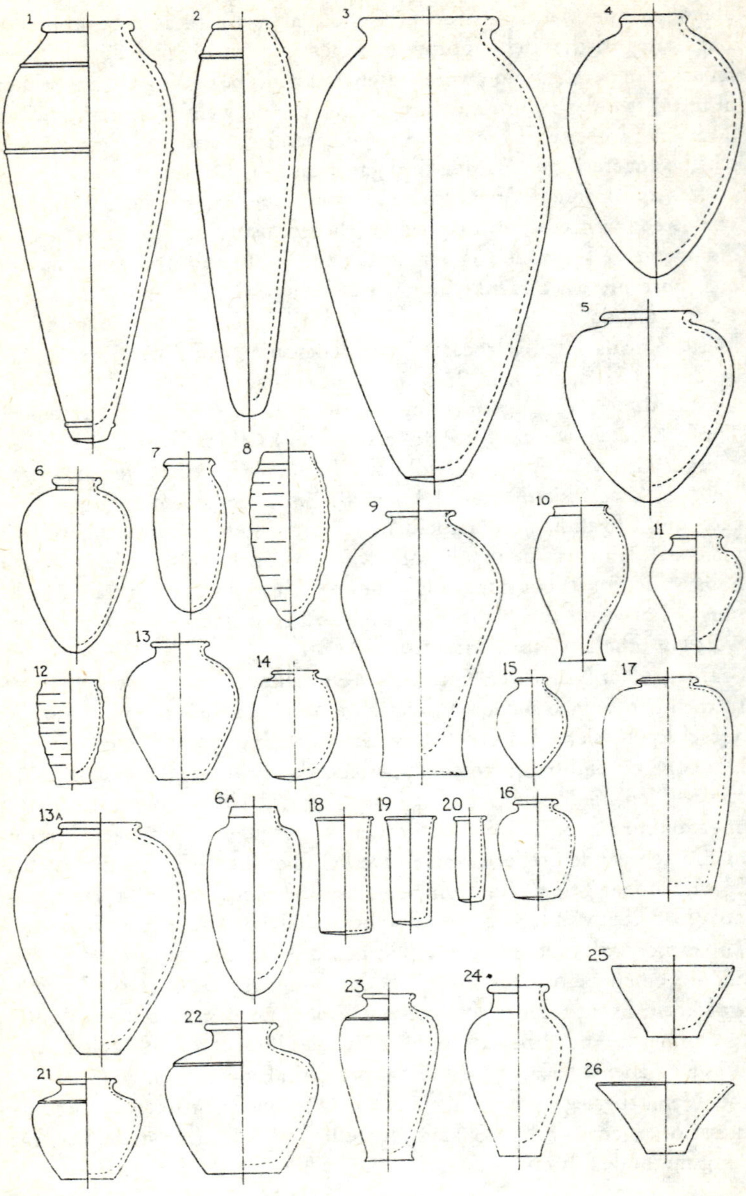
1
2
3
4
5
6
7
8
9
10
11
12
13
14
15
16
17
13A
6A
18
19
20
21
22
23
24
25
26

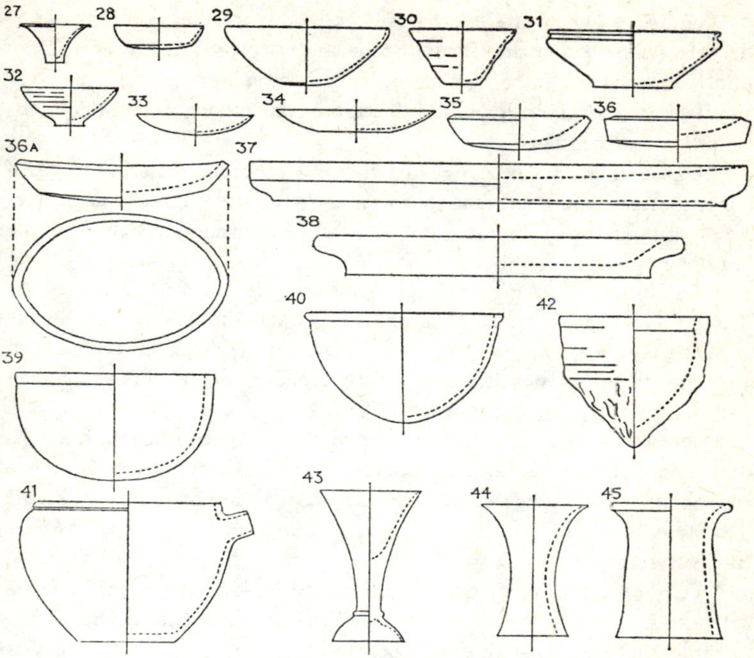

Abb. 122. Verschiedene Arten von Tongefäßen

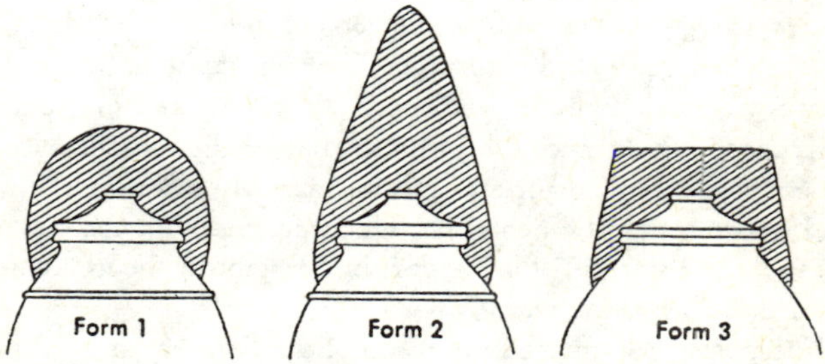

Abb. 123. Verschiedenartige Tonkrugsiegel

Weinkrüge der zweiten Kategorie sind zwar mit dem üblichen Tondeckel versehen, aber die Kapsel ist meistens schwarz, hat gerade Seiten und ist oben flach (siehe Abb. 123). Krüge dieser Art sind seltener versiegelt, und auch dann ist der Abdruck oft mangelhaft, wegen der Klebrigkeit des schwarzen Tons.

Die großen bauchigen Krüge der dritten Kategorie mögen Flüssigkeiten enthalten haben, wurden aber in manchen Fällen dazu benützt, Getreide, zum Beispiel Emmerweizen, aufzubewahren. Meistens sind sie mit einem grauen Tonklumpen nach Art der Type I auf der Abbildung 123 verschlossen und genauso versiegelt wie die Weinkrüge der ersten Kategorie. Krüge dieser Art waren bis gegen das Ende der ersten Dynastie im Gebrauch, aber in späterer Zeit tauchen sie nur noch recht selten auf, und die erhaltenen scheinen der älteren Periode angehört zu haben und dann neu verwendet worden zu sein.

Krüge der Kategorie 4, 5 und 6 wurden anscheinend zur Aufbewahrung von Getreide benützt. In einem großen Grab der ersten Dynastie zu Sakkâra enthielten siebenundsechzig Krüge der Kategorie 6 kleine Brotlaibe. Meistens sind sie mit konischen Tonsiegeln versehen, die keine Inschriften tragen, und zuweilen mit weißem Kalk getüncht. Die Form der vierten Kategorie hat sich bis weit in die Zeit der zweiten Dynastie behauptet. Kategorie 6 A ist ausschließlich auf die zweite Dynastie beschränkt und war auch zu dieser Zeit nicht allgemein gebräuchlich. Wir besitzen keine Hinweise auf den Inhalt, wahrscheinlich aber diente sie zur Aufbewahrung von Lebensmitteln.

Der kleine Krug der siebenten Kategorie war unter der ersten Dynastie recht üblich, hat aber das Ende dieser Periode nicht überdauert. Auf diesen Krügen ist oft mit schwarzer Tinte der Name des Eigentümers und das Produkt verzeichnet, das sie enthalten, vielleicht ein Öl.

An allen Siedlungsstätten aus der Zeit der ersten Dynastie hat man Krüge der Kategorie 8 in großen Mengen gefunden. Es handelt sich um einen plump mit der Hand geformten Topf aus derbem, braunem Ton. Er scheint vielerlei Zwecken gedient zu haben; manchmal enthielten solche Krüge Getreide, auch Obst und sogar Fleischknochen.

Große Krüge der Kategorie 9 sind aus derbem, braunem Ton gefertigt und haben einen dünnen roten Überzug. Sie kommen nur in der ersten Hälfte der ersten Dynastie vor, und es gibt bis heute keine Hinweise auf ihre Verwendungsart.

Die Kategorien 10 und 11 sind recht übliche Formen und wahrscheinlich die Prototypen der Kategorien 21, 22 und 23 aus der Zeit der zweiten Dynastie. Kleinere Krüge der Kategorie 11 enthielten zuweilen Obst.

So wie die Kategorie 8 ist auch die Kategorie 12 ein plumper, mit der Hand gedrehter Topf zu allgemeiner Verwendung und auf die Frühzeit der ersten Dynastie beschränkt. Zahlreiche Krüge diesen Typs hat man im Grab eines Sklaven der Königin Merjet-nit in Sakkâra gefunden. Sein Beruf war klar erkennbar: Sämtliche Krüge enthielten rote, grüne und gelbe Farbe. Unter anderen Umständen aber wurden sie zur Aufbewahrung von Weizen und kleinen Brotlaiben benützt.

Krüge der Kategorien 13 und 13 A wurden mit bemerkenswerter Sorgfalt hergestellt. Der größte Teil der irdenen Ware aus archaischer Zeit ist zwar der Form nach reizvoll, aber plump in der Ausführung: Diese Krüge jedoch sind meistens schön gerundet, mit Kieselstein geglättet und mit einem dünnen, roten Überzug versehen. Sie kommen unter der ersten Dynastie ziemlich häufig vor, später aber nicht mehr. Nichts deutet auf ihren Verwendungszweck hin, aber da sie manchmal zusammen mit Eßgeschirr gefunden worden sind, wurden sie möglicherweise bei den Mahlzeiten als Wein- oder Wasserkrüge benützt. Für diese Annahme spricht auch, daß sie nie versiegelt waren und daß sie in gehämmertem Kupfer nachgeahmt wurden (siehe »Metallverarbeitung«).

Die Kategorien 14, 15 und 16 sind von ähnlicher Machart wie die größeren Krüge Nr. 13 und 14 A und ebenso sorgfältig gearbeitet. Unter der ersten Dynastie allgemein gebräuchlich, behaupteten sie sich in Form und Größe fast unverändert bis gegen das Ende der zweiten Dynastie. Sie hatten flache, scheibenförmige Deckel und wurden zur Aufbewahrung von Früchten benutzt.

Der große Krug der Kategorie 17 – ausschließlich der zweiten Dynastie angehörend – ist ebenfalls sorgfältig gearbeitet. Obwohl zahlreiche Exemplare dieser Spielart gefunden wurden, besitzen wir keinerlei Hinweise auf den Verwendungszweck.

Die röhrenförmigen Krüge der Kategorie 18, 19 und 20 wurden, nach chemischen Analysen zu schließen, als Käsebehälter verwendet; sie wurden in großen Mengen in den Gräbern aus der ersten Hälfte der ersten Dynastie entdeckt. Kategorie 18 — aus braunem Ton — stammt aus den Regierungszeiten Narmers und Hor-ahas. Im Grabe des letzteren zu Sakkâra wurden nicht weniger als 200 Exemplare gefunden. Stets ist auf ihnen mit schwarzer Tinte der Name des Eigentümers und der Inhalt verzeichnet. Kategorie 19, immer noch bräunlich, aber kleiner, wird der Zeit des Uadschi zugeordnet und ist mit keinem Text versehen. Die wenig zahlreiche Spielart der Kategorie 20, die aus der Zeit des Udimu datiert, ist aus roter Tonerde angefertigt und hat keine Inschrift.

Die Kategorien 21, 22 und 23 kommen ausschließlich in der zweiten Dynastie vor. Nie trifft man sie versiegelt an, aber sie sind oft mit einem umgestülpten, kleinen, flachen, kelchartigen Becher zugedeckt. So sehen wir sie auf Monumenten aus jener Zeit abgebildet. Der Mittelteil ist aus rötlichbrauner Tonerde hergestellt und mit roter Tünche bemalt, während der Rand, der Hals und die oberen Rundungen schwarz bemalt sind.

Krüge der Kategorie 24 gehören gleichfalls der Periode der zweiten Dynastie an. Sie sind nicht allzu häufig, und ihren Verwendungszweck kennen wir nicht.

Rauhe, braune irdene Schalen der Kategorie 25 waren in der Frühzeit der ersten Dynastie recht gebräuchlich. Nach der Regierungszeit des Udimu aber kommen sie nur noch selten vor.

Die Kategorien 26 und 27 (Abb. 122) behaupteten sich während der ganzen ersten und zweiten Dynastie, waren aber nicht allgemein gebräuchlich.

Schalen und Schüsseln der Kategorien 28 bis 36 wurden als Eßgeschirr verwendet. Aus derber, rötlichbrauner Tonerde angefertigt, waren sie meistens mit einer roten Tünche überzogen, die nicht hielt, wenn das Geschirr beim Servieren warmer Speisen erhitzt wurde. Auch die großen, flachen Teller der Kategorien 37 und 38, aus dem gleichen derben Ton hergestellt, wurden für warmes Essen benützt. Während der gesamten archaischen Zeit waren solche Schalen und Teller allgemein gebräuchlich. Die Schalen mit gerundetem Boden – Kategorien 39 und 40 – sind ausschließlich der zweiten Dynastie zuzurechnen, ebenso wie die Tüllenschale der Kategorie 41.

Kategorie 42 ist eine sehr plump gearbeitete Schale mit konischem Fuß. Dieser Typ kommt weit häufiger unter der zweiten Dynastie vor, war aber schon in ältester Zeit gebräuchlich. Hunderte dieser Schalen wurden in einem großen Grab der zweiten Dynastie zu Sakkâra gefunden, und reichlich die Hälfte davon war nicht gebrannt. Vorläufig wissen wir nicht genau, welchem Zweck sie dienten, obwohl die Vermutung geäußert und von manchen Forschern akzeptiert wurde, sie hätten beim Brotbacken Verwendung gefunden. Bis in die Pyramidenzeit hinein waren sie allgemein gebräuchlich.

Obwohl, wie ich schon früher erwähnt habe, die Tonwaren fast ausschließlich für Nutzzwecke hergestellt wurden, sehen wir gelegentlich, daß ein Handwerker einen Stil gefunden hat, der über diesen Zweck weit hinausgeht und offenbar den Versuch darstellt, mit dem einfachen Stoff Tonerde die reizvollen Muster der Steinvasenkünstler nachzuahmen. Ein Beispiel dafür ist die Kategorie 43, die aus der Frühzeit der ersten Dynastie stammt.

Tongefäße mit spitzen Sockeln waren dazu bestimmt, im Sand oder auf dem rauhen Lehmboden zu stehen. Die härteren Fußböden in den Behausungen der Oberschicht erforderten eine Stütze. Der Töpfer lieferte sie in Gestalt hohler Piedestale (siehe Nr. 44 und 45), die während der gesamten Periode üblich waren.

Der Töpfer beschränkte seine Tätigkeit nicht allein auf die Herstellung von Krügen, Schalen, Tellern und Bechern, er erzeugte auch noch andere Gebrauchsgegenstände, für die sein Werkstoff geeignet war. Große, zylindrische Kornbehälter, zuweilen über einen Meter hoch, wurden aus Ton hergestellt. Sie hatten oben eine kreisrunde Öffnung, durch die das Getreide hineingeschüttet wurde, und unten ein vierkantiges Türchen, durch die es nach Belieben herausgeholt werden konnte. Der Töpfer stellte außerdem die großen Deckel für die Öffnungen der eingebauten Kornkästen her, wie Abbildung 140 zeigt. Weitere Produkte des Töpferhandwerks waren Modelle von Häusern, Kornkammern und Schiffen für die Ausstattung der Grabmäler.

Steingefäße (Abb. 125)

Die Steingefäße der archaischen Ägypter waren vielleicht ihr stärkstes künstlerisches Ausdrucksmittel. Kein Land hat damals oder seither eine so hohe Vollendung erreicht wie diese uralte Manufaktur in ihrem Bestreben, nützliche und zugleich schöne Gegenstände zu schaffen. Sie wurden in so ungeheuren Mengen hergestellt, daß die Qualität ungleich war, aber die Zahl der in Entwurf und Ausführung vollkommenen Stücke ist erstaunlich.

Kein Stein — außer Granit — war zu hart, um Verwendung zu finden. Man hat aus der Zeit der ersten und zweiten Dynastie Exemplare aus folgenden Steinarten gefunden: Diorit, Schiefer, Alabaster, Lava, Serpentin, Steatit, Brockenstein, Marmor, Kalkstein, scheckiger schwarzer und weißer porphyrhaltiger Fels, purpurroter Porphyr, roter Jaspis, vulkanischer Quarz, Dolomit, Bergkristall und Basalt.

Leider besitzen wir keine wirklich hinreichende Kenntnis der Herstellungsmethoden. Obwohl uns einige Verfahren bekannt sind, bleiben uns andere rätselhaft. Wie konnten sie eine so ungeheure Genauigkeit erzielen, daß keinerlei Abweichung von einem vollendeten Kreise festzustellen ist, wenn wir eine flache Schale oder einen Teller »schwenken«? Wie haben sie es fertiggebracht, aus Bergkristall röhrenförmige Krüge herzustellen, deren Wände nicht dicker sind als einen Millimeter? Obwohl keine Belege dafür vorhanden sind, scheint es fast sicher zu sein, daß der Handwerker über eine Technik verfügte, den Werkstoff um ein Werkzeug rotieren zu lassen, da es ausgeschlossen wäre, eine solche Genauigkeit nur mit Hilfe des Handmeißels und eines Schleifwerkzeugs zu erzielen, mögen die Messungen noch so häufig und noch so sorgfältig vorgenommen werden.

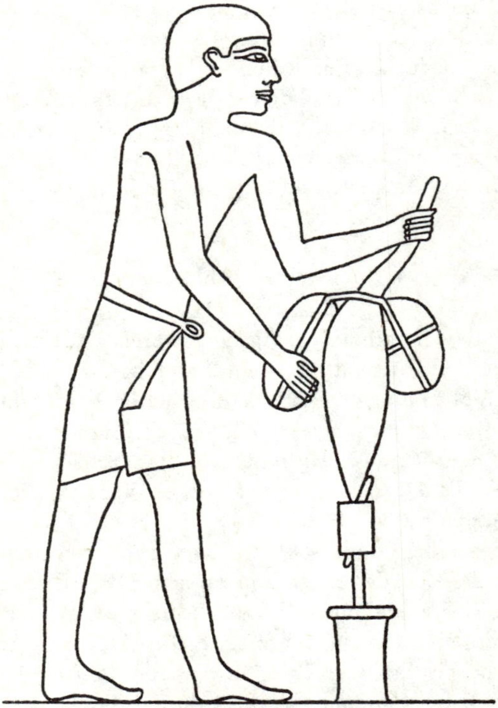

Abb. 124. Darstellung einer Steinvasenherstellung im Alten Reich

STEINGEFÄSSE

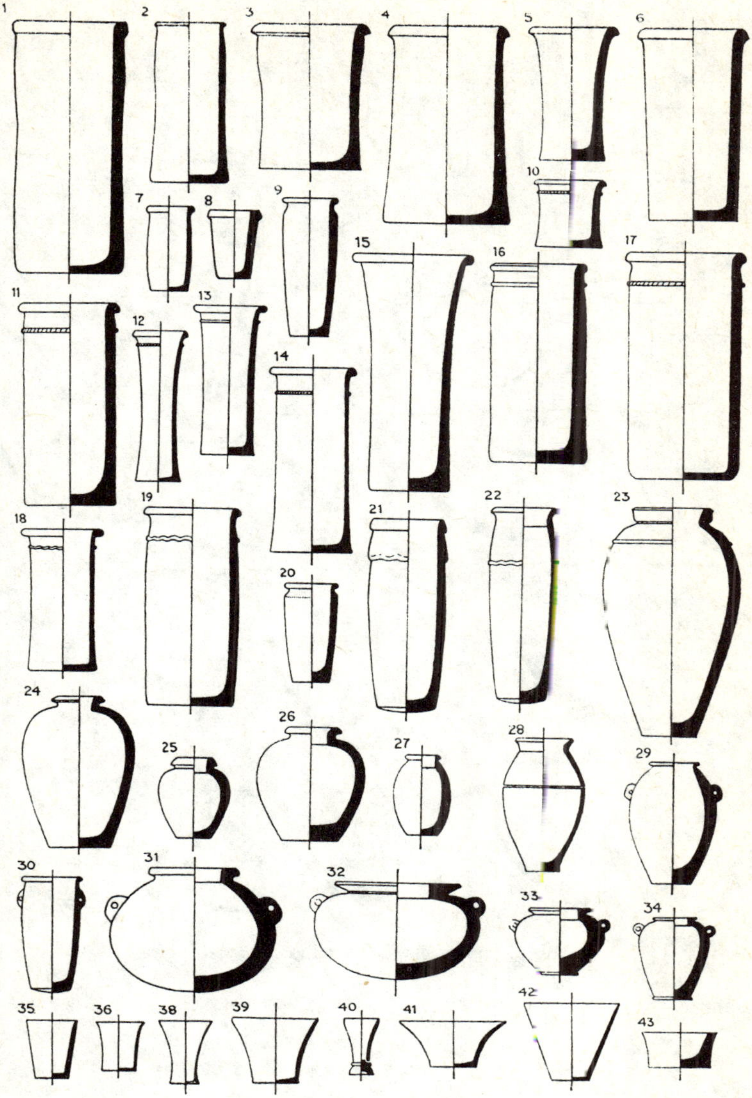

Abb. 125. Steingefäß-Sorten

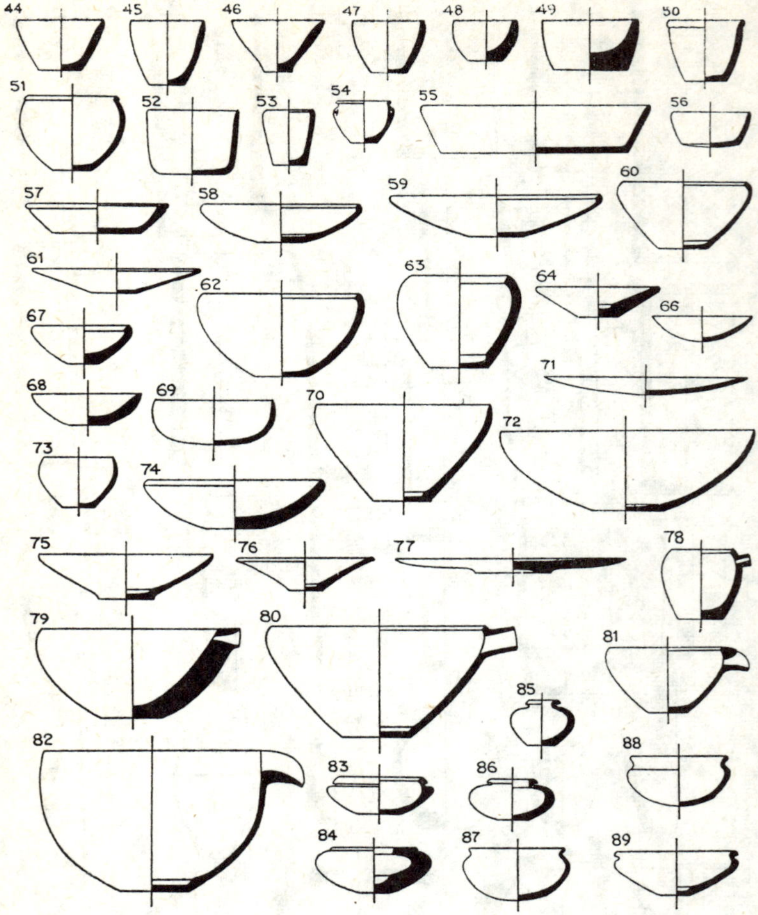

zu Abb. 125. Steingefäß-Sorten (s. a. nächste Seite)

STEINGEFÄSSE

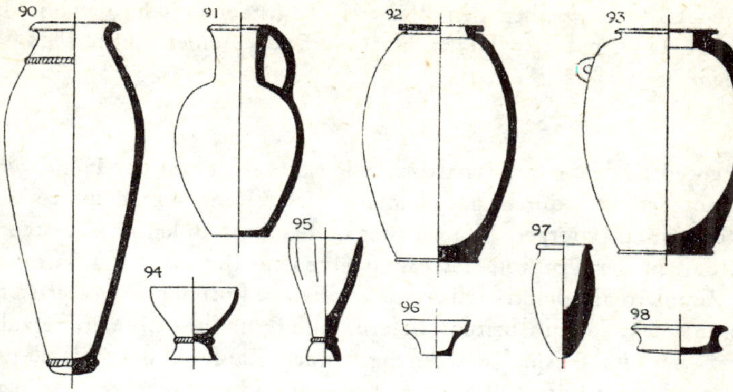

zu Abb. 125. Steingefäß-Sorten

An unvollendeten Gefäßen haben wir festgestellt, daß das Gefäß außen vollendet wurde, bevor man es aushöhlte. Wir wissen auch, daß der Rohschnitt des Inneren mit Hilfe eines Bohrers erfolgte, an dessen exzentrischem Griff zwei ovale Steine mit Stricken festgebunden waren. Diese Gewichte, die nach außen schwenkten, wenn der Bohrer gedreht wurde, lieferten zusätzliche Antriebskraft. Die Schnittkante des Bohrers bestand aus einem wie eine stumpfe Pfeilspitze geformten Feuersteinblatt. Solche Bohrköpfe und Steingewichte hat man in beträchtlichen Mengen gefunden, und wir besitzen auch Bilder aus der Pyramidenzeit, die uns zeigen, wie der Bohrer funktionierte (Abb. 124). Für die Herstellung kleinerer Gefäße wurde auch ein röhrenförmiger Bohrer benützt. Diese Bohrmethode würde zwar zum Aushöhlen zylindrischer Vasen (Typen 1 bis 22 auf der Abbildung 125) genügen, aber für Krüge der Kategorien 23 bis 34 nicht sehr zweckmäßig sein. Wie, zum Beispiel, wurde der nach oben gerichtete Druck erzeugt, den man brauchte, um die Innenseite der oberen Rundungen wegzubohren? Alle diese Probleme sind bis heute noch ungelöst und werden es wahrscheinlich so lange bleiben, bis vielleicht die Entdeckung einer Steinvasenmacherwerkstatt uns einige der Herstellungsmethoden offenbart.

Es wurden sowohl Feuerstein- als auch Kupferwerkzeuge verwendet.

In den Lücken zwischen den Blättern der Schieferschale, die uns die Tafel 26 zeigt, haben wir tatsächlich die Spuren einer Kupfersäge gefunden.

Holzarbeit

Erst gegen Ende der prädynastischen Periode setzt sich das Handwerk des Holzarbeiters durch, nachdem die Herstellung von Kupferwerkzeugen sich eingebürgert hatte. Unter diesen Umständen ist es erstaunlich, daß in der Frühzeit der ersten Dynastie Produkte des Tischler- und Zimmermannshandwerks reichliche Belege für eine fortgeschrittene Kenntnis der Holzbearbeitung liefern. Alle Grundbegriffe der Verzahnung, wie zum Beispiel des durchgehenden Zapfens, des Falzes, der Überlappung und der Zinke, waren bekannt und gebräuchlich. Darüberhinaus wußte man selbstverständlich die kunstreichsten Schnitzereien und die Intarsierung gemischter Hölzer mit Elfenbein und Fayence zu handhaben. Obwohl die Zahl der Werkzeuge gering war, entsprachen sie dennoch allen wesentlichen Anforderungen des heutigen Tischlergewerbes mit Ausnahme des Hobels, den die Ägypter erst in der Römerzeit kennenlernten. Es ist interessant festzustellen, daß die Form dieser Werkzeuge im großen und ganzen während der gesamten Geschichte Ägyptens unverändert geblieben ist. Das Lieblingswerkzeug des archaischen Holzarbeiters, die Axt, die oft auch als Hobel benützt wurde, ist noch heute der wichtigste Bestandteil einer Zimmermannsausrüstung. Die Äxte (Abb. 126) sind verschieden groß. Manche haben ein 12 cm langes, an einem etwa 30 cm langen Holzgriff befestigtes Blatt, bei anderen ist das Blatt 28 cm und der schwere Schaft 78 cm lang. Das Blatt ist mit einem Seil oder einem Lederriemen am Griff befestigt.

Auch die Säge (Abb. 127) ist von wechselnder Größe, die Länge des Blattes variiert zwischen 13 und 40 Zentimetern. Nur eine Kante ist gezahnt, aber nicht immer der gesamten Länge nach. Die Zähne, etwa 1 mm lang, beginnen in kurzem Abstand vom breiten Ende und hören schon vor der Spitze auf. Das Blatt ist in einem geraden Holzgriff verankert. Anders als das heutige Werkzeug wurde die Säge nicht gestoßen, sondern gezogen, also sitzt die Schneide des Zahns gegen den Griff gerichtet.

Es gab ferner eine beträchtliche Zahl von Meißeln, schwere Exemplare, etwa 30 cm lang, und am anderen Ende der Skala kleine, zierliche Gravierwerkzeuge. Die vier Haupttypen zeigt uns die Abbildung

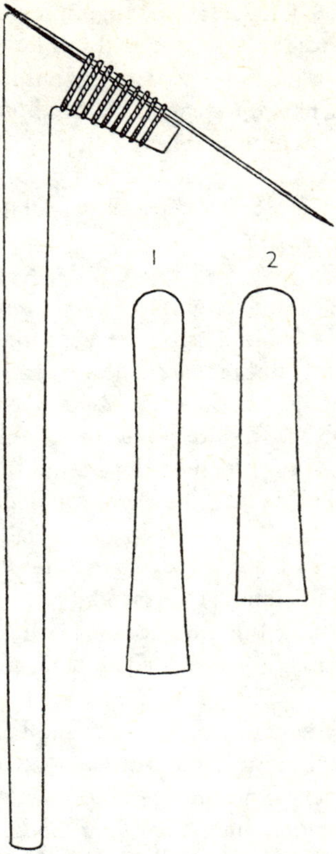

Abb. 126. Axt aus der Zeit der ersten Dynastie

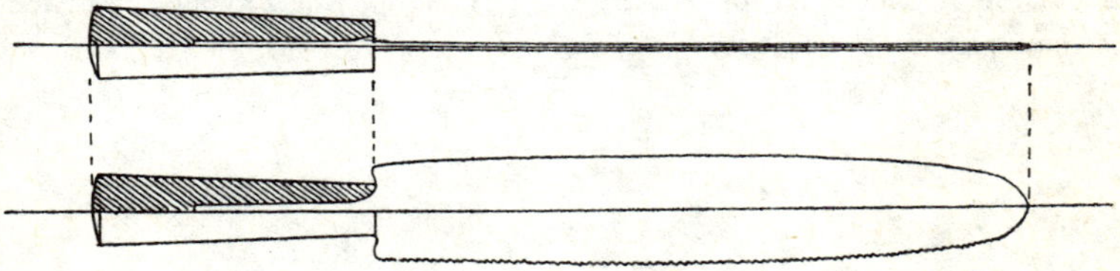

Abb. 127. Säge aus der Zeit der ersten Dynastie

128. Offenbar wurden die Meißel mit abgerundeten Griffen für Schnitzarbeit und die mit flachem Kopf für leichte Hammerarbeit verwendet. Obwohl man bisher noch keine Zimmermannshämmer aus der archaischen Zeit gefunden hat, dürften sie zu der hölzernen, keulenartigen Sorte gehört haben, die in späterer Zeit zur Anwendung gelangte. Schwere Steinhämmer hat man in Helwan gefunden, aber sie wurden wahrscheinlich nicht von den Holzarbeitern, sondern von den Maurern und Steinmetzen verwendet.

Kupferahlen oder Pfrieme von dem auf der Abbildung 129 gezeigten Typ wurden von den Tischlern und auch von den Lederarbeitern verwendet. Obwohl man keine Exemplare gefunden hat, scheint es fast sicher zu sein, daß zum Bohren der Löcher für Holznägel ein Bogenbohrer benutzt wurde. Es ist ungewiß, ob man sich einer Drillmethode bedient hat. Die Möbelteile sind zuweilen so akkurat gearbeitet, daß man den Eindruck hat, mit der Hand allein sei diese Vollkommenheit nicht zu erreichen. Aber da uns alle Belege fehlen, muß die Frage vorläufig offen bleiben.

Die abgeschrägten und abgerundeten Kanten verraten deutlich die Spuren eines wie ein Schabhobel verwendeten Messers. Dieses Verfahren könnte die Erklärung für die außerordentliche Glätte der Flächen sein, wie sie allein durch einen Schleifstein nicht zu erzielen gewesen wäre.

Obwohl bei der Verzahnung fast immer Zapfen und Falz, verstärkt durch einen Holzpflock, verwendet wurden, stoßen wir bei den Betten, Stühlen und Tischbeinen oft auf ältere Methoden. Übrigens wurde zum Beispiel die Lederriemenbindung auch dann noch verwendet, wenn die Verzahnung bereits durch die obige Methode hergestellt worden war (Abb. 130). Obwohl man Holzpflöcke und Dübel bevorzugte, war der Gebrauch dicker Kupfernägel nicht unbekannt – ebenso wenig wie die Verwendung kleiner Kupferstifte zur Befestigung der Lederbezüge und Kupferbeschläge an den Kopf- und Fußenden der Betten und an den Stuhlstäben. Intarsien, ob aus Holz, Elfenbein oder Fayence, wurden stets mit Leim festgeklebt.

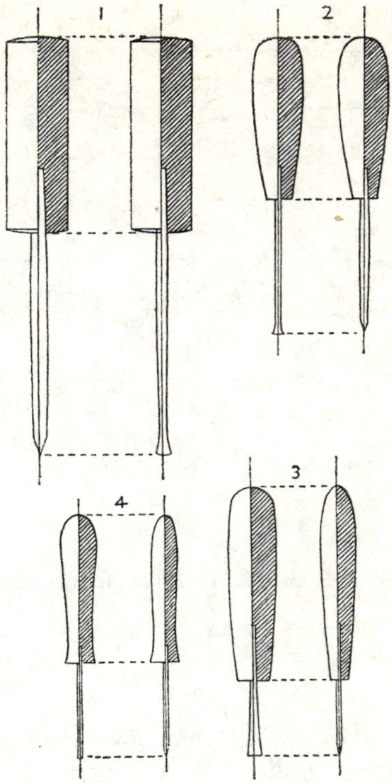

Abb. 128. Meißel aus der Zeit der ersten Dynastie

Abb. 129. Ahle aus der Zeit der ersten Dynastie

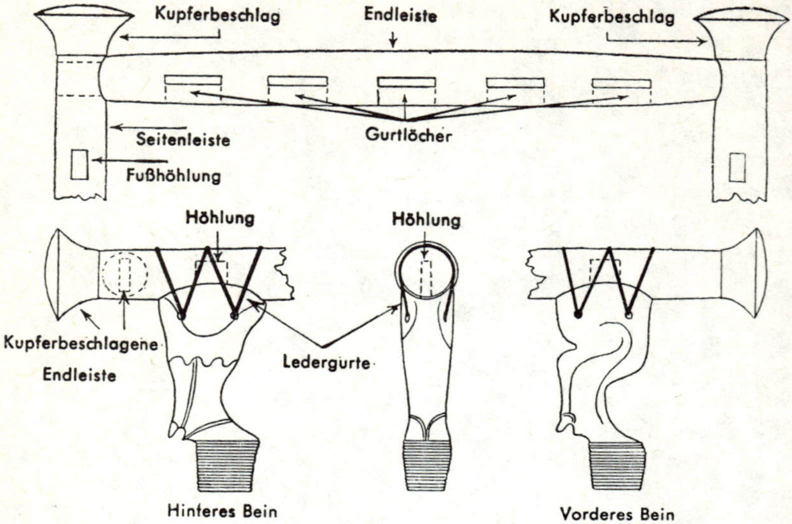

Abb. 130. Konstruktionsdetails eines Holzbetts

Weberei

Schon in der Frühzeit der ersten Dynastie war die Leinwanderzeugung hoch entwickelt. Fachleute, die einzelne Muster aus Abydos, Sakkâra und Tarchan untersucht haben, sind der Meinung, der altägyptische Handwerker habe, wenn man von den unregelmäßigen Abständen zwischen den Zettelfäden absieht, alle Arten des einfachen Webens angewendet, die wir heute kennen. Außerdem hat eine Untersuchung der Faser der besten Leinwand aus jener Zeit öfters gezeigt, daß sie aus schönerem Flachs hergestellt war als die besten heutigen Qualitäten. Ebenso hat sich gezeigt, daß die Aufbereitung des Flachses genauso vor sich ging wie heutzutage: Das kräftige Harz, das die Faser ans Stroh bindet, wurde durch das Fäulnisverfahren beseitigt, das man »Rösten« nennt, und das »Hecheln«, der Absonderungsprozeß, wurde genauso wirksam durchgeführt.

Wir besitzen keine direkten Hinweise auf die Art des Webstuhls, aber nach den Produkten zu schließen, muß es sich um eine sehr gut arbeitende Maschine gehandelt haben – in einem verhältnismäßig späten

Entwicklungsstadium –, dem Wesen nach ähnlich wie die Webstühle, die man auf den Grabmalereien späterer Zeit abgebildet sieht. Sämtliche Gewebe zeigen die gleiche Webart, die in Lancashire »Kattunwebe« heißt – nämlich, ein einfacher Schlag nach oben und einer nach unten. Die Textur ist sehr verschieden, manche Stoffe sind grob wie Sackleinwand, während andere, wie die im Grab des Zer zu Abydos gefundenen, mit heutigem Batist konkurrieren könnten – 160 Fäden pro Zoll im Zettel, 120 im Einschlag.

Flachs wurde auch zur Herstellung von Seilen benützt. Das schönste Muster hat man in Sakkâra gefunden. Dieses fast unversehrt erhaltene Seil hat einen Umfang von 3 cm und ist aus drei Strähnen geflochten, von denen jede annähernd 190 Fäden enthält. Dünne Stricke oder Bindfäden wurden gleichfalls aus Flachs angefertigt. Schwere Seile aber – zum Beispiel Zugseile – wurden anscheinend zumeist aus Fasern hergestellt.

Die Anfertigung von Matten aus Schilf und Gras war in Ägypten zu allen Zeiten ein wichtiger Gewerbezweig. In archaischen Zeiten aber muß er besonders fleißig betrieben worden sein, da man Mattengeflechte beim Häuserbau und der Inneneinrichtung in reichlichem Ausmaß verwendete. Einen Begriff von seiner Bedeutung vermittelt uns sein Einfluß auf die dekorative Kunst. In den Wandmalereien, Elfenbein- und Holzschnitzereien kehrt das Mattenmotiv häufiger wieder als jedes andere (Abb. 98 und 99). Leichte Matten wurden für gewöhnlich so hergestellt, daß man flache Graszöpfe durch eine Kette aus Flachssträhnen fädelte, während der schwere Typ aus gezwirnten Grassträhnen besteht, die durch eine mehr oder weniger starre Schilfkette gezogen wurden. Nach der Ähnlichkeit zwischen den alten Matten und den heute in Ägypten hergestellten zu schließen, dürften die Bauart des Webstuhls und die Arbeitsmethode die gleichen gewesen sein, das heißt, der Webstuhl ist auf dem Boden befestigt, und der Weber bewegt sich in Hockstellung auf der Matte selbst voran, in dem Tempo, wie sie entsteht. Die Vielfalt der Muster kann man aus den gemalten Kopien an den getäfelten Wänden der Gräber ersehen. Vieles spricht dafür, daß Matten die Wände hölzerner Fachwerksbauten bildeten, daß sie als Bodenbelag und als Wandschmuck verwendet wurden.

Auch die Korbflechterei war ein äußerst wichtiger Gewerbezweig. Diese Behältertypen variieren von kleinen kreisrunden, aus geflochtenen Palmblattzöpfen hergestellten Eßkörben bis zu großen, viereckigen Truhen, die fast einen Meter lang sind. Korbtruhen dieser Größe bestehen zumeist aus dickem Schilf oder aus Palmzweigstreifen.

Metallbearbeitung

Die einzigen Metalle, welche die archaischen Ägypter kannten und bearbeiteten, waren Gold und Kupfer. Das Gold wurde fast ausschließlich für Schmuckstücke und in begrenztem Ausmaß für architektonischen Zierat verwendet, das Kupfer zur Herstellung von Werkzeugen, Waffen und Gefäßen.

Kupfer war schon in der prädynastischen Periode bekannt gewesen, aber nur selten zur Herstellung kleiner Geräte und Schmuckstücke verwendet worden. Erst zur Zeit der Einigung wurde es bei der ausgedehnten Produktion von Werkzeugen, Waffen und Haushaltsgegenständen benützt (Abb. 131 und 132).

Man hat behauptet, aber nicht bewiesen, daß die prädynastischen Stämme ihre kleinen Kupfergeräte aus dem in reinem Zustande vorgefundenen Metall angefertigt hätten und daß sie noch nicht imstande gewesen seien, es durch ein Schmelzverfahren aus dem Erz zu gewinnen. Freilich würde die Erwerbung dieser Kenntnis den jähen Beginn des ägyptischen Kupferzeitalters kurz vor der Gründung der ersten Dynastie erklären, denn von diesem Zeitpunkt an wurde das Metall ausschließlich aus den Erzen gewonnen, die aus den Bergwerken der östlichen Wüste und der Sinaihalbinsel stammten. Das Erz wurde natürlich nahe bei der Fundstelle geschmolzen und das gewonnene Kupfer in die Werkstätten des Niltals transportiert. Bei der Bearbeitung des Metalls wurde kalt und heiß gehämmert und auch gegossen. Wenn es sich um Werkzeuge handelt, finden wir Beispiele für beide Methoden, zuweilen auch eine Kombination beider. Leichte Werkzeuge, wie zum Beispiel Messer und Sägeblätter, wurden roh zurechtgeschnitten und dann kalt gehämmert. Schwere Werkzeuge – Beile, Äxte, Hackenblätter – hat man anscheinend in die annähernd richtige Form gegossen und dann heiß gehämmert. Fachleute haben darauf hingewiesen, daß die Schneiden der Kupferwerkzeuge nur durch Hämmern gehärtet werden konnten und daß von einer »verlorengegangenen Kunst« nicht die Rede sein könne. Experimente haben gezeigt, daß eine ursprüngliche Härte von 87 auf 138 gesteigert werden kann (Brinell-Skala). Dennoch wissen wir, daß Kupfersägen und Kupfermeißel bei der Bearbeitung von Schiefer und hartem Kalkstein verwendet wurden. Wenn das Hämmern das Metall härtet, so tendiert es auch dazu, die Brüchigkeit zu erhöhen. Vielleicht lag die »verlorengegangene Kunst« nicht in der Herstellung, sondern in der Handhabung der Werkzeuge.

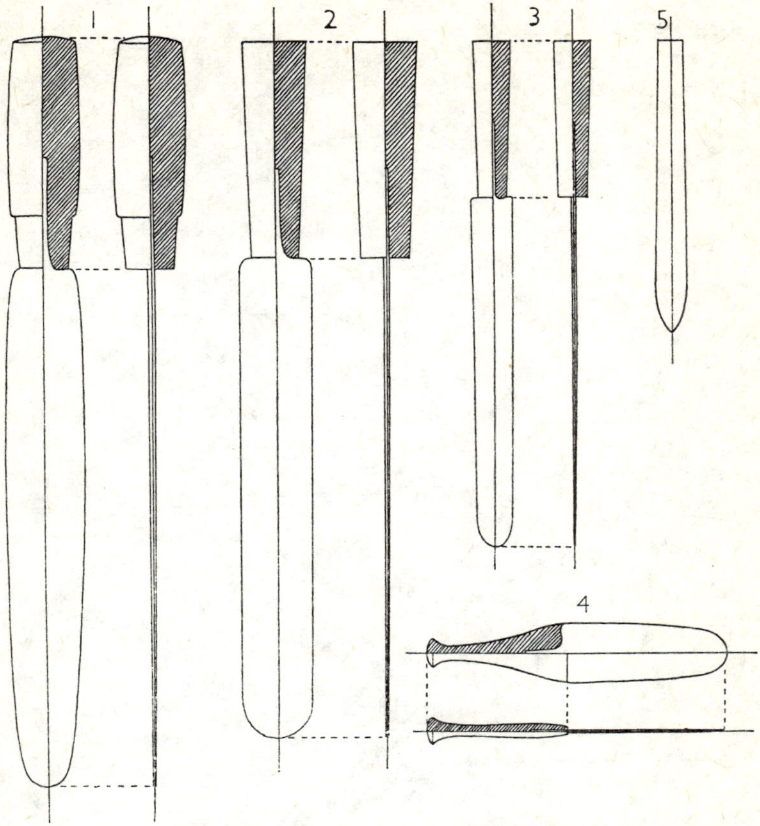

Abb. 131. Kupfermesser mit Holzgriffen

Weitere Rätsel, die uns die alten Handwerker hinterlassen haben, sind die Sägezähne und die Nadelöhre. Bei der Säge wurde vielleicht der fehlende Metallteil ausgestanzt – bei der Nadel das Loch nicht gebohrt, sondern durchgestanzt. Die Frage lautet: Aus welchem Material bestand die Stanze? Sie muß wohl härter gewesen sein als das bearbeitete Metall. In diesem Zusammenhang ist darauf hinzuweisen, daß erst viele Jahrhunderte nach dem Ende der archaischen Periode Belege für die Bronzeherstellung auftauchen.

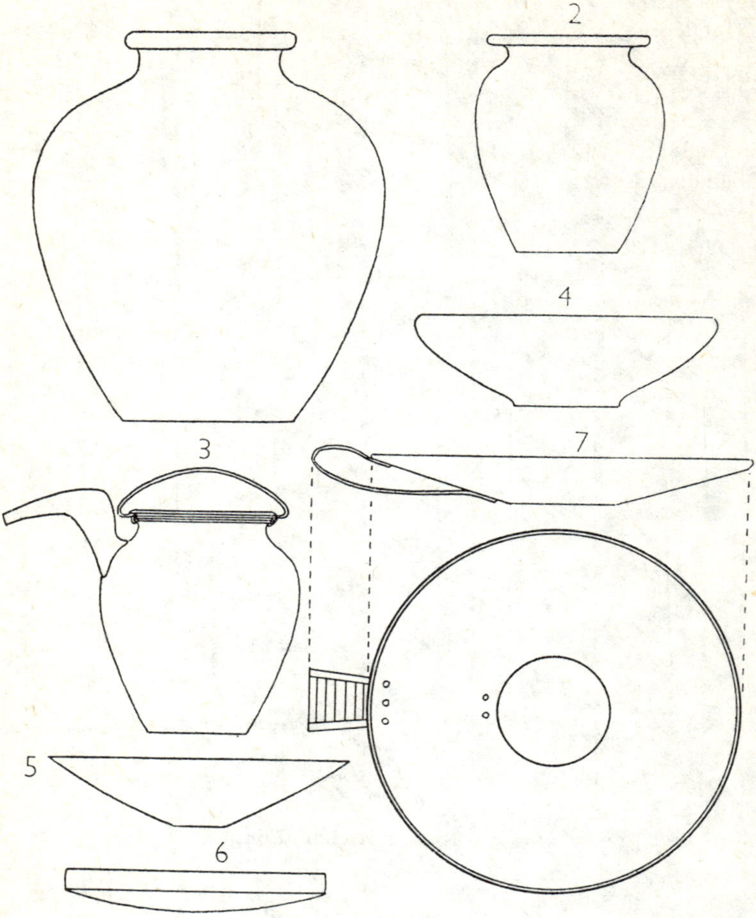

Abb. 132. Kupfergefäße

Die letzte Politur erhielten die Kupferwerkzeuge durch den Schleifstein, aber nichts spricht dafür, daß man versucht hätte, das Schleifen und Polieren auch für die Formgebung zu benützen. Kupfergefäße wie Kannen, Schalen, Krüge, Teller usw. wurden sowohl gehämmert als auch gegossen, aber die zweite Methode scheint erst unter der zweiten

Dynastie angewandt worden zu sein: Die im Grab des Zer zu Sakkâra gefundenen Gefäße sind alle aus gehämmertem Kupfer hergestellt. Die Tüllen der Kannen, die Griffe und die Kanten wurden mit Kupfernieten befestigt. Auch Drahtbindungen wurden benützt, zum Beispiel bei der Anbringung von Schleifenhandgriffen (Abb. 132 Nr. 3), ein recht interessanter Umstand, da man bis zur Entdeckung dieses Gefäßes der Meinung gewesen war, den frühen Metallarbeitern sei das Drahtziehen unbekannt gewesen. Fast alle Stile der Kupfergefäße wurden den steinernen Urformen nachgebildet. Die Metallarbeiter scheinen in dieser Hinsicht wenig Erfindungskraft entfaltet zu haben. Aber sie wußten anscheinend bis zu einem gewissen Grade die Möglichkeiten ihres Werkstoffes zu nutzen; das zeigt die Einführung des Schleifenhandgriffs über dem oberen Rand eines Gefäßes, eine Eigenheit, die damals weder bei Steingefäßen noch bei Tonwaren vorkam.

In Ägypten und in Nubien wurde sowohl Klumpengold als auch Alluvialgold gefunden; da die Gewinnung aus Sand und Kies leichter ist als die Schürfung in hartem Quarzgestein, dürften die alten Ägypter in hohem Maße auf die Alluviallager des edlen Metalls angewiesen gewesen sein. Aber da man in archaischen Gräbern Goldklumpen gefunden hat, muß ihnen diese Quelle genauso bekannt gewesen sein wie ihren Nachfolgern.

Die Goldschmiede gossen und hämmerten ihr Material. Die prachtvollen Schmuckstücke, die man im Grab des Zer zu Abydos und im Grab der Her-nit in Sakkâra gefunden hat, zeugen von dem hohen Grade ihres Könnens. Hier sehen wir kleine gegossene Plaketten, deren Flächen mit Hammer und Meißel geglättet wurden, röhrenförmige und spiralförmige Perlstäbe aus gehämmertem Blech und Golddraht, dreifache Kugelperlen, so perfekt zusammengeschweißt, daß kein Übermaß und kein Unterschied in der Farbe zu bemerken ist. Goldblech von wechselnder, aber gleichmäßiger Dicke wurde ziseliert und getrieben und diente als Möbelbeschlag und als Griffverzierung verschiedener Waffen, siehe die auf Seite 126 und auf Tafel 30 abgebildete Keule und das Zepter des Königs Chasechemui. Daß Gold in großen Mengen beschafft werden konnte, beweisen die mit Holz verschalten Pfeiler in einem Grab aus der Frühzeit der ersten Dynastie zu Sakkâra: Dort waren die Täfelungen vom Boden bis zur Decke in nur etwa 1 cm breiten Abständen mit getriebenen Goldblechstreifen verziert.

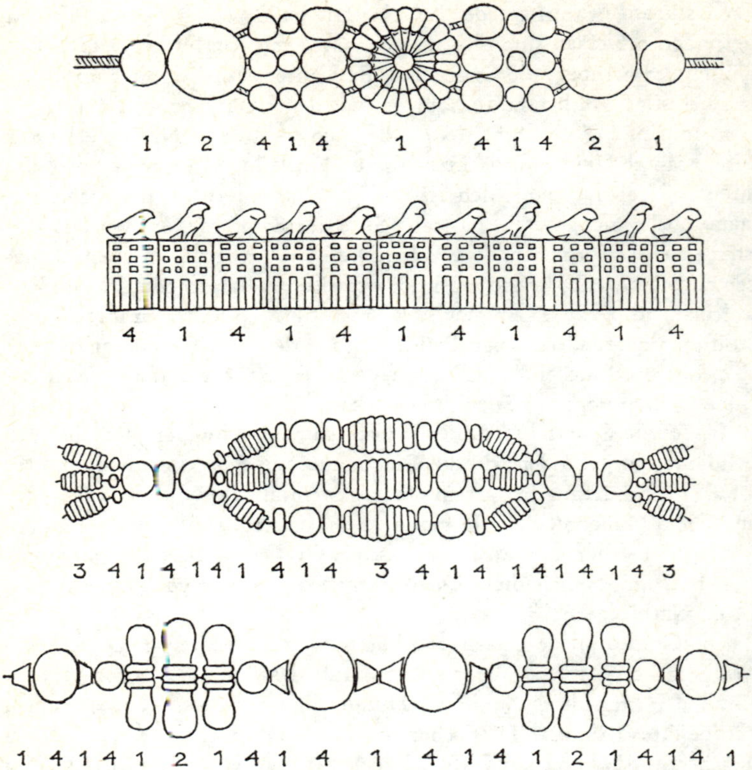

Abb. 133. Ziermuster des Schmucks aus dem Grab Z in Abydos
1. Gold 2. Amethyst 3. Lapislazuli 4. Türkis

Schmuck

Genauso wie seine Nachkommen in späterer Zeit trug der Ägypter unter den beiden ersten Dynastien Schmuck, und die Anfertigung fast jeder nur erdenklichen Form von persönlichen Ziergegenständen war zweifellos ein wichtiger Gewerbezweig. Leider liefern uns die Gräber nach fünftausend Jahren ständiger Plünderung wenig entsprechendes Material. Nur ab und zu vermittelt uns ein unerwarteter Fund, wie zum Beispiel die Armbänder aus Zers Grab in Abydos, einen Begriff von dem hohen Niveau des altägyptischen Juweliers. Diese prachtvollen

Armbänder wurden an den noch in Leinen gewickelten Überresten eines menschlichen Armes gefunden – in einer Wandritze, wo die Grabräuber sie übersehen hatten. Es ist behauptet worden, der Arm stamme von Zers Gemahlin, aber nichts spricht für diese Hypothese, ja, nicht einmal dafür, daß es sich um Frauenknochen handelt. Wem der Schmuck aber auch gehört haben mag, jedenfalls haben wir hier ein Beispiel für die höchste Klasse persönlichen Schmucks aus der Frühzeit der ersten Dynastie vor uns. Die Abbildung 133 zeigt uns das Muster der vier Armbänder und die Reihenfolge der Materialien: Gold, Türkis, roter Lapislazuli und Amethyst.

Genauso wie in späteren Zeiten wurde bei der Zusammenstellung der Hals- und Armbänder komplizierte Perlarbeit bevorzugt; bei den Armbändern wurden aber sehr oft auch gegossenes und gehämmertes Kupfer, Muscheln und Elfenbein verarbeitet. Bei der Herstellung von Perlen wurden abgesehen von Gold und Fayence folgende Halbedelsteine verwendet: Achat, Onyx, Amethyst, Karneol, Chalzedon, grüner Feldspat, Granat, Hämatit, Jaspis, Lapislazuli, Malachit, Bergkristall und Türkis.

Im Grab der Königin Nithotep wurde eine Anzahl kleiner Elfenbeintäfelchen gefunden; anscheinend waren sie an den Schmuckstücken befestigt, die man der Toten ins Grab mitgegeben hatte (Abb. 134). Auf jedem der Täfelchen ist ein Perlenhalsband abgebildet; dahinter steht eine Ziffer – 75 oder 123 oder 164 –, die sich vermutlich auf die Anzahl der Perlen in der betreffenden Kette bezog. Diese sorgfältige Registrierung läßt auf den großen Wert schließen, den man derartigen Schmuckgegenständen beigelegt hat.

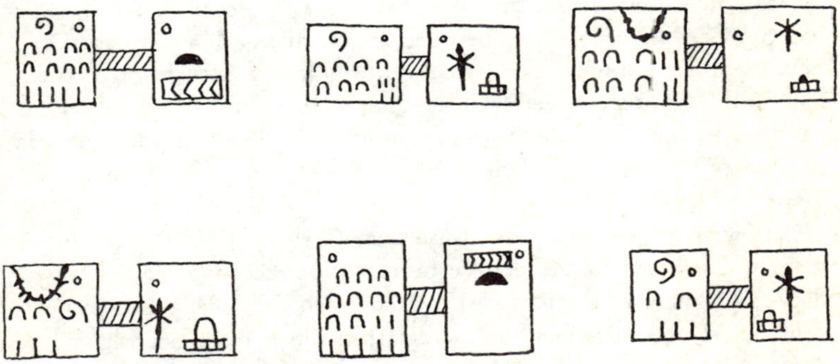

Abb. 134. Elfenbeintäfelchen aus dem Grab der Königin Nithotep in Nagadeh

Knochen- und Elfenbeinschnitzerei

Knochen und Elfenbein wurden zu vielerlei Zwecken verwendet. Der Bearbeiter dieser Werkstoffe befriedigte die Bedürfnisse der Kaufleute, die mit Möbeln, Schmuck, Waffen, Brettspielen, Toilettegegenständen und Skulpturen handelten.

Abgesehen von ziselierten Intarsien an Holzmöbelstücken, wurde Elfenbein oft als Hauptmaterial bei der Herstellung kleiner Gegenstände verwendet – Tischchen, Stühle, deren »Stier«-Beine ganz aus Elfenbein bestanden. Pfeilspitzen aus Bein und Elfenbein hat man in großen Mengen sowohl in Abydos als auch in Sakkâra gefunden, ja, wir besitzen sogar eine große Speerspitze aus Elfenbein, die anscheinend mit einem Minimum an Bearbeitung aus einem natürlichen Stoßzahn angefertigt worden ist. Aber erst bei der Herstellung der Brettspielsteine konnte der Elfenbeinschnitzer seine künstlerische Fertigkeit voll zur Geltung bringen, besonders, wenn es sich um die »Stier«-Beine des Bretts, um die Löwen und die Wurfstäbchen handelte (Tafel 32).

In der Bildhauerei ist das hervorragendste Beispiel die Elfenbeinstatuette des alten Königs, die uns die Tafel 19 zeigt. An Intarsienarbeit ist nichts dem auf dem Bruchstück eines Wurfstäbchens eingravierten Namen des Uadschi überlegen.

Lederarbeit

Auch die Lederbearbeitung war ein wichtiges und sogar wesentliches Handwerk, da dieses Material weitgehend für die Herstellung von Beuteln, Pfeilköchern, Kleidungsstücken und Möbeln verwendet wurde. Leider findet man Leder nur selten in unversehrtem Zustand – aber es verschwindet auch selten spurlos. Meistens kann man, auch wenn der lederne Gegenstand bei der Berührung zerfällt, noch seine Beschaffenheit erkennen. Dünnes Leder, wie es für kleine Beutel verwendet wurde, hat oft die Konsistenz verbrannter Pappe, aber die für Fußbekleidung verwendete dickere Sorte bleibt oft gut erhalten. Bei kürzlichen Ausgrabungen zu Sakkâra haben wir Sandalen angetroffen, die fast unversehrt waren.

Wir wissen nicht, was für Stoffe zum Gerben benützt wurden, wir kennen überhaupt keines der Verfahren, die man angewendet hat, um die Häute zuzurichten. Fast bestimmt wurden sie eingeweicht, geschabt, gehämmert und mit einem Stein geglättet. Ein einbeiniger Schemel aus

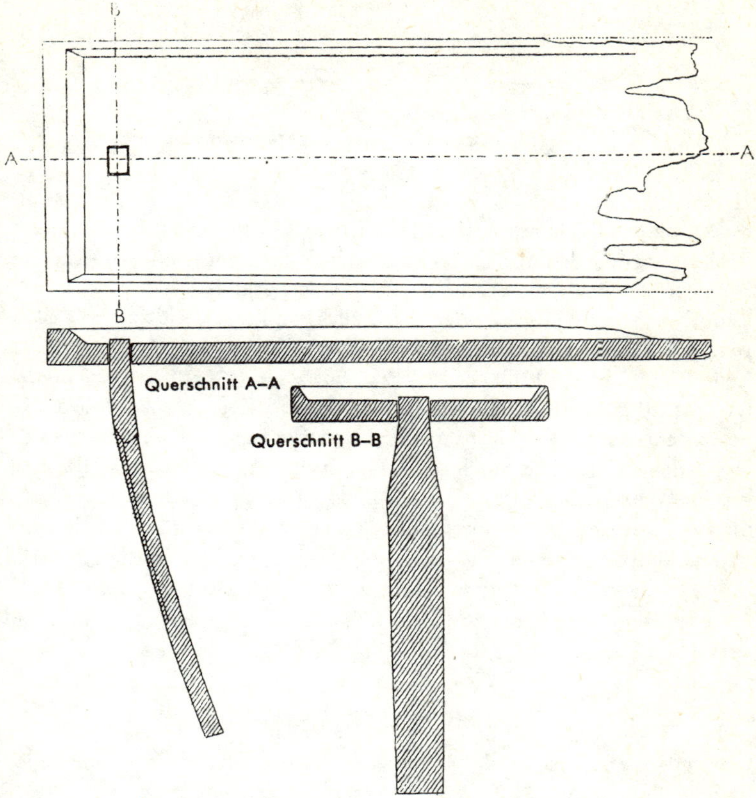

Abb. 135. Einbeiniger Schemel aus Sakkâra

der Zeit der ersten Dynastie, den man in Sakkâra gefunden hat, mag ohne weiteres beim Schaben und Glätten verwendet worden sein, weil er stark dem Gegenstand ähnelt, der auf späteren Monumenten abgebildet ist und diesen Zwecken gedient hat (Abb. 135). Genäht wurde mit Lederriemen, und die erforderlichen rechteckigen Löcher wurden mit einem jener Kupferpfrieme gebohrt, die man in zahlreichen Exemplaren entdeckt hat (Abb. 136). Nichts deutet darauf hin, daß man das Leder gefärbt hat, aber in Sakkâra wurden Pfeilköcher gefunden, die mit

Abb. 136. Kupferpfriem aus der ersten Dynastie

einem blauen Zickzackmuster auf gelbem Grunde bemalt sind. Diese Pfeilköcher wurden aus steifem Leder in Röhrenform mit kreisrundem Boden und Riemenkreuzstichen angefertigt. Ein lederner Gegenstand ähnlicher Art, der Speere oder Stäbe enthielt, hatte gleichfalls die Röhrenform, aber wegen seiner Größe, und um ihn zu versteifen, wurde das Leder rund um ein Holzgerüst gelegt (siehe Abb. 137). Ledersandalen (Abb. 138) haben wir in recht gut erhaltenem Zustande gefunden. Die Schnallenriemen waren nicht angenäht, sondern anscheinend in den Sohlenrand eingefügt und durch einen Klebstoff festgehalten. Fast alle erstklassigen Stühle und Betten hatten Ledersitze und Ledermatratzen, die meistens aus Quergurten bestanden, und wir haben Grund zu der Annahme, daß auch Kissen aus weichem Leder verwendet wurden, obwohl bisher noch keine eindeutigen Belege dafür ans Licht gekommen sind.

Leder wurde auch benützt, um die Verzahnung der Holzmöbel zu verstärken (siehe Abb. 130).

Feuersteinbearbeitung

Obwohl Werkzeuge und Waffen aus Kupfer allgemein gebräuchlich waren, hatte man den Feuerstein nicht aufgegeben. Während der gesamten Periode wurden auch weiterhin Feuersteingeräte wie Messer, Schaber, Rasiermesser, Hackblätter, Speer- und Pfeilspitzen, gezackte Sichelklingen und Bohrköpfe angefertigt. Ja, die Feuersteinbearbeitung blieb bis in die Zeit der zwölften Dynastie als lebendes Gewerbe bestehen.

Die Feuersteinbearbeitung erreichte ihre höchste Vollendung in der prädynastischen Zeit, behielt aber auch noch unter der ersten Dynastie ein recht gutes Niveau, und erst gegen Ende der zweiten Dynastie machten sich Verfallserscheinungen bemerkbar. Vielleicht die schönsten Beispiele für das Können der archaischen Feuersteinarbeiter sind die großen Messer aus Sakkâra, die aus der Mitte der ersten Dynastie stammen (Tafel 27).

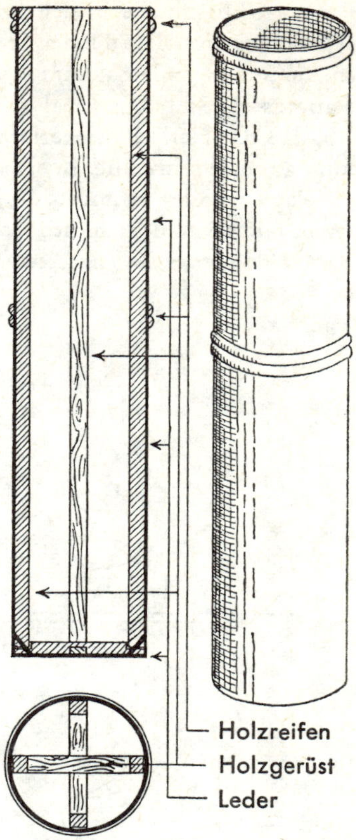

Abb. 137. Zylindrisches Lederfutteral aus Sakkâra

Papyrus

Die Papyruspflanze gehört zur Gattung der Cyperazeen und ist eine Wasserpflanze, die heute in Ägypten nicht mehr vorkommt, aber in alter Zeit zu vielerlei Zwecken reichlich angebaut wurde. Der Hauptzweck war die Herstellung von Schreibmaterial. Man schälte die äußere Rinde ab und schnitt das Mark in Streifen, die dann parallel nebeneinander gelegt wurden, so daß einer den anderen leicht überragte. Dann wurde eine zweite Schicht in rechtem Winkel auf die erste gebreitet.

Befeuchtet und gehämmert, blieben die beiden Schichten aneinander kleben und bildeten ein homogenes Blatt dünnen Schreibmaterials.

Bis zu den jüngsten Ausgrabungen in Sakkâra lagen keine Belege für die Benutzung des Papyrus als Schreibmaterial vor, und es war auch recht unwahrscheinlich, daß das Herstellungsverfahren schon unter der ersten Dynastie bekannt gewesen sein sollte. In einer kleinen Holzschatulle aber wurden zwei Papyrusrollen gefunden, die aus der Regierungszeit des Udimu datieren, und obwohl sie nicht beschriftet sind, besteht kaum ein Zweifel daran, daß man sie zu diesem Zweck angefertigt hatte.

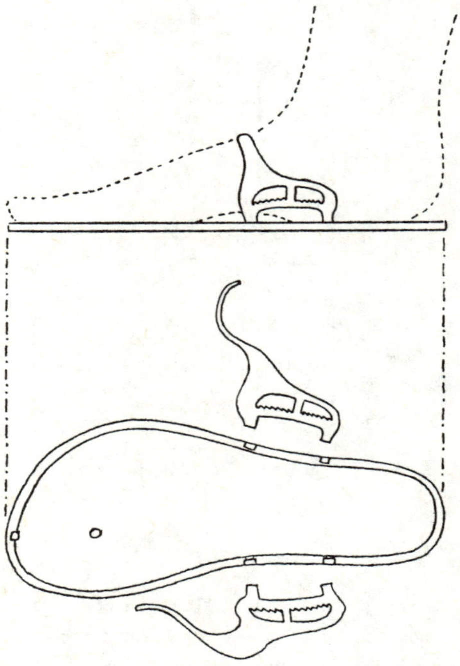

Abb. 138. Ledersandalen aus Sakkâra

ZEHNTES KAPITEL

LANDWIRTSCHAFT

Bewässerung

Trotz aller Leistungen seiner Künstler, Baumeister und Handwerker war das archaische Ägypten ein Ackerbau treibendes Land (genauso wie das Ägypten späterer Zeiten), und es ist bezeichnend, daß eine der ältesten Darstellungen eines Pharao ihn mit der Hacke in der Hand zeigt, wie er feierlich einen Bewässerungskanal gräbt. Die reichen Erdfrüchte sind das Geschenk des Nils. Ohne Regen oder mit geringeren Niederschlägen würde Ägypten eine Wüste sein und die alluvialen Ablagerungen entbehren, die der große Strom bei seinen alljährlichen Überschwemmungen mitbringt. Um jedoch eine blühende Zivilisation aufrechtzuerhalten, muß man das Hochwasser unter Kontrolle halten, damit es möglichst viel Nutzen bringt. Zu diesem Zweck wurden die Ackergebiete durch Erdwälle in Becken aufgeteilt und die Überschwemmungsfluten durch Kanäle geleitet. Auf diese Weise wurde das Wasser festgehalten, bis das Erdreich es gründlich aufgesogen hatte, und es konnte nicht mit sinkendem Flußwasserstand allzu schnell zurückweichen. Jeden Juli also überschwemmte der Nil das Delta und das Tal. Wenn dann die Gewässer sich im November verliefen, wurde der üppige, fruchtbare Schlamm besät und im April und Mai die Ernte eingebracht.

Wir wissen nicht, welche Methode die Ägypter anwandten, um das Wasser auf ein höheres Niveau zu heben, das bei niedrigem Wasserstand des Nils durch die Überschwemmungsfluten nicht erreicht wurde. In späterer Zeit wurde, wie auch heute, diese Schwierigkeit mit Hilfe einer primitiven Maschinerie überwunden, die auf arabisch »shaduf« heißt. Der »shaduf« besteht aus zwei senkrechten Pfosten, zwischen denen eine mit Scharnieren versehene Stange aufgehängt ist, die an dem einen Ende ein Seil mit einem Eimer und am anderen Ende ein Gegengewicht trägt. Eine so einfache Vorrichtung mag ohne weiteres schon in früher Zeit bekannt gewesen sein, denn wir besitzen direkte Beweise dafür, daß Wasser in ausreichender Menge zur Pflege kleiner Bäume auf erhöhtes Gelände hinaufbefördert wurde, wo diese Bäume eingepflanzt worden waren.

Pflügen und Hacken

Wir wissen wenig über die Art der landwirtschaftlichen Geräte. Einen Pflug mag man schon in archaischer Zeit gekannt haben, aber dafür haben wir keine sicheren Belege. Das einzige Werkzeug zur Lockerung des Erdreichs, das uns erhalten geblieben ist, war die Hacke. Wir besitzen bildliche Darstellungen, und auch einige Exemplare sind erhalten. Am gebräuchlichsten war sicher die Form, die der König auf der Abbildung 3 benützt. Sie bestand aus Holz und war mit gedrehter Schnur verstärkt. Es gibt aber auch noch andere Geräte mit Kupfer- und Feuersteinblättern, die zwar einem Zimmermannsbeil ähneln; aber ihre Größe und das geringe Gewicht ihres Blattes deuten eher auf eine Art leichter Hacke hin (Abb. 139).

Getreide- und Obstbau

An Getreidearten lassen sich mit Bestimmtheit Emmerweizen, Gerste und Hirse identifizieren. An Früchten haben wir Datteln, Sykomorenfeigen, Weintrauben und »*nabk*«-Beeren, die der Sidderbaum hervorbringt und die wie Kirschen aussehen. Zweifellos wurde auch Gemüse angebaut, aber wir wissen nicht, welche Arten. Flachs für die Anfertigung von Textilien wurde offensichtlich in beträchtlichen Mengen angebaut. Wir wissen auch, daß Alleebäume beliebt waren. In der archaischen Totenstadt zu Sakkâra haben wir die Reste nicht zu identifizierender Sträucher gefunden, die reihenweise in Erdlöchern am Rande der Verschanzung gepflanzt worden waren.

Ernte

Zum Einbringen der Ernte wurde die Sichel benützt. Im Grab 3035 (Tafel 27) lag eine Anzahl schöner Exemplare. Sie wurden aus Holz verfertigt, mit einer Schneide aus kleinen, gezahnten Feuersteinblätt-

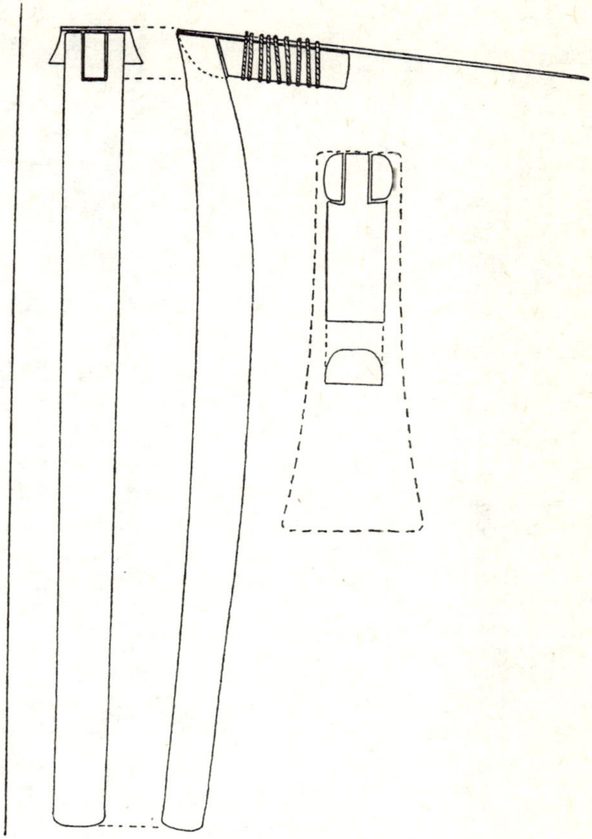

Abb. 139. Hacke mit Kupferblatt

chen, die in eine Rille eingefügt und durch einen schwarzen, bis heute noch nicht identifizierten Klebstoff festgehalten wurden. Nach der Ernte wurde das Korn in Behältern aufbewahrt, von denen es verschiedene Formen gab. Die üblichste – tragbare – Form war zylindrisch und aus Ton hergestellt. Eingebaute Kornkammern waren von zweierlei Art: zylindrisch oder mit rechteckigen Fächern. Bei beiden Typen wurde das Korn oben hineingeschüttet und unten durch ein Türchen entnommen (Abb. 140).

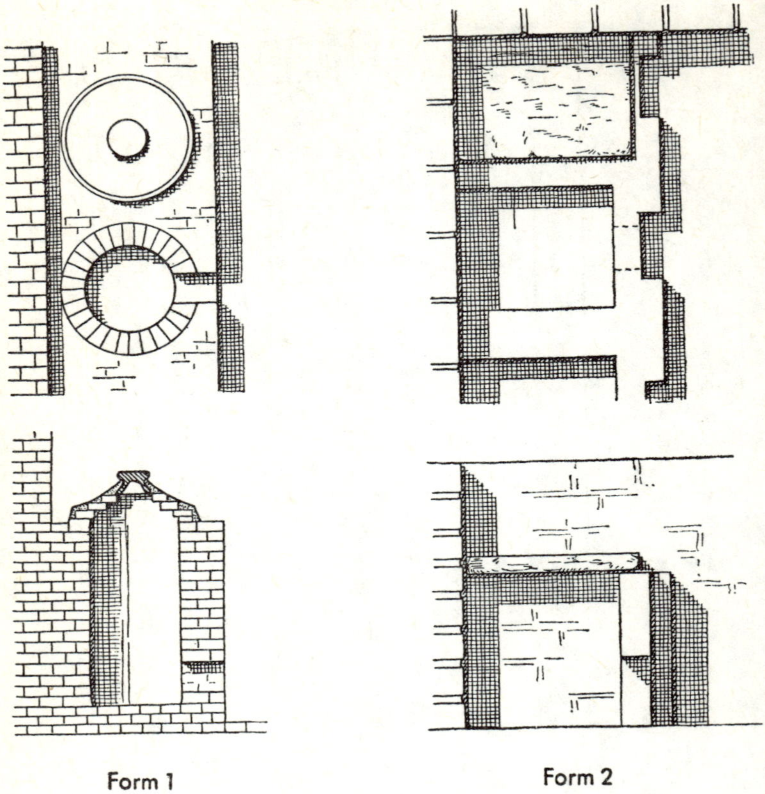

Abb. 140. Eingebaute Kornkammern

Haustiere

Außer Ackerbau hat der archaische Bauer auch eine umfangreiche Viehzucht betrieben. Nach den ungeheuren Mengen anatomischer Reste, die an den Opferstätten zurückgelassen wurden, und den Hörnern der Stierkopfbänke zu schließen, scheinen seine Rinder einer Art angehört zu haben, die heute in Ägypten unbekannt ist, aber im Sudan noch gezüchtet wird. Sie waren langhörnig und gehörten offenbar einer mit dem sogenannten Zebu verwandten Rasse an.

Weitere Haustiere waren der Esel, die Ziege, das Schwein, das Schaf und vielleicht auch das Kamel.

ELFTES KAP

HÄUSLICHES LEBEN

Häuser und Möbel

Die einzigen Hinweise auf das Aussehen der Häuser im archaischen Ägypten liefern uns die Gräber und Särge, die als Behausung der Toten offenbar getreue Nachbildungen der Häuser waren, die sie zu Lebzeiten bewohnten. Obwohl die kreisrunden Hütten der prädynastischen Bevölkerung in ländlichen Gebieten und auch in ärmeren Stadtvierteln zweifellos fortbestanden, hat wahrscheinlich die Mehrheit der städtischen Bevölkerung viereckige Häuser mit niedrigen gewölbten Dächern bewohnt. Sie waren an Umfang und Qualität je nach dem Status des Besitzers verschieden, aber es waren keineswegs primitive Behausungen, ja, nach den Gräbern zu schließen, müssen die Heime des Adels fast luxuriös gewesen sein, mit Badezimmer und Toiletten, getrennten Schlafquartieren und mattengeschmückten Wänden. Dieser luxuriöse Lebensstandard wird durch die komfortable Einrichtung bestätigt, für die wir Belege haben. Teils haben wir in den Gräbern die Gegenstände selbst, teils (im Grab des Hesy zu Sakkâra) bildliche Darstellungen an den Wänden gefunden. Obwohl dieses Grab zu Anfang der dritten Dynastie gebaut worden ist, stellen dennoch die Wandmalereien Möbelstücke und sonstige Gegenstände dar, die während der gesamten archaischen Zeit in Gebrauch gewesen sein müssen. Stühle und Betten waren aus Holz angefertigt, mit Holz- oder Kupferbeschlägen verziert. In vielen Fällen hatten sie Leder- oder Tuchsitze und mit Lederriemen am Gestell befestigte Matratzen. Die Möbelbeine sind oft in Form der Vorder- und Hinterbeine eines Stiers geschnitzt, aber auch schlichtere Muster sind nicht ungewöhnlich (siehe Abb. 141). Das Stierbeinmuster war sehr beliebt. Es wurde bei den Stützen der Truhen, der Brettspiele und anderer, kleinerer Gegenstände verwendet. Die Betten waren meistens niedrig, selten höher als dreißig Zentimeter, die Stühle oft nicht höher, so daß der Benützer mehr oder weniger in einer Hockstellung gewesen sein

Abb. 141. Möbelabbildungen aus dem Grab des Hesy

muß. Vielleicht gehörten diese Stühle zu den niedrigen Steintischen, auf denen das Essen serviert wurde. Trotzdem gab es auch höhere Stühle, deren Höhe wir als normal bezeichnen würden.

Die Tische, die fast immer aus Stein angefertigt waren, gab es in zwei Formen. Die üblichste war die kreisrunde Platte mit einem Fuß (Abb. 142), die andere hatte vier Beine und eine schildförmige Platte (Abb. 143).

Beide Formen, aus Alabaster oder Schiefer hergestellt, sind für gewöhnlich niedrig und stehen nur etwa 25 Zentimeter über dem Boden. Mit wenigen Ausnahmen sind sie schmal und würden als Eßtische nur für ein einziges Gedeck Platz bieten. Wir dürfen also annehmen, daß die archaischen Ägypter, wenn sie sich zu einer festlichen Mahlzeit versammelten, ihre einzelnen Tische für sich hatten. Auch hohe Steinfüße, auf die eine runde Tischplatte gelegt wurde, waren allgemein gebräuchlich, so daß die Hockstellung sicherlich nicht unabänderliche Regel war (Abb. 144). Daß es sich unter der zweiten Dynastie so verhielt, geht aus den seltenen bildlichen Darstellungen hervor, wie sie zum Beispiel auf einer vor kurzem in Zaki Saad bei Helwan entdeckten Stele zu sehen ist.

Speisen und Getränke

Über die Speisen und Getränke der archaischen Ägypter sind wir gut informiert, dank der Sitte, neben dem Toten im Grab ein Mahl zurückzulassen. In einem Grab aus der Zeit der zweiten Dynastie zu Sakkâra, das einer Dame aus dem Kleinadel gehörte, fanden wir eine vollständige Mahlzeit, die völlig unberührt neben ihren Sarg gestellt war (Tafel 17). Die Nahrungsmittel waren so gut erhalten, daß wir jedes

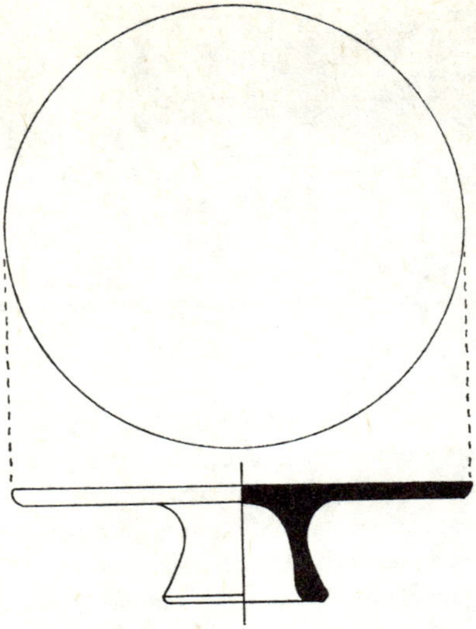

Abb. 142. Niedriger Tisch mit runder Platte

einzelne Gericht mühelos wiedererkennen konnten. Wir wissen nur nicht, in welcher Reihenfolge die Gerichte verspeist wurden. Ein Teil des Essens wurde auf rauhen flachen Tonschüsseln, ein Teil auf schönen Platten und in Schalen aus Diorit und Alabaster serviert. Das läßt erkennen, welche Gerichte warm verzehrt wurden, weil Steingefäße natürlich zum Erhitzen ungeeignet waren.

Die Speisenfolge dieser üppigen Mahlzeiten sieht folgendermaßen aus:

1. Eine Art Brei aus zerriebener Gerste
2. Eine gekochte Wachtel, ausgenommen und zubereitet, mit dem Kopf unter dem Flügel
3. Zwei gekochte Nieren
4. Ein Taubenragout
5. Ein gekochter Fisch, ausgenommen und hergerichtet – ohne Kopf
6. Rindfleischrippchen
7. Kleine dreieckige Brotlaibe aus Emmerweizen
8. Kleine runde Küchlein
9. Gedämpftes Obst, vielleicht Feigen
10. Frische *nabk*-Beeren vom Sidder-Baum – dem Aussehen nach an Kirschen erinnernd.

Vervollständigt wurde das Menü durch kleine Krüge, die eine Art Käse enthielten, und große Tonbehälter für Wein und vielleicht auch für Bier. Aus Abbildungen auf Stelen der zweiten Dynastie wissen wir, daß auch Gänse gegessen wurden.

Man muß zwar zugeben, daß das eine verschwenderische Mahlzeit war, für die Masse der Bevölkerung durchaus unerschwinglich, aber sie gibt uns immerhin einen gewissen Begriff von der Art der Nahrung, die in jener fernen Zeit, vor mehr als 5000 Jahren, verzehrt wurde.

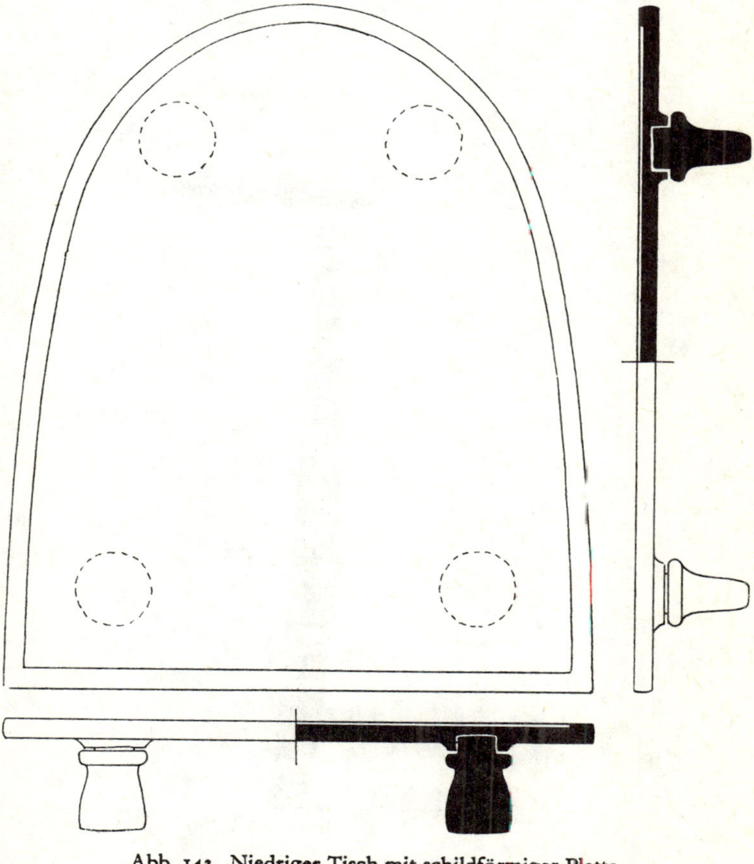

Abb. 143. Niedriger Tisch mit schildförmiger Platte

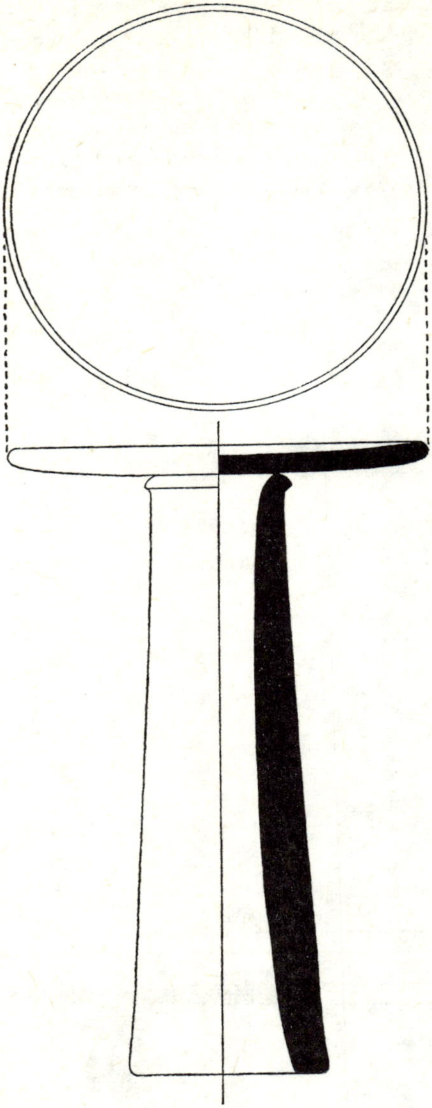

Abb. 144. Tisch mit hohem Fuß

Was die alkoholischen Getränke betrifft, haben wir eindeutige Belege dafür, daß Traubenwein hergestellt wurde, wahrscheinlich auch – wie in späterer Zeit – Palm- und Dattelwein. Bier wurde aus Gerste bereitet.

Zum Würzen der Kost hatte Ägypten stets einen Überfluß an Salz. Zum Süßen wurde wahrscheinlich Honig benützt, da der Rohrzucker bis in die neuere Zeit hinein unbekannt war.

Kleidung und Kosmetika

Natürlich wechselten die Kleidermoden in den etwa vierhundert Jahren der archaischen Periode, aber im wesentlichen scheint sich nicht viel verändert zu haben. Das Auftauchen eines Edelmannes aus der Zeit der ersten Dynastie in der Pyramidenzeit würde kein großes Aufsehen erregt haben (Abb. 145). Ja, eigentlich wurden fast alle Kleider, die wir aus späteren Zeiten kennen, auch schon von den Männern und Frauen zur Zeit der beiden ersten Dynastien getragen. Die Königsgewänder waren natürlich weit kunstreicher gearbeitet, aber die Unterschiede zeigten sich mehr an den Insignien wie zum Beispiel der Kopfbedeckung und dem an der Hinterseite des Gürtels befestigten Stierschweif. Kittel und Tunika ähnelten den Kleidungsstücken der Untertanen.

Erhalten geblieben sind nur einige Ledersandalen. Sie bestätigen weitgehend die Richtigkeit der bildlichen Darstellungen, wie wir sie zum Beispiel auf der Palette des Narmer finden (Tafel 4).

Wir wissen nicht sicher, ob, wie in späteren Zeiten, Perücken getragen wurden, aber die wenigen bildlichen Darstellungen lassen es vermuten. Die Frauen trugen das Haar lang, und wir haben Kämme aus Holz und Elfenbein gefunden; am schönsten ist wohl der mit dem Namen des Königs Uadschi (Abb. 146). Grüne (aus Malachit hergestellte) und dunkelgraue (aus Bleiglanz hergestellte) Augenschminken wurden auf rechtwinkeligen Schieferplatten gemischt und die Schönheit des Gesichts durch die Anwendung roten, aus Hämatit hergestellten Puders erhöht. Zarte Elfenbein- und Holzstäbchen wurden zum Auftragen der Schönheitsmittel benutzt, während kleine Behälter aus Alabaster, Marmor, Schiefer und Kristall zur Aufbewahrung der Salben und Parfums dienten.

Abb. 145. Männertrachten (Palette des Narmer)

Vergnügungen

Der beliebteste häusliche Zeitvertreib war eine Art Brettspiel, aber obwohl wir komplette Garnituren mit sämtlichen Figuren und dem Brett, auf dem sie aufgestellt wurden, gefunden haben, kennen wir noch immer nicht die Spielregeln. Zweifellos gab es Varianten des Spiels: Man hat Bretter mit drei oder zwei Quadratreihen gefunden (Tafel 32). Auch die Zahl der Figuren wechselt. Manchmal sind es 14, sieben auf jeder Seite, manchmal 26, dreizehn für jeden Spieler. Die für gewöhnlich aus Elfenbein oder Holz angefertigten Figuren entsprechen stets zwei Typen: einer Halbkugel für die eine Partei und einem nach oben hin zu einem Scheibendeckel verjüngten Zylinder für die Gegenpartei (Abb. 147). Die Wurfstäbchen, die zusammen mit den Brettspielgarnituren entdeckt wurden, lassen darauf schließen, daß es sich nicht nur um ein Geschicklichkeitsspiel handelte. Wahrscheinlich wurden die Züge durch den günstigen oder ungünstigen Fall der Wurfstäbchen bestimmt, die

Abb. 146. Kamm des Uadschi

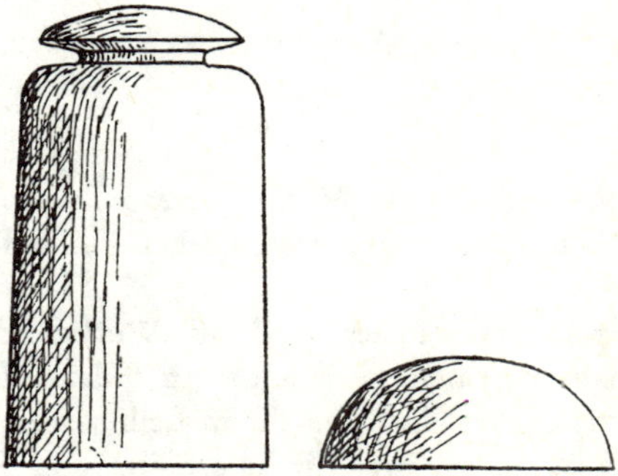

Abb. 147. Brettspielfiguren

Abb. 148. Wurfstäbchen des Ka-a

bis in späte Zeiten die Stelle der Würfel vertraten (Abb. 148). Die Figuren wurden in besonders ausgestatteten Schatullen aufbewahrt (Abb. 149).

Ein weiteres Spiel, das wahrscheinlich mit Wurfstäbchen ausgeführt wurde, spielte man auf einem kreisrunden, mit dem Bild einer geringelten Schlange verzierten Tisch; an ihrem Leib waren die Plätze bezeichnet. Die sechs Figuren, drei für jede Seite, sind geduckte Tiere, meistens drei Löwen und drei Löwinnen aus Holz oder aus Elfenbein

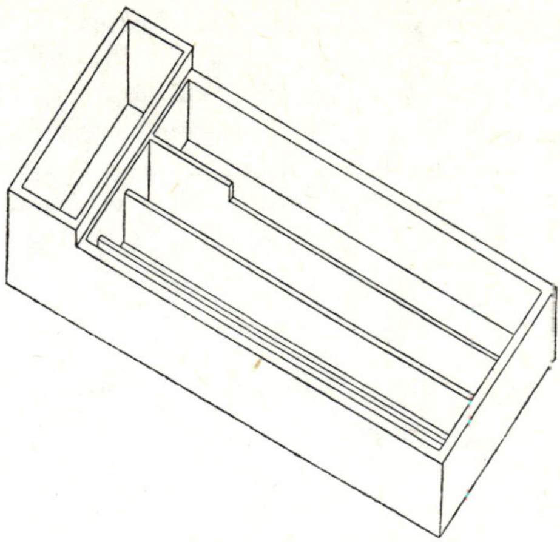

Abb. 149. Schachtel für Brettspielfiguren

(Abb. 150). Häufig hat man auch zusammen mit den Brettspiel- und Schlangenspielgarnituren kleine Steinmurmeln gefunden, die anscheinend als Spielmarken benützt wurden.

In den Resten einer flachen Holzschale zu Sakkâra wurden Scheiben aus Kupfer, Holz, Horn und Elfenbein gefunden, viele davon kunstreich verziert. Wahrscheinlich waren auch dies Bestandteile eines Spiels. Die Scheiben haben einen Durchmesser von etwa zehn Zentimetern und in der Mitte ein Loch, durch das ein kleiner spitzer, etwa fünfzehn Zentimeter langer Stab geschoben wurde. Experimente haben gezeigt, daß eine rasche Drehung des Stabes zwischen den Handflächen die Scheibe für geraume Zeit wie einen Kreisel in rotierende Bewegung versetzt. Leider war die Holzmulde, die die Scheiben enthielt, so zerstört, daß auf ihrer Bodenfläche keine Markierungen mehr zu erkennen waren, aber wir dürfen uns vielleicht ein Spiel vorstellen, bei dem Punkte dadurch erzielt wurden, daß der rotierende Kreisel in einem bestimmten Feld zur Ruhe kam.

Es wurden nirgends erkennbare Reste irgendwelcher Musikinstrumente angetroffen, aber es hat sie zweifellos gegeben. Auf dem Keulenknauf des »Skorpion-Königs« sind deutlich tanzende Frauen zu sehen, die ihren Reigen mit Händeklatschen begleiten (Abb. 3 u. Tafel 2).

Im Freien vergnügten sich die archaischen Ägypter vor allem mit der Jagd auf wilde Tiere wie Löwen, Nilpferde, Wildeber und Gazellen. Ihre Jagdwaffen waren der Speer, die Axt, die Keule, der Wurfstock, Pfeil und Bogen und das Lasso. Obwohl wir keine bildlichen Darstellungen besitzen, haben sie sicherlich genauso wie ihre Nachkommen in der Pyramidenzeit gern in den Marschen Vogeljagd und Fischfang betrieben.

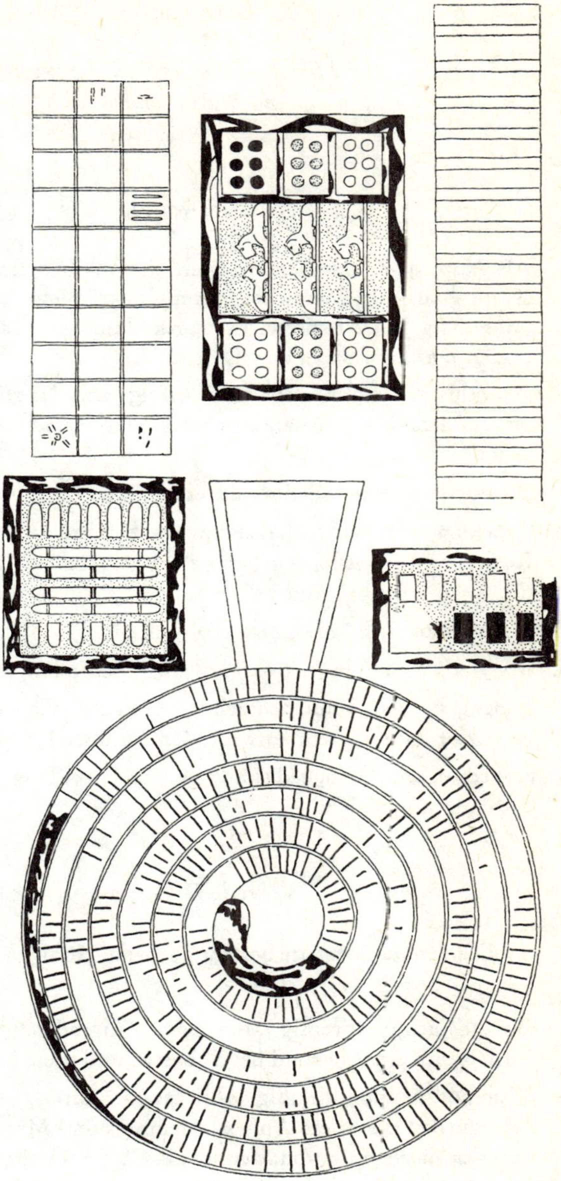

Abb. 150.
Spielgarnituren,
im Grab des Hesy
abgebildet

Anhang

Manethos Bericht über die erste und die zweite Dynastie nach Africanus

Erste Dynastie

1. Als Nachfolger der Totengeister, der Halbgötter, zählt das erste Königshaus acht Herrscher, deren erster, Menes aus Thinis, zweiundsechzig Jahre regierte. Er wurde durch ein Flußpferd davongetragen und kam dabei ums Leben.
2. Athothis, sein Sohn, siebenundfünfzig Jahre lang. Er baute den Palast zu Memphis. Seine anatomischen Werke sind noch erhalten, denn er war ein Heilkünstler.
3. Kenkenes, sein Sohn, einunddreißig Jahre lang.
4. Uenephes, sein Sohn, dreiundzwanzig Jahre lang. Während seiner Regierungszeit befiel eine schwere Hungersnot Ägypten. Er baute die Pyramiden bei Kochimi.
5. Usaphaidos, sein Sohn, zwanzig Jahre lang.
6. Miebidos, sein Sohn, sechsundzwanzig Jahre lang.
7. Semempses, sein Sohn, achtzehn Jahre lang. Während seiner Regierungszeit kam ein sehr schweres Unheil über Ägypten.
8. Bieneches, sein Sohn, sechsundzwanzig Jahre lang.
   Insgesamt 253 Jahre.

Zweite Dynastie

Die zweite Dynastie besteht aus neun Königen zu Thinis

1. Boethos, achtunddreißig Jahre lang. Während seiner Regierungszeit öffnete sich ein Abgrund bei Bubastis, und viele kamen um.
2. Kaiechos, neununddreißig Jahre lang. Während seiner Regierungszeit wurden die Stiere Apis zu Memphis und Mnevis zu Heliopolis und der Ziegenbock von Mendes als Götter verehrt.

3. Binothris, siebenundvierzig Jahre lang. Während seiner Regierungszeit wurde beschlossen, daß auch Frauen die Königswürde tragen dürften.

4. Tlas, siebzehn Jahre lang.

5. Sethenes, einundvierzig Jahre lang.

6. Chaires, siebzehn Jahre lang.

7. Nephercheres, fünfundzwanzig Jahre lang. Es heißt, daß während seiner Regierungszeit elf Tage lang das Wasser des Nils mit Honig vermischt war.

8. Sesochris, achtundvierzig Jahre lang. Seine Körpergröße betrug 5 Ellen, 3 Handbreiten.

9. Cheneres, dreißig Jahre lang.
   Insgesamt 302 Jahre.

Gesamtdauer für die erste und die zweite Dynastie (nach der Flut) 555 Jahre nach der zweiten Auflage des Africanus.

BIBLIOGRAPHIE

Amélineau, E., Les Nouvelles Fouilles d'Abydos. Paris 1896–1902.

Baumgartel, E., The Cultures of Prehistoric Egypt. Oxford 1947.

Bénédité, G., »Le Couteau de Gebel el Arak.« Monuments Piot, XXII, 1916.

Borchardt, L., »Das Grab des Menes.« Zeitschrift für Ägyptische Sprache, XXXVI, 1938.

Capart, J., Primitive Art in Egypt. London 1905.

Daressy, G., »La Pierre de Palerme et la chronologie de l'ancien empire.« Bulletin de l'Institut Français, XII, 1916.

Derry, D. E., »The Dynastic Race in Egypt.« Journal of Egyptian Archaeology, 42, 1956.

Drioton, E., und Vandier, J., Les Peuples de l'orient méditerranéen. Paris 1938.

Emery, W. B., The Tomb of Hemaka. Kairo 1938.

– Hor-aha. Kairo 1939.

– »A Cylinder Seal of the Uruk Period.« Annales du Service des Antiquités de l'Égypte, XLV, 1947.

– Great Tombs of the First Dynasty, I. Kairo 1949.

– Great Tombs of the First Dynasty, II. London 1954.

– Great Tombs of the First Dynasty, III. London 1958.

Engelbach, R., »An essay on the advent of the Dynastic Race.« Annales du Service des Antiquités de l'Égypte, XLII, 1943.

Fischer, H., Die Geburt der Hochkultur in Ägypten und Mesopotamien. Stuttgart 1960.

Frankfort, H., Studies in Early Pottery of the Near East. London 1924.

– »The origin of Monumental Architecture in Egypt.« American Journal of Semitic Languages, LVIII, 1941.

– The Birth of Civilisation in the Near East. London 1951.

Gauthier, H., »Quatre Nouveaux Fragments de la Pierre de Palerme.« Le Musée égyptien, III. 2 fasc. 1915.

Glanville, S. R. K., »An Archaic Statuette from Abydos.« Journal of Egyptian Archaeology, XVII, 1931.

Grdseloff, B., »Notes d'épigraphie archaïque.« Annales du Service des Antiquités de l'Égypte, XLIV, 1944.

Hall, H. R., The Ancient History of the Near East. London 1920.

Hayes, W. C., The Scepter of Egypt. New York 1953.

Junker, H., Turah. Wien 1913.

Kantor, H. J., »Further evidence of Early Mesopotamian relations with Egypt.« Journal of Near Eastern Studies, XI, Chicago 1952.

Lambelet, K., Ägyptisches Museum Kairo. Basel 1963.

Lange, K., und Hirmer, M., Ägypten. München 1961.

Legge, G. F., »The Tablets of Nagadeh and Abydos.« Proceedings of the Society of Biblical Archaeology, XXVIII, 1906, XXIX, 1907.
– »The Titles of the Thinite Kings.« Proceedings of the Society of Biblical Archaeology, XXX, 1908.
Mace, A. C., The Early Dynastic Cemeteries of Naga-ed-Der. Teil II. Leipzig 1909.
Macramallah, R., Un Cimetière archaïque de la classe moyenne. Kairo 1940.
Massoulard, E., Préhistoire et protohistoire d'Égypte. Paris 1949.
Morgan, J. de., Recherches sur les origines de l'Égypte. Paris 1896–1897.
Murray, G. W., »Early Camels in Egypt.« Extrait du Bulletin de l'Institut Fouad 1er du Désert, tome II. Kairo 1952.
Needler, W., »A Flint Knife of King Djer.« Journal of Egyptian Archaeology, 42, 1956.
Newberry, P. E., »Menes, the founder of the Egyptian monarchy.« Great Ones of Ancient Egypt. London 1929.
– »The Wooden and Ivory Labels of the First Dynasty.« Proceedings of the Society of Biblical Archaeology, XXXIV, 1912.
– »The Set Rebellion of the Second Dynasty.« Ancient Egypt (1922), S. 40 ff.
Newberry, P. E., und Wainwright, G., »Udimu and the Palermo Stone.« Ancient Egypt (1914).
Peet, T. E., »Antiquity of Egyptian Civilisation.« Journal of Egyptian Archaeology, VIII.
Petrie, W. M. Flinders, Abydos. London 1902–1904.
– Coptos. London 1896.
– Diospolis Parva. London 1901.
– A History of Egypt, Band I. London 1923.
– Naquada and Ballas. London 1896.
– »New portions of the Annals.« Ancient Egypt, 1916.
– Prehistoric Egypt. London 1920.
– Prehistoric Egypt Corpus. London 1921.
– The Royal Tombs of the First Dynasty. London 1900–1901.
– Tarkhan. London 1914.
– Tombs of the Courtiers und Oxyrhynkhos. London 1925.
Petrie, W. M. F., und Wainwright, G., Tarchan I und Memphis V. London 1913.
Quibell, J. E., Archaic Objects. Kairo 1904–1905.
– Archaic Mastabas. Kairo 1923.
– El Kab. London 1898.
– Hierakonpolis. London 1900–1902.
Read, M. F. W., »Nouvelles Remarques sur la Pierre de Palerme.« Bulletin de l'Institut Français, XII, 1916.
Reisner, G., The Development of the Egyptian Tomb. Oxford 1936.
– The Early Dynastic Cemeteries of Naga-ed-Der. Leipzig 1908.
Saad, Z. Y., Geiling Stelae in Second Dynasty Tombs. Kairo 1957.

Saad, Z. Y., Royal Excavations at Saqqara and Helwan. Kairo 1948.
– Royal Excavations at Helwan. Kairo 1951.
Scharff, A., und Moortgat, A., Ägypten und Vorderasien im Altertum. München 1959.
Sethe, K., Beiträge zur ältesten Geschichte Ägyptens. Leipzig 1905.
Simpson, W. K., »A Statuette of King Nyneter.« Journal of Egyptian Archaeology, 42, 1956.
Spiegel, J., Das Werden der ägyptischen Hochkultur. Heidelberg 1953.
Vandier, J., Manuel d'archéologie égyptienne, Band I. Paris 1952.
Waddell, W. G., Manetho. London 1940.
Weigall, A., A History of the Pharaohs. London 1925.
Weill, R., Les Deuxième et Troisième Dynasties égyptiennes. Paris 1908.

NAMEN- UND SACHVERZEICHNIS